车辆发动机载荷谱及其应用

主　编　骆清国　刘红彬
参　编　王旭东　桂　勇　司东亚

北京理工大学出版社
BEIJING INSTITUTE OF TECHNOLOGY PRESS

内 容 简 介

本书系统介绍了载荷谱的基本概念、载荷的分类、车辆发动机的工况特点；分别阐述了基于仿真计算和实车试验的车辆发动机载荷参数的获取方法；详细介绍了发动机零部件疲劳损伤与失效机理、整机载荷谱编制方法、发动机曲轴与连杆疲劳载荷谱编制方法、发动机气缸盖疲劳载荷谱编制方法、发动机缸套磨损谱编制方法、发动机增压器压气机疲劳载荷谱编制方法及发动机加速载荷谱编制方法等内容。

本书既可作为高等院校车辆工程、能源与动力工程专业的教材，也可作为相关专业研究人员、工程师的参考资料。

版权专有　侵权必究

图书在版编目（CIP）数据

车辆发动机载荷谱及其应用 / 骆清国，刘红彬主编.
--北京：北京理工大学出版社，2021.9
　ISBN 978-7-5763-0373-5

　Ⅰ.①车… Ⅱ.①骆… ②刘… Ⅲ.①车辆-发动机-载荷谱-高等学校-教材 Ⅳ.①U464

中国版本图书馆 CIP 数据核字（2021）第 188895 号

出版发行 / 北京理工大学出版社有限责任公司
社　　址 / 北京市海淀区中关村南大街 5 号
邮　　编 / 100081
电　　话 / (010) 68914775（总编室）
　　　　　 (010) 82562903（教材售后服务热线）
　　　　　 (010) 68944723（其他图书服务热线）
网　　址 / http：//www.bitpress.com.cn
经　　销 / 全国各地新华书店
印　　刷 / 三河市华骏印务包装有限公司
开　　本 / 787 毫米×1092 毫米　1/16
印　　张 / 15
彩　　插 / 6
字　　数 / 330 千字
版　　次 / 2021 年 9 月第 1 版　2021 年 9 月第 1 次印刷
定　　价 / 89.00 元

责任编辑 / 曾　仙
文案编辑 / 曾　仙
责任校对 / 刘亚男
责任印制 / 施胜娟

图书出现印装质量问题，请拨打售后服务热线，本社负责调换

前　言

载荷谱是装甲车辆发动机结构可靠性设计与耐久性考核的重要依据，本书全面分析了载荷谱的相关理论，系统讲述了基于典型任务剖面的装甲车辆发动机整机载荷谱、零部件载荷谱以及发动机加速寿命谱的编制方法，为制定基于加速寿命试验谱的发动机台架定型考核试验提供依据，也可用于发动机及其零部件的故障诊断、寿命预测及使用维护保养等方面的研究。

全书共分为13章，第1章为绪论，主要介绍了载荷谱的基本概念、发动机载荷谱分类、研究意义和研究现状；第2章为装甲车辆发动机工况与载荷，主要介绍了装甲车辆发动机工况和载荷特点、载荷频率分析、特殊环境下发动机载荷；第3章为装甲车辆发动机载荷参数测试，第4章为动力装置建模，第5章为整车动力性能建模，这三章从试验和仿真两个角度介绍了发动机载荷参数获取的方法；第6章为载荷参数统计分析方法，主要介绍了单参数、双参数、多参数计数法、主成分分析法及聚类分析法；第7章为装甲车辆发动机零部件损伤与失效机理，主要介绍了疲劳累积损伤的基本理论、发动机零部件疲劳损伤与失效分析、发动机零部件的磨损失效机理；第8章为装甲车辆发动机整机载荷谱，主要介绍了多维载荷谱矩阵装配法、载荷历程统计及整机载荷谱编制方法；第9~12章为典型零部件载荷谱编制，主要介绍了发动机曲轴与连杆疲劳载荷谱、气缸盖疲劳载荷谱、缸套磨损谱及增压器压气机载荷谱的编制方法；第13章为装甲车辆发动机加速载荷谱，主要介绍了加速寿命试验的基本原理、发动机加速载荷谱工况的选取及整机加速载荷谱编制方法。

本书由陆军装甲兵学院骆清国、刘红彬主编，军事科学院系统工程研究院王旭东、陆军装甲兵学院桂勇、陆军炮兵防空兵学院司东亚参编。在本书的编写过程中，参考了国内外有关文献、教材，在此对相关作者表示衷心的感谢。限于编者水平，书中难免有不妥之处，欢迎读者批评指正。

编　者
2021年4月于陆军装甲兵学院

目　　录

第 1 章　绪论 ··· 1

  1.1　载荷谱基本概念 ·· 1

  1.2　发动机载荷谱 ·· 2

    1.2.1　发动机载荷 ·· 2

    1.2.2　发动机载荷谱分类 ·· 3

  1.3　发动机载荷谱的研究意义 ·· 4

  1.4　发动机载荷谱的研究现状 ·· 6

    1.4.1　发动机整机载荷谱研究现状 ······································ 6

    1.4.2　发动机关重件载荷谱研究现状 ··································· 7

    1.4.3　发动机加速寿命谱研究现状 ······································ 9

第 2 章　装甲车辆发动机工况与载荷 ······································· 12

  2.1　工况特点 ··· 12

  2.2　载荷特点 ··· 13

  2.3　载荷频率分析 ··· 13

    2.3.1　高频载荷 ·· 14

    2.3.2　低频载荷 ·· 14

  2.4　特殊环境下发动机载荷 ·· 15

    2.4.1　低温条件对发动机载荷的影响 ·································· 15

    2.4.2　高温条件对发动机载荷的影响 ·································· 16

    2.4.3　高原条件对发动机载荷的影响 ·································· 17

    2.4.4　沙漠地区对发动机载荷的影响 ·································· 18

    2.4.5　海滩和水障碍地区对发动机载荷的影响 ···················· 19

第 3 章　基于测试的装甲车辆发动机载荷参数获取 ···················· 20

  3.1　载荷参数测试 ··· 20

    3.1.1　载荷参数测试方法 ·· 20

    3.1.2　载荷参数测试系统 ·· 31

3.2 载荷数据处理 ·············· 35
3.2.1 载荷数据预处理 ·············· 35
3.2.2 载荷计数处理 ·············· 36
3.2.3 载荷幅值直方图 ·············· 37
3.2.4 载荷累积频次图 ·············· 37
3.3 台架试验与实车试验 ·············· 38
3.3.1 台架试验 ·············· 38
3.3.2 实车试验 ·············· 40

第4章 基于仿真的装甲车辆发动机载荷参数计算——动力装置建模 ·············· 46
4.1 发动机缸内工作过程数学模型 ·············· 47
4.1.1 缸内工作过程基本微分方程 ·············· 47
4.1.2 缸内流动模型 ·············· 48
4.1.3 燃烧模型 ·············· 49
4.1.4 传热模型 ·············· 51
4.2 喷油系统模型 ·············· 52
4.3 进排气数学模型 ·············· 57
4.4 涡轮增压器数学模型 ·············· 58
4.5 中冷器数学模型 ·············· 60
4.6 摩擦损失数学模型 ·············· 60
4.7 增压发动机转动件转动惯量 ·············· 61

第5章 基于仿真的装甲车辆发动机载荷参数计算——整车动力性能建模 ·············· 63
5.1 传动装置建模 ·············· 63
5.1.1 弹性联轴器模型 ·············· 63
5.1.2 液力变矩器模型 ·············· 66
5.1.3 变速箱模型 ·············· 67
5.1.4 侧减速器模型 ·············· 67
5.1.5 制动器模型 ·············· 68
5.1.6 驾驶员模型 ·············· 69
5.1.7 冷却风扇的功率消耗 ·············· 69
5.2 行动装置建模 ·············· 69
5.2.1 行动装置动力学模型 ·············· 70
5.2.2 空气阻力模型 ·············· 73
5.2.3 行驶地面力学模型 ·············· 74
5.2.4 随机路面模型 ·············· 75
5.3 整车动力性能仿真方法与原理 ·············· 77

  5.3.1 整车动力性能仿真方法 ··········· 77
  5.3.2 协同仿真原理 ··········· 78

第6章 载荷参数统计分析方法 ··········· 81
 6.1 单参数计数法 ··········· 81
  6.1.1 幅度穿越循环计数法 ··········· 81
  6.1.2 波峰-波谷循环计数法 ··········· 82
  6.1.3 区间计数数 ··········· 83
 6.2 其他参数计数法 ··········· 83
  6.2.1 均计数法 ··········· 83
  6.2.2 过渡矩阵计数法 ··········· 84
  6.2.3 雨流计数法 ··········· 85
  6.2.4 多参数计数法 ··········· 85
 6.3 主成分分析法 ··········· 86
  6.3.1 主成分分析的基本模型 ··········· 86
  6.3.2 主成分求解及其性质 ··········· 87
 6.4 聚类分析法 ··········· 89

第7章 装甲车辆发动机零部件损伤与失效机理 ··········· 92
 7.1 疲劳基本概念及分类 ··········· 92
 7.2 疲劳累积损伤理论 ··········· 95
  7.2.1 线性累积损伤理论 ··········· 95
  7.2.2 非线性累积损伤理论 ··········· 97
  7.2.3 双线性累积损伤理论 ··········· 98
 7.3 发动机零部件疲劳损伤与失效分析 ··········· 99
  7.3.1 活塞的疲劳损伤与失效 ··········· 99
  7.3.2 发动机曲轴疲劳损伤与失效 ··········· 99
  7.3.3 发动机连杆疲劳损伤与失效 ··········· 101
  7.3.4 发动机气缸盖疲劳损伤与失效 ··········· 102
  7.3.5 增压器的疲劳损伤与失效 ··········· 103
 7.4 发动机零部件的磨损失效机理 ··········· 104
  7.4.1 摩擦磨损基本理论 ··········· 104
  7.4.2 摩擦磨损失效机理 ··········· 106
  7.4.3 零部件的磨损失效与分析 ··········· 107

第8章 装甲车辆发动机整机载荷谱 ··········· 114
 8.1 多维载荷谱矩阵装配法 ··········· 114

8.1.1　载荷维度分析 ……………………………………………………………… 114
　　　8.1.2　载荷时间矩阵装配法 ………………………………………………………… 114
　8.2　载荷历程统计 ……………………………………………………………………… 115
　　　8.2.1　环境任务混频 ………………………………………………………………… 115
　　　8.2.2　载荷历程统计谱 ……………………………………………………………… 117
　8.3　多参数载荷谱计数方法 …………………………………………………………… 119
　　　8.3.1　基准参数选取 ………………………………………………………………… 119
　　　8.3.2　峰谷值检测 …………………………………………………………………… 120
　　　8.3.3　小载荷去除 …………………………………………………………………… 120
　　　8.3.4　多参数峰谷值计数 …………………………………………………………… 122
　8.4　整机载荷谱编制 …………………………………………………………………… 124
　　　8.4.1　载荷序列 ……………………………………………………………………… 124
　　　8.4.2　载荷过渡时间矩阵 …………………………………………………………… 125
　　　8.4.3　载荷持续时间矩阵 …………………………………………………………… 126
　　　8.4.4　整机载荷谱 …………………………………………………………………… 127

第9章　典型零部件载荷谱——曲轴与连杆疲劳载荷谱 ………………………… 128

　9.1　曲柄连杆机构载荷分析 …………………………………………………………… 128
　　　9.1.1　曲柄连杆机构运动分析 ……………………………………………………… 128
　　　9.1.2　曲柄连杆机构的受力分析 …………………………………………………… 131
　　　9.1.3　发动机的平衡 ………………………………………………………………… 134
　　　9.1.4　曲轴的扭转振动 ……………………………………………………………… 136
　9.2　刚柔耦合模型 ……………………………………………………………………… 138
　　　9.2.1　系统动力学理论 ……………………………………………………………… 138
　　　9.2.2　三维实体模型 ………………………………………………………………… 141
　　　9.2.3　有限元模型 …………………………………………………………………… 142
　9.3　曲轴连杆动应力分析 ……………………………………………………………… 145
　　　9.3.1　曲轴的动应力分析 …………………………………………………………… 145
　　　9.3.2　连杆的动应力分析 …………………………………………………………… 147
　9.4　曲轴与连杆应力试验 ……………………………………………………………… 148
　　　9.4.1　曲轴应力试验 ………………………………………………………………… 148
　　　9.4.2　连杆应力试验 ………………………………………………………………… 149
　9.5　曲轴连杆疲劳载荷谱编制 ………………………………………………………… 150
　　　9.5.1　程序块载荷谱编制 …………………………………………………………… 152
　　　9.5.2　随机载荷谱编制 ……………………………………………………………… 153

第10章　典型零部件载荷谱——气缸盖疲劳载荷谱 …………………………… 157

　10.1　气缸盖载荷特点 ………………………………………………………………… 157

10.2 气缸盖多场耦合模型 158
    10.2.1 整机流固耦合模型 158
    10.2.2 气缸盖热机耦合模型 162
10.3 气缸盖载荷分析 166
    10.3.1 燃气压力作用下气缸盖瞬态变形 166
    10.3.2 气缸盖周期性瞬态温度场 167
    10.3.3 高频热冲击作用下气缸盖应力 168
10.4 气缸盖载荷谱编制 170
    10.4.1 温度谱编制方法 170
    10.4.2 温度谱加重方法 171
    10.4.3 气缸盖温载谱 173
    10.4.4 气缸盖温度序列谱 174

第11章 典型零部件载荷谱——缸套磨损载荷谱 177

11.1 缸套活塞环摩擦副润滑状况 177
11.2 载荷变化对缸套磨损的影响 178
11.3 缸套磨损计算 179
    11.3.1 润滑分析模型 179
    11.3.2 动载荷磨损修正模型 184
    11.3.3 缸套磨损计算流程 187
    11.3.4 改进的缸套磨损计算方法 187
11.4 缸套磨损载荷谱编制 188

第12章 典型零部件载荷谱——增压器压气机载荷谱 189

12.1 压气机载荷特点 189
12.2 压气机载荷谱编谱方法 190
12.3 压气机载荷相关性分析 191
12.4 压气机工作参数虚拟测试 194
    12.4.1 循环工况虚拟试验标准 194
    12.4.2 车辆原地起步加速过程虚拟试验 196
    12.4.3 常用挡位加减速过程虚拟试验 197
12.5 压气机模拟任务试验谱编制 200
    12.5.1 载荷-时间历程频域分析 200
    12.5.2 载荷参数矩阵装配法 201
12.6 压气机叶片应力谱编制 205
    12.6.1 压气机流场计算模型 206
    12.6.2 非定常流动特性分析 207

12.6.3 压气机叶轮叶片流固耦合应力分析 … 208
12.6.4 压气机叶片应力谱 … 212

第13章 装甲车辆发动机加速载荷谱 … 214

13.1 加速寿命试验原理 … 214
13.1.1 加速寿命试验方法 … 214
13.1.2 加速系数 … 215
13.2 加速载荷谱工况选取 … 216
13.2.1 加速载荷工况 … 216
13.2.2 发动机面工况离散 … 217
13.3 发动机整机加速载荷谱编制 … 218
13.3.1 加速载荷谱载荷循环计数 … 218
13.3.2 加速载荷谱时间矩阵计算 … 218
13.3.3 加速载荷谱 … 219

参考文献 … 224

第1章
绪　　论

1.1　载荷谱基本概念

载荷谱是机械系统及其零部件可靠性设计、试验和寿命管理的基础。在设计阶段,需要准确的载荷谱数据,以作为边界条件进行结构优化设计和计算,确定被设计部件的强度和可靠性,解决机械结构的计算机辅助设计、可靠性分析及定寿等问题;在试验过程中,需要准确的载荷谱数据,以指导对试验时间和载荷的分配,尤其需要以载荷谱为基础形成的可靠性试验方法和试验规范;在使用过程中,需要准确的载荷谱,以指导寿命管理与健康评估。

载荷谱又是一种主观产物,是主观对客观的反映。一方面,任何原始形态的载荷-时间历程因种种原因而不可能直接用于结构寿命分析或疲劳试验,必须经过一定的统计处理,也就是要把客观的载荷-时间历程编制成可以使用的载荷谱;另一方面,从工程结构设计角度来看,在新产品未使用之前,还不存在这种客观的载荷-时间历程,必须根据产品相关标准、资料进行模拟计算(或采用类似产品的使用数据)及经验来编制设计使用载荷谱。

载荷谱中的一个交变载荷就是一个载荷循环,一个载荷循环的大小通常可用5个参数来描述:最大载荷、最小载荷、载荷幅值(或载荷变程)、载荷均值和载荷比。这里用图1-1所示的常幅应力谱来描述载荷谱。

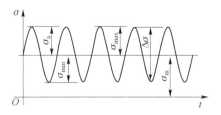

图1-1　常幅应力谱

最大应力载荷为$\sigma_{\max}$,最小应力载荷为$\sigma_{\min}$,定义应力幅值σ_a、应力均值σ_m、应力比R分别如下:

$$\sigma_a = \frac{\sigma_{\max} - \sigma_{\min}}{2} \tag{1-1}$$

$$\sigma_m = \frac{\sigma_{\max} + \sigma_{\min}}{2} \tag{1-2}$$

$$R = \frac{\sigma_{\min}}{\sigma_{\max}} \tag{1-3}$$

若应力比 $R=-1$，则称为对称循环疲劳载荷；若 $R=0$，则称为脉动循环疲劳载荷。

载荷谱中各级载荷出现的次数称为载荷出现频数。在一个载荷谱周期中，载荷出现的频数有两种表示方法——各级载荷谱大小的实有出现频数、累计出现频数。载荷顺序指载荷谱中各级载荷大小排列的先后次序，载荷顺序既包括一个载荷谱内各级载荷大小的排列顺序，也包括一个载荷谱内各种任务的排列顺序。

随着数字处理技术的飞速发展及普及，载荷谱研究的技术水平和统计精度得到大幅度的提高，并使得载荷谱技术得到了日益广泛的应用，如宇航中的"湍流谱"、舰船工程中的"海浪谱"、汽车工程中的"路面谱"、建筑工程中的"地震谱"及工程机械中的"作业谱"等。

1.2 发动机载荷谱

发动机载荷谱是对发动机在规定任务、用法和使用条件下载荷参数的统计，是发动机及其零部件结构强度分析、可靠性与寿命研究的根本依据。

发动机载荷谱通常由其性能和运行参数（如发动机转速、油门位置、平均有效压力、发动机扭矩或功率等）构成，将发动机工作时的各种载荷历程进行统计处理后按一定次序排列而成，可综合反映发动机在使用中受到的各种载荷。

1.2.1 发动机载荷

1. 载荷

载荷是指结构工作时所承受的各种外力和负载。对发动机而言，载荷是一个广义的概念，发动机及其零部件在运行过程中受到的各种外力、温度场以及磨损、振动、环境因素等均可视为载荷。根据载荷性质的不同，可分为静载荷和变载荷两类。不随时间变化或变化比较缓慢的载荷称为静载荷，如螺栓拧紧后受到的拉力；随时间变化的载荷称为变载荷，如发动机活塞、连杆受到的缸内燃气的压力等。发动机受到的载荷通常也可以分为机械载荷和热载荷。

1）发动机机械载荷

在发动机中，凡是由外部作用于结构或结构运动产生的力称为机械载荷。对于发动机而言，缸内燃气作用于活塞和气缸盖（及气缸套）的力、活塞连杆的往复惯性力、曲轴和凸轮轴的旋转离心力、活塞与缸套的侧向力、压气机涡轮的离心力与气动力、零部件之间的摩擦力、螺栓预紧力等都可以称为机械载荷。机械载荷是发动机的主要载荷类型之一，对发动机的可靠性和使用寿命有着重要的影响。

2）发动机热载荷

发动机热载荷是指结构受热产生热应力和热应变的当量载荷。发动机在热环境下工作时，温度的不均匀性或结构各部位热容量与传热性不同会造成结构各点的温度不同，对于不同材料组合的结构，即使温度相同，也会因其热膨胀系数不同而造成结构内部相邻点变形不一致，导致相互约束而产生应力。由于这种情况与承受机械载荷类似，因而将这种受热而使结构产生热应力（或热应变）的当量载荷称为热载荷。结构受热通常还伴随材料的力学性能下降，出现一些高温特有的问题，如与时间严重相关的蠕变、黏弹性、黏塑性等，在分析中必须予以考虑。对发动机而言，结构热载荷是必须考虑的主要载荷，它作用于发动机各受热部件。

2. 载荷-时间历程

从谱的原始表现形态来看，载荷谱主要表现为载荷大小随时间的变化，即载荷-时间历程，它是编制使用载荷谱的原始依据，如图 1-2 所示。

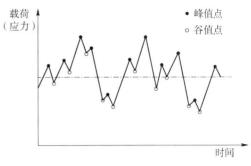

图 1-2 载荷-时间历程

1.2.2 发动机载荷谱分类

1. 按载荷来源分类

按载荷来源分类，发动机载荷谱可分为应力谱、温度谱、振动谱、磨损谱、操纵谱（包括起动、加速、挡位变换、液力/机械工况切换等）和声载荷谱等。

2. 按编谱目的分类

（1）试验载荷谱。试验载荷谱主要用于发动机部件以及整机的疲劳、耐久性试验。

（2）应力谱。应力谱主要用于估算发动机结构关键部件的疲劳寿命，用于进行疲劳失效分析。

（3）磨损谱。磨损谱主要用于计算发动机关键磨损部件的磨损量，用于磨损失效分析。

3. 按发动机全寿命管理周期分类

（1）设计使用载荷谱。设计使用载荷谱是供新机设计使用的载荷谱，是在发动机设计阶段为进行零部件疲劳损伤和磨损失效分析以及零部件试验所编制的载荷谱。设计使用载荷谱是一种预计谱，可由任务相同、结构相近的现役发动机载荷谱经验推断得到，也可通过模拟器模拟、数值仿真得到。

（2）服役使用载荷谱。服役使用载荷谱是在发动机投入使用后，通过仪器记录、使用跟踪、调查和测试等方式来获取大量实测数据，经统计处理后制定实际使用的载荷谱。服役使用载荷谱是供现役发动机使用的载荷谱，又称实测谱，是由发动机载荷实测得到的，可用于发动机的定寿和延寿研究。

4. 按载荷顺序分类

（1）无顺序载荷谱。无顺序载荷谱是指各级载荷大小的实有出现频数和累计出现频数。这种谱中没有载荷顺序的信息，其主要用于编制程序块谱，还可用于判断和比较各种载荷谱的严重程度。

（2）等幅谱。等幅谱是指载荷大小为某一定值的载荷谱，即最大应力和应力幅均不随时间历程变化，其载荷顺序是单一的。等幅谱是最简单的载荷谱，试验时易实现，并且计算方便，但与实际情况差别大。这种谱主要用于材料疲劳性能试验，也用于疲劳分析方法的研究，有时还用于比较两个结构疲劳性能的优劣。

(3) 程序块谱。程序块谱是指在一个载荷谱块中，载荷顺序为固定顺序的载荷谱。程序块谱为按载荷水平和循环次数组成小块，各小块再排列成程序块。一个载荷谱块又称一个载荷谱周期，其可大可小，最大的可用一个寿命期作为一个载荷谱块，小的可用一次任务段作为一个载荷谱块。固定的载荷顺序一般为低-高-低、低-高或高-低等，如图1-3所示。

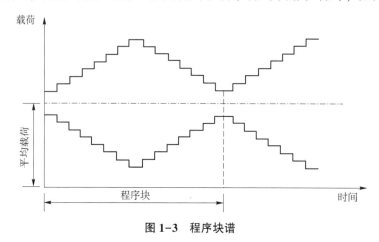

图1-3 程序块谱

(4) 随机谱。随机谱是指载荷水平和载荷顺序按真实情况排列的载荷谱。随机谱较真实，但复杂。随着计算机和疲劳试验机的发展，目前在设计和试验时采用随机谱已无困难。

5. 按任务剖面形式分类

(1) 任务段谱。任务段谱是以各种任务中的一次任务作为编谱单元编制的载荷谱。

(2) 任务谱。任务谱是以某一类任务段作为编谱单元编制的载荷谱。

(3) 总谱。总谱是按所有使用情况编制的载荷谱，可由任务段谱或任务谱导出。

6. 按适用对象分类

(1) 发动机整机载荷谱。发动机整机载荷谱适用于整台发动机，由发动机的总体性能和运行参数（发动机转速、油门齿杆位置、平均有效压力、发动机扭矩或功率等）构成，综合反映发动机在使用中的载荷状况。发动机整机载荷谱因其统计的对象是发动机的主要工作参数，故只能反映发动机总体受载的状况，通常整机载荷谱可用于编制发动机台架考核规范。

(2) 发动机零部件载荷谱。发动机零部件载荷谱是适用于发动机特定零部件的载荷谱，由该零部件寿命、可靠性和强度分析与试验考核相关的载荷参数构成。例如，曲轴、连杆的载荷谱主要由曲轴转速、气缸压力构成；压气机的载荷谱主要由压气机转速构成。发动机零部件载荷谱一般可通过发动机整机载荷谱转换得到。

1.3 发动机载荷谱的研究意义

1. 载荷谱是发动机可靠性设计的基础

早期发动机的设计重点着眼于发动机的性能，而对结构强度只作一般的经验计算和静强度试验，在设计中基本不涉及发动机的寿命问题。随着高功率密度发动机的发展，发动机的工作条件越来越苛刻，结构越来越复杂，同时对发动机寿命的要求也逐渐提高，由此导致发动机在使用过程中不断暴露出结构强度、耐久性方面的问题。

我国装甲车辆发动机一直采用参考类比的沿袭经验设计，以前军品设计时与发动机载荷的动态变化、使用环境和使用规律结合得不紧密，造成发动机整机及其零部件设计寿命与实际情况相差甚远；同时盲目追求好材料、高安全系数，造成发动机部分零部件严重"过设计"，而这种所谓高"安全系数"的设计方法已经被现代科学设计称为"无知系数"。因此必须将载荷谱作为发动机可靠性设计的根本依据，深入分析发动机及其零部件的载荷信息，在保证发动机可靠性的同时，使整机和几乎所有的零部件基本同时达到预期寿命，这样可以最大限度地实现资源节约。

2. 载荷谱是发动机可靠性试验的基础

在航空、机械、汽车等制造业中，对产品设计、疲劳强度检验及寿命预估等都需要进行可靠性试验，通常在实验室内以载荷谱形式再现实际工作时的载荷条件。与在现场条件下所进行的寿命试验相比，这种模拟试验的结果既可靠又经济。对于装甲车辆发动机而言，除了要进行整机的台架考核试验，还要对各关键零部件（如曲轴、连杆、活塞等）进行零部件考核试验，只有通过各项考核试验后，发动机才能定型服役。

在发动机可靠性试验中，载荷谱的研究起着基础和关键的作用。我国现行发动机在对可靠性验证的发动机台架考核规范中，主要考虑的是发动机在高转速、大功率的工作时间，而没有考虑工况变化对发动机及其零部件载荷的影响。由于与发动机实际使用状态脱节，因此这种考核试验不能真实反映发动机及其零部件的实际载荷状态，只能用于检查生产质量的稳定性。

要解决上述问题，就必须在发动机可靠性试验中根据发动机载荷谱来制定模拟任务试验规范。此外，为了解决模拟任务试验规范周期长、消耗大的问题，需对加速任务试验方案进行研究和规范。而上述两种试验规范的制定，必须在对发动机载荷谱进行充分研究的基础上实施。

3. 载荷谱是发动机使用寿命确定的重要依据

中华人民共和国成立以来，我国装甲车辆发动机走过了一条从仿制到自行设计的道路。20世纪80年代以前服役的发动机大部分是仿制的，小部分是外购的，还有少部分是对国外发动机的改型设计。无论哪种类型的发动机，当时的大部分发动机都是按20世纪中期时的静强度准则设计的，没有使用寿命指标；即使少部分发动机是按安全寿命准则设计的，也只有一个总的使用寿命指标，而没有具体的相关资料。

这些已经大量服役的发动机，有的已经出现问题，如有些零部件出现了裂纹、有的磨损量超出极限等；但是也有些发动机零部件在长期服役后仍能正常使用。那么究竟一台发动机（或其关键零部件）能够服役多长时间、应当何时大修、还能够大修几次、能否延寿，目前还未有一致性的结论和依据，归结到一点就是缺乏载荷谱作为发动机定寿和延寿的依据。

现役发动机的使用寿命主要受其关重件寿命的限制。载荷-时间历程对发动机主要零部件的疲劳损伤和磨损失效是至关重要的，载荷谱的苛刻性将直接决定发动机的实际使用寿命。如果不进行载荷谱的研究工作，就只能以最保守的方式给出发动机寿命。

目前我军装甲车辆发动机由于缺乏载荷谱作为寿命管理依据，所采用的就是这种保守的定时维修方式，即一旦发动机摩托小时使用到规定的大修间隔期，就认为该发动机的技术状况已经达到极限状态，强制将其送专业修理厂进行大修。该制度虽然在一定程度上能够保证发动机的性能和安全可靠性，但没有考虑每台发动机载荷谱的个体差异，在送修时间上"一刀切"，导致出现大部分发动机维修过剩的现象，给装甲车辆发动机维修资源和保障经费造成极大的浪费。

4. 载荷谱贯穿整个发动机研制和全寿命管理过程

在发动机设计阶段，需要编制设计载荷谱对在研发动机及其零部件进行可靠性计算与分析，以确定发动机的结构形式、结构材料，以及给出目标设计寿命等；在发动机设计定型后期，需要编制试验谱进行整机（或主要零部件）可靠性和耐久性试验，以确定并验证设计使用寿命；在发动机装车使用后，需要进行专门的载荷参数测试来编制发动机使用载荷谱，以及通过发动机载荷参数测试系统随时监控发动机的健康状况，从而进行寿命管理与预测。

综上所述，载荷谱是发动机设计、试验、定型、定寿乃至延寿的根本依据，载荷谱与发动机研制和全寿命管理的基本关系如图1-4所示。

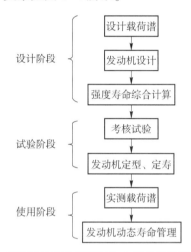

图1-4 载荷谱与发动机研制和全寿命管理的基本关系

1.4 发动机载荷谱的研究现状

1.4.1 发动机整机载荷谱研究现状

发动机载荷谱的研究工作起步于航空领域。早期航空发动机的试车程序主要考虑发动机在大功率状态的工作时间，而没有考虑载荷变化对构件疲劳寿命和可靠性的影响，存在很大的不足，它严重脱离了发动机外场的实际使用状况，尤其是没有真实反映发动机外场实际使用过程中载荷变化的情况。因此，发动机在外场使用一段时间后，暴露了大量在工厂考核试车过程中未出现的故障，造成了许多严重的安全事故。

为此，美国对发动机在外场使用中出现的大量事故教训进行总结，开展了与实际飞行任务相联系的发动机使用载荷参数研究。1969—1973年，从美国空军飞机结构完整性大纲（ASIP）的提出到美军标 MIL-E-5007D 发表，发动机载荷谱研究正式起步；1974—1978年，美国进行了大量的航空发动机载荷谱研究工作,将预计的使用载荷谱落实到发动机寿命试车中,提出了一个新的持久试车方案,即 1∶1 完全模拟实际飞行使用条件,制定了 F404 发动机模拟任务持久试车方案 SMET(Simulated Mission Endurance Test),根据载荷谱制定试车大纲。

随后,俄罗斯在航空发动机研制发展中,也改变了 20 世纪五六十年代的长寿命试车方法,开始按照预计的发动机载荷谱进行寿命试车。我国航空发动机载荷谱研究起步于 20 世纪 70 年代后期,曾先后对涡喷、涡桨、涡轴等类型发动机进行载荷谱研究工作。1987 年,北京机械结构强度研究中心建立了计算机实时控制的载荷谱数据处理与编制专家系统,成功应用于歼教-7 飞机、轰-6 飞机、运-8 飞机、WP6 和 WP7 航空发动机载荷谱的数据采集、处理与编制,为我国机群的寿命监控填补了空白。

随着载荷谱相关研究工作在航空领域的迅速发展,国外几个大的汽车公司在汽车、工程机械等领域开始对车辆载荷谱展开研究,如德国的 IST 公司、英国的 SMT 公司、美国的 MTS 公司、比利时的 LMS 公司等。据悉,这些公司对中小型汽车(2~5 t)、中重型卡车和工程机械车辆(5~12 t)都曾做过载荷谱测试技术和测试方法研究。

近些年,国内有关专家学者也开展了一些车辆动力传动载荷谱相关领域的研究,并取得了一定的研究成果。例如,编制了载荷谱处理分析软件,获得了有价值的载荷谱数据;在发动机排放试验、疲劳寿命研究、台架动态模拟等领域研究了发动机载荷数据的分析和处理方法;建立了车辆综合传动系统的载荷谱测试规范,包括实车测试方法和数据处理方法等。

可以看出,国内专家学者已经意识到载荷谱的重要性,并且针对车辆领域的载荷谱研究也已取得一定的成果,但是还没有系统性针对装甲车辆发动机载荷谱的研究,因此装甲车辆发动机的设计、定型考核试验一直是以参考类比和工程经验为主。例如,在发动机台架考核试验中,仍然沿用 20 世纪 50 年代苏联的相关标准。因此,要提高我国装甲车辆发动机的设计水平,拥有自己的知识产权和核心技术,就必须将发动机载荷谱作为装甲车辆发动机设计、定型考核试验、定寿和延寿的根本依据。

1.4.2 发动机关重件载荷谱研究现状

1. 曲柄连杆机构疲劳载荷谱研究现状

曲柄连杆机构是往复活塞式发动机中能量转换的核心机构,承担着把活塞的往复运动转换为曲轴的旋转运动从而输出扭矩的任务。在发动机工作过程中,曲柄连杆机构受力十分复杂,如周期性变化的气体压力、活塞与连杆的往复惯性力、曲轴的旋转离心力等。随着现代发动机功率密度的不断提高,曲柄连杆机构的工作条件愈加苛刻,曲轴组、连杆组和活塞组的疲劳寿命在很大程度上决定了发动机的可靠性和寿命。因此,对曲柄连杆机构进行强度校核和疲劳寿命计算,已成为发动机可靠性设计和试验的核心步骤。

国内学者对曲柄连杆机构的疲劳强度进行了大量研究,主要采用多柔体动力学结合有限元法和模态叠加法对曲柄连杆机构的疲劳强度进行计算,针对不同的机型实现了构件危险点位置与寿命预测,获得了曲轴、连杆和活塞的疲劳极限,为曲柄连杆机构的优化设计提供了参考。例如,2007 年中国船舶重工集团公司针对影响曲轴疲劳寿命的众多复杂因素及准确估计曲轴疲劳寿命难度大的问题,以某型柴油机组成的动力装置为原始模型,建立三维有限元模态分析模型计算了柴油机曲轴的动态应力，并应用动应力载荷谱疲劳计算方法分析了曲轴疲劳寿命；2009年，河北工业大学对479Q发动机曲柄连杆机构进行三维实体建模，利用多体动力学仿真软件进行动力学分析，计算出各构件在任意时刻、任意位置的动力学特性（位移、速度、加速度等），得到了发动机工作过程中的动态载荷，并运用有限元分析方法进行了应力、变形分析，采用金属疲劳理论计算了构件的疲劳寿命。

2. 缸套部件磨损谱研究现状

部件磨损是发动机性能恶化的主要原因之一。在众多磨损部件中，缸套活塞环摩擦副作为发动机中最重要、最关键的摩擦副之一，工作时受到极大的燃气压力、惯性力、侧向力及摩擦力的复合作用，其磨损程度是决定发动机大修周期的重要因素。

缸套活塞环磨损计算最初仅作为滑动摩擦副的一个例，包含于后者的磨损模型研究领域中。19世纪30年代，德国人Tonn建立起滑动磨损量的计算公式，重点研究了磨损和材料某些机械特性之间的关系。

20世纪50年代，德国人Holm、美国人Burwell等在磨损预测领域进行了大量工作，提出了一些近代磨损仿真理论。1953年，英国莱斯特大学的Archard在前人工作的基础上，提出基于三点假设的黏着磨损模型，即Archard-Holm模型。

随着实用高效的仿真技术的发展，人们将其应用扩大至摩擦面接触分析、寿命预测、优化设计等领域，大大缩短了试验周期，降低了成本。AVL公司的EXCITE PISTON&RINGS是发动机缸套活塞摩擦副设计专用的多体动力学软件，可以进行活塞动力学分析、计算活塞-缸套、活塞-活塞环之间的弹性接触力、进行活塞环组的动力学分析、获得油膜分布情况、活塞/环/缸套间的磨损情况分析，找到磨损较严重的区域及确定优化方向，但是该软件目前只能针对发动机稳定工况进行摩擦磨损计算。

3. 增压器载荷谱研究现状

20世纪50年代初，涡轮增压技术进入车用领域。20世纪60年代，国外开始在车用发动机上大量采用涡轮增压技术。增压器转速高达每分钟几万转（甚至每分钟二十多万转），因此确保其可靠性是一项十分艰巨的任务。增压器可靠性的关键在于转子系统的工作稳定性和叶轮叶片的疲劳强度，国内外学者针对增压器可靠性问题进行了许多研究。国外主要增压器生产厂家都已拥有先进的CAD/CAM和CAT系统，利用计算机进行径流涡轮、离心式压气机叶轮的空气动力学与三元流场分析、叶轮及叶型设计和强度分析等工作，并采用有限单元法（FEM）和先进的激光测试技术来进行三维黏性流动的建模和验证分析。国内研究人员主要采用有限元的方法对增压器叶轮进行了强度计算和分析，并就强度分析中的关键步骤和技术难点进行了讨论，计算并分析了气动载荷和温度场对压气机叶轮应力的影响，建立了车用增压器压气机叶轮强度分析的过程和方法。

陆军装甲兵学院在国防科技重点实验室基金项目"装甲车辆柴油机涡轮增压器疲劳载荷编谱方法研究"中，针对增压器载荷参数实车测试传感器布置困难、试验周期长、试验费用高等问题，综合应用理论分析、仿真和试验手段，研究了废气涡轮增压器在装甲车辆典型任务剖面下的动态响应过程，编制了增压器转速试验谱。

发动机关重件疲劳寿命计算和缸套活塞环磨损分析通常是针对发动机某一特定危险工况，计算一个工作循环的应力-时间历程或磨损量，以此确定关重件疲劳损伤与磨损规律。但是发动机在实际使用中，受路面状况、驾驶员操作等因素的影响，绝大部分时间是变工况运行，而关重件的应力大小和磨损程度与发动机工况变化直接相关，因此有必要深入研究发动机变工况运行时各关重件的疲劳损伤和磨损规律。

1.4.3 发动机加速寿命谱研究现状

发动机加速寿命试验技术目前主要用于航空发动机的考核，随着设计水平和维护能力的提高，航空发动机的寿命有了很大提高，然而，传统的1∶1模拟任务试验周期很长，且需要消耗大量燃料和长期占用试车台及设备。为了在规定寿命期内缩短台架寿命试车时间和节省燃料，美国在20世纪70年代中期提出AMT（Accelerated Mission Test，加速任务试车）方案，这是对模拟任务持久试车进行等效压缩，即在任务模拟中去掉对发动机不会造成损伤（或损伤很小）的工作时间，例如低温工作时间（巡航状态）和转速变化很小的转速循环，从而形成加速和等效。美国首先在TF41发动机上采用了AMT方案，取得了巨大的成功；随后，AMT方案得到广泛应用并已成为航空发动机研制中的一项标准考核试验。根据发动机使用载荷情况开展发动机寿命试车，这既是发动机技术发展规律的客观要求，也是发达国家的成功经验。

AMT循环的制定步骤（图1-5）：第1步，确定典型任务剖面，并对其各典型任务剖面的发动机参数（油门杆角度（功率）、飞行高度、飞行速度、排气温度、转速等）进行数据分析和处理；第2步，得出油门（功率）数据、油门变动幅度和频率、油门变化矩阵、各油门位置（功率状态）占用时间及百分数、转速循环类型统计及比例、高温时间和比例等；第3步，考虑在一次完整飞行循环中所经受的最恶劣瞬变条件，包括全部大功率状态、加速和减速状态，运用优化法删去对持久强度、低循环疲劳强度和热冲击等影响不大却占时很长的巡航状态。

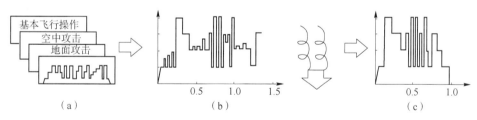

图1-5　AMT循环的制定步骤

(a) 第1步，确定典型任务剖面；(b) 第2步，设计发动机工作循环；(c) 第3步，加速任务试车循环

图1-6所示为美国的F100发动机模拟任务试车循环，单次试车循环时长为120 min。图1-7所示为发动机的加速任务试车循环，单次循环试车时长为40 min。通过模拟典型航线飞行循环中最恶劣的瞬变循环，加速任务试车用40 min来模拟典型航线的120 min飞行使用循环，其加速试车循环较典型航线使用循环缩短了67%。事实证明：加速任务试车已经成为发动机研制过程中考核发动机可靠性和耐久性的有力手段，目前美国发动机结构完整性计划中已用它取代早期的寿命持久试车。

20世纪70年代，苏联也采用了加速等效试车，这是采用加大载荷、热冲击、大功率状态、共振状态及增加疲劳循环次数等方式，使发动机零部件和整机在相当短的试车时间内暴露出来的结构问题与全寿命试车的结果相同，其概念和研究方法与美国存在一些差异。表1-1所示为苏联民航发动机3 000 h长期寿命试车大纲。

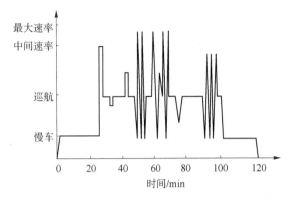

图1-6 F100发动机模拟任务试车循环

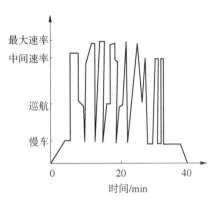

图1-7 F100发动机加速任务循环

表1-1 苏联民航发动机3 000 h长期寿命试车大纲

状态名称	长期试车工作时长/min	时间百分比/%
起飞	60	2
最大连续	630	21
0.8 最大连续	1 050	35
0.7 最大连续	510	17
0.6 最大连续	300	10
0.4 最大连续	250	8.3
慢车	75	2.5
变换状态	125	4.2

20世纪70年代，苏联给出了民航发动机采用增加起飞状态和在各种共振转速下工作进行加速模拟试车的大纲，并用474 h加速模拟试车代替3 000 h全寿命长期试车，该加速等效试车大纲见表1-2。在全寿命试车大纲中，每个阶段的时长为10 h，小于最大连续状态的各巡航状态时长占总时长的70%；在加速模拟试车中，每个阶段的时长为1 h 50 min，起飞状态工作时长几乎增加1倍，规定在各种共振转速下的时长占总时长的41%，加速次数、减速次数、起动次数和引气次数与全寿命长期试车相同，其加速模拟试车时间等效系数是6.3。

表1-2 苏联民航发动机474 h加速等效试车大纲

状态名称	长期试车工作时长/min	时间百分比/%
起飞	114	24.1
在各种共振转速	195	41.1
慢车	40	8.4
变换	125	26.4

由于加速寿命试车的技术优势和显著的经济效益，以及我国新研制的军用发动机寿命不断延长，我国从 20 世纪 70 年代末开始进行加速任务试车研究，参照苏联一些做法，对涡桨五、涡桨六、涡喷八发动机综合考虑了断裂、高循环疲劳、低循环疲劳、腐蚀和热疲劳等影响因素进行加速模拟试车，并取得一定进展。

国内外大量 AMT 实例已证明，采用加速模拟试车代替全寿命试车可以大大缩短试验时间、节约试车经费，在发动机投入使用前找出存在的问题，进而加快研制进度、缩短研制总时间，被公认为一种科学、先进、省时、经济的发动机试车方法，已被发达国家广泛采用，各国都在继续进行加速模拟试车的理论和实验研究工作。

航空发动机 AMT 已经取得很大进展，一些成功的经验可以作为装甲车辆发动机加速寿命试验技术的借鉴。为加强我军装甲车辆发动机载荷谱的研究，应尽快建立以载荷谱为基础的模拟任务试车和加速任务试车试验规范，真正做到基于载荷谱的装甲车辆发动机设计、试验、定型和定寿。

发动机载荷谱研究是一项较复杂的综合研究课题，它与设计因素构成、使用任务、实际工作条件、零部件疲劳损伤与磨损失效机理、等效模拟理论和技术等都有关系。国内装甲车辆发动机开展载荷谱相关工作的研究不多，积累的试验资料较少，要想尽快发展我国发动机载荷谱的研究工作，达到世界先进水平，需要从仿真和试验两方面入手，对装甲车辆发动机载荷谱的编谱方法进行研究和探索。一方面，装甲车辆发动机零部件长期工作在复杂耦合物理场条件下，通过仿真计算深入研究多物理场载荷耦合作用下的损伤和失效基础理论，可以促进我国装甲车辆发动机载荷谱研究理论的跨越式发展。同时，在发动机设计阶段，可通过仿真计算得到发动机在不同任务和环境下的载荷，从而编制载荷谱，对发动机的可靠性进行分析。另一方面，急需对装甲车辆各类发动机使用任务进行调研，针对典型任务进行载荷谱的随机测试。随着发动机的测试技术、信号处理技术、数据存储技术的发展，目前在发动机上安装并使用载荷自动跟踪记录器来采集发动机使用载荷谱，进而建立数据统计处理系统和各种类型发动机的载荷谱数据库，已是很现实和经济的做法。

从使用装甲车辆发动机载荷谱方面而言，迫切需要建立适用我国国情的各发动机加速模拟试车的载荷谱和规范，这是需要各方面协调研究解决的问题。

第 2 章
装甲车辆发动机工况与载荷

2.1 工况特点

发动机的运行情况简称"工况",取决于其输出的扭矩(或功率)和曲轴的转速。发动机实际运行时的工况多种多样,大致可分为以下三类。

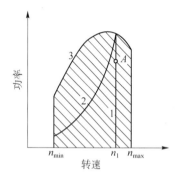

图 2-1 发动机工况类型

第一类工况:发动机功率变化,而曲轴的转速几乎保持不变。例如,发动机带动发电机、压气机和水泵等工作机械一起工作时,其转速由调速器保持基本不变,功率则随工作机械使用负荷的大小可以由零变到最大,工况变化如图 2-1 中垂直线 1 所示,这种工况称为线工况。在特殊工作场合的发动机(如在水库、江河上排灌用的发动机)不仅转速恒定,而且功率也因水流量和扬程不变而保持常值(图 2-1 中的点 A),这种工况称为点工况。

第二类工况:发动机发出的功率 P_e 与曲轴转速 n 之间具有一定的函数关系,$P_e = f(n)$。例如,发动机作为船用主机,通过联轴节及齿轮传动或直接与螺旋桨相连接时,发动机转速与螺旋桨转速一致或为倍数关系。在稳定工况下,发动机发出的功率与螺旋桨吸收的功率相等,因此它的工况变化规律取决于螺旋桨特性:$P_e = kn^3$,式中 k 是比例系数,对螺距不变、结构一定、工作于同一介质中的螺旋桨是一个定值。可见,发动机发出的功率完全取决于转速,是一种三次方的关系。当改变油门齿杆位置时,发动机功率和转速将按上述关系同时改变,如图 2-1 中的曲线 2 所示,这也是一种典型的线工况。

第三类工况:发动机功率和转速都独立地在很大范围内变化,它们之间没有特定的函数关系,装甲车辆发动机就属于这种工况。由于装甲车辆经常在复杂的地形、恶劣的道路条件下行驶,发动机的扭矩和转速都独立地在很大范围内变化,它们之间没有特定的函数关系。发动机转速可以从最低稳定转速一直变到最高工作转速;发动机扭矩则取决于行驶阻力,包括车辆的行驶速度和路面情况。发动机的工况变化与地形起伏、道路阻力的变化、车辆行动装置与传动装置的结构特性及驾驶人员的操作有关,如图 2-1 中的阴影部分所示。阴影部分的上限是发动机的外特性曲线(曲线 3),左边缘对应于最低稳定转速,右边缘对应于最大转速,这种运行工况称为面工况。

发动机工况又可分稳定工况和不稳定工况。

稳定工况是指发动机功率、转速、扭矩及其内部热量保持稳定,基本不随时间变化的工况。即使在稳定工况下,仍有一些不确定因素影响发动机的工作过程,如各缸的进气、喷油、雾化及燃烧不可能完全一致，导致发动机的运行参数存在瞬时波动，此时通常取其平均值作为稳定工况的参数。因此，严格来说发动机始终不是在稳定工况下工作，将发动机的工况分为稳定工况和不稳定工况是相对的。

不稳定工况是指发动机从一种稳定工况变为另一种稳定工况的动态过程。当发动机提高循环供油量时，燃料单位时间内燃烧产生的热量增加、燃气压力增大、燃气温度升高，组成燃烧室的缸盖、气缸壁、活塞的温度场也随之改变，这种由于温度场变化造成的热应力变化会引起发动机及其零部件载荷发生变化。当发动机转速改变时，所有与发动机曲轴相连的运动件的惯性力变化，也会引起发动机及其零部件载荷发生变化。

2.2 载荷特点

1. 与燃气轮机相比

往复运动质量是活塞式发动机出现不平衡力和力矩并引起振动的原因，即使在稳定工况下工作，在一个工作循环内，发动机零部件也会受到高温燃气的冲击，振动载荷和热载荷严重。然而，燃气轮机中没有往复运动质量，其所有运动的零件均是旋转件，而且都是预先平衡的高速旋转的零件，因此运转平稳性、平衡性良好，从而提高了燃气轮机的工作可靠性。

2. 自身特性

当发动机的负荷发生变化时，发动机的供油量改变，燃料的燃烧过程发生变化，由气缸盖、气缸套、活塞所组成的燃烧室的温度也随之变化，整个发动机的温度场状况相应改变，热力工况变化造成的应力将促使机件发生变形。

当发动机转速发生变化时，引起所有与发动机曲轴相联系的运动机件的惯性力变化，同时也引起载荷的改变。

发动机零件的磨损强度不仅与载荷大小有关，而且与载荷的变化强度有关。试验表明，发动机在非稳定工况下工作时，气缸套和活塞环的磨损比稳定工况下要大得多。随着发动机受激振动的加剧（扭振和垂直、水平振动），机件的磨损和疲劳损伤也大大加快。

3. 装甲车辆发动机使用特点

从装甲车辆发动机的使用特点来看，军用车辆经常在复杂的地形、恶劣的道路条件和越野行驶，车辆的行驶速度和载荷不断变化，从而影响发动机工况的变化。这种变化的频率和幅度与地形起伏、道路阻力的变化、越野地貌、车辆本身行动装置和悬挂系统的特性、车辆动力传动装置的结构和特性、驾驶人员的操作状况等有关。这种综合影响和作用使军用车辆发动机始终处于非稳定的工况下运行，这与一般民用车辆是大不一样的。再则，军用车辆对发动机要求在较小的尺寸和质量下提供较大的功率，因而所有组成发动机的机件所承受的载荷都比一般民用发动机大得多。

2.3 载荷频率分析

装甲车辆发动机及其零部件的载荷与发动机的运行工况、循环形式、转速、气缸数等有关，按频率大小可以分为高频载荷和低频载荷。

2.3.1 高频载荷

我国的装甲车辆发动机是往复活塞式发动机，其载荷形式不同于航空发动机这样的旋转机械。旋转机械运行在稳定工况时，可认为其载荷基本保持不变，只有当工况发生变化时才会引起发动机载荷的变化。而对于往复活塞式发动机，即使运行在稳定工况，发动机由于工作循环的作用，缸内气体压力也会产生周期性变化，发动机曲轴、连杆、活塞等零部件就会产生周期性的交变应力，这种由发动机工作循环所引起的载荷称为高频载荷，其频率与发动机转速成正比。

某一任务剖面下装甲车辆发动机连杆载荷-时间历程与频率分析分别如图 2-2、图 2-3 所示。发动机每工作一个循环，连杆载荷产生一次周期性变化，载荷的主要频率成分集中在 12~18 Hz，发动机转速集中在 1 400~2 200 r/min，连杆载荷频率与发动机工作循环频率相符。

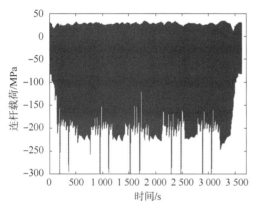

图 2-2　连杆载荷-时间历程

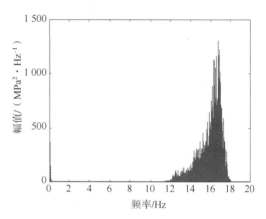

图 2-3　连杆载荷-频率分析

2.3.2 低频载荷

当发动机运行在稳定工况点时，虽然其缸内气体压力仍在周期性变化，但是对于涡轮增压器等零部件而言，由于工况不变，因此压气机与涡轮处于平衡状态，若不考虑变压式涡轮增压器的脉冲影响，其转速几乎保持不变。在这样的工作条件下，涡轮增压器所受的载荷就可以认为是一种稳定载荷，其幅值不随时间变化，只有当发动机工况发生变化时，才会引起增压器载荷的变化。这种由发动机工况变化所引起的载荷称为低频载荷，其频率与发动机工况变化的频率成正比。

某一任务剖面下增压器转速-时间历程和频率分析分别如图 2-4、图 2-5 所示，其主要频率成分小于 0.1 Hz。这是因为，发动机在运行过程中由工况变化所引起增压器转速变化次数很少，其载荷频率通常比发动机工作循环的频率要小得多。

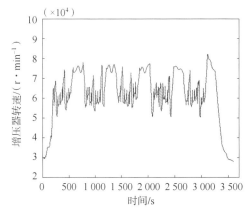
图 2-4　增压器转速-时间历程

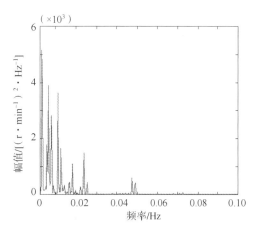
图 2-5　增压器载荷-频率分析

发动机中的零部件除了承受高频载荷和低频载荷外，还有一些零部件受这两种载荷的共同作用。最典型的例子就是气缸盖，气缸盖一方面长期承受着以发动机工作循环为周期的高频载荷，另一方面承受着以"起动-停车"为周期的低频载荷。高频载荷使气缸盖产生周期性变化的机械应力，低频载荷使气缸盖的温度场改变引起热应力的变化，形成更复杂的耦合载荷。

2.4　特殊环境下发动机载荷

装甲车辆发动机在使用过程中，零部件会发生磨损、塑性变形、疲劳损坏、腐蚀及老化。零部件的损伤和失效在很大程度上受应用条件的影响，应用条件可分为一般条件和特殊环境条件两类。一般条件主要包括道路条件、运行条件及运输条件等；特种环境条件主要包括高原、山地、沙漠、海滩、水障碍及高温、严寒等。

2.4.1　低温条件对发动机载荷的影响

我国长江以北在冬季气温较低。表 2-1 列出了按平均气温区分的我国部分城市在 1 月（一年中气温最低的月份）的气温情况。

表 2-1　我国部分城市在 1 月的气温情况

平均气温/℃	最低气温/℃	城市
>5	>5	海口、广州、厦门、福州、温州、南昌、长沙
5~0	0~-10	宁波、上海、南京、武汉、徐州
0~-5	-5~-20	郑州、济南、青岛、保定、天津、北京
-5~-10	-10~-30	太原、大连、旅顺、秦皇岛、锦州、丹东
-10~-15	-20~-35	沈阳
-15~-20	-30~-40	四平、长春
-20~-30	-35~-40	哈尔滨

发动机水温在 65 ℃ 以下工作称为发动机过冷。低温下起动（尤其是未预热即起动）

时，发动机的水、油温度很低，导致起动阶段磨损加剧，如果不注意加温和调节，发动机将较长时间处于过冷状态下工作，造成发动机的功率下降、磨损增加，严重时还会造成发动机胶化。低温下，黏稠的润滑油飞溅困难，造成各机件润滑不良，磨损加剧。

低温下润滑油黏度增大，使齿轮传动机构阻力增大，传动效率下降。某装甲车辆各齿轮传动机构的阻力矩与外界气温的关系如图 2-6 所示，由图可知，温度下降到 -30 ℃时，变速箱阻力矩为 -20 ℃时的 3 倍。低温下，传动、行动部分各机件的转动阻力均增大，导致车辆运动阻力增加。图 2-7 所示为某装甲车辆运动阻力与外界气温的关系，由图可知，气温在 -20 ℃ 的运动阻力为 -10 ℃时的 1.5 倍。

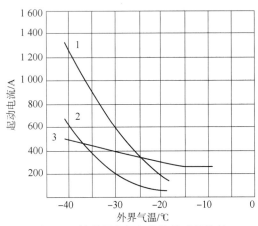

图 2-6　某装甲车辆各齿轮传动机构的阻力矩与外界气温的关系

1—变速箱；2—侧减速器；3—齿轮传动箱

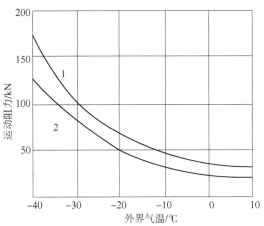

图 2-7　某装甲车辆运动阻力与外界气温的关系

1—原地起车时的运动阻力；2—运动中的运动阻力

此外，车辆在冰雪天气的通行能力降低，当地面积雪时，车辆运动阻力随着积雪的加深而增大，而车辆的附着性能显著降低，尤其是当雪融化后重新结冰，容易引起打滑、横滑，车辆通过障碍的能力也显著降低。例如，在雪深 20 cm 左右的地区，装甲车辆只能通过小于 15°~18°的下坡和小于 12°的侧倾坡。

2.4.2　高温条件对发动机载荷的影响

我国南方地区气候炎热而潮湿，在 N25°以南地区，一年中有七八个月的月平均气温高于 20 ℃，降雨量多，水源丰富，相对湿度大都高于 70%，地形复杂，水稻田分布极为广泛。南方地区的气候地理特点，对装甲车辆的使用有很大的影响。

我国南方日照时间长，太阳辐射强度大，气温高。7 月份等温线为 28 ℃以南的地区包括珠江流域、长江流域中下游、黄河流域下游的一部分。表 2-2 是部分南方城市在 7 月份的气温。

表 2-2　部分南方城市在 7 月份的气温　　　　　　　　　　　℃

城市	广州	海口	南宁	福州	武汉	南京	重庆
平均气温	28.7	28.2	28.5	29.8	28.6	27.6	28.6
最高气温	38.0	38.9	38.8	38.3	42.0	43.0	44.0

发动机长时间在水温为100 ℃以上的条件下工作称为发动机过热。发动机过热时功率降低，活塞与气缸之间的间隙减小（尤其是铝合金活塞），润滑油因高温而黏度减小和变质，导致磨损加剧；机件过热，机械强度下降，可能造成活塞折断、活塞环槽变形、气缸盖上产生裂纹等损坏。主要有以下原因：

(1) 南方地区（特别是夏季）气温高，环境和冷却液的温差小，空气带走冷却液的热量少，例如在气温35 ℃时，太阳辐射下的发动机上装甲板温度达78 ℃，这样在风扇风量不变的情况下，热空气流过散热器时，不能起到良好的冷却作用；同时，车内散热也很差，发动机持续工作时间越长，积累的热量就越多，形成过热状态。

(2) 南方地区气候潮湿，空气相对湿度大，同时因气温高，而空气密度变小，减少了进入气缸的空气质量，使发动机缸内燃烧后燃时间增长，燃烧恶化，冷却液吸收的热量增多，发动机温度升高，容易过热。

2.4.3 高原条件对发动机载荷的影响

1. 高原的气候和地理特点

(1) 大气压力低。由表2-3可以看出，随着海拔高度的增加，大气压力和空气密度显著下降。例如，海拔高度为4 000 m时，空气密度从海平面的1.225 7 kg/m³下降到0.819 6 kg/m³，下降达1/3；气压则从100 kPa下降到60.8 kPa，下降达40%。青藏公路最高处在唐古拉山，其海拔高度为5 500 m左右，气压只有49.9 kPa，约为海平面上气压的1/2。

(2) 大气温度低。大气温度随海拔高度的增加而下降。由表2-3可以看出，海平面气温为15 ℃时，海拔高度为2 000 m和4 000 m的大气温度仅为2 ℃和-11 ℃。

表2-3 气压、气温、空气密度与海拔高度的关系

海拔/m	气温/℃	空气密度/(kg·m^{-3})	大气压/atm[①]
0	15	1.225 7	1
500	11.75	1.167 9	0.942
1 000	8.5	1.112 2	0.887
1 500	5.25	1.058 6	0.834
2 000	2	1.007 0	0.785
2 500	-1.25	0.957 3	0.737
3 000	-4.5	0.909 6	0.692
3 500	-7.75	0.863 7	0.649
4 000	-11	0.819 6	0.608

① 1 atm=10⁵ Pa。

续表

海拔/m	气温/℃	空气密度/(kg·m^{-3})	大气压/atm
4 500	-14.25	0.777 3	0.570
5 000	-17.5	0.736 6	0.533
5 500	-20.75	0.697 7	0.499
6 000	-24	0.660 3	0.466
6 500	-27.25	0.624 4	0.435

2. 高原对发动机使用的影响

在高原地区，装甲车辆发动机功率下降，燃料消耗量增加，排气温度升高。随着海拔高度增加和空气密度下降，发动机的进气量减少，在供油量不变的情况下过量空气系数下降，使压缩终了的压力下降、混合气过浓，导致燃烧过程恶化，后燃严重，排气温度升高，发动机功率下降和油耗增大。同时，还容易使活塞顶部、燃烧室和排气门处积碳。装甲车辆易发生排气歧管烧红、烧裂，废气抽尘器的石棉铜垫烧坏，散热器的出水胶管烤坏等，严重影响发动机的持久正常工作。

在高原地区，低气压、低温使发动机起动时压缩终了的压力更小、温度更低，比平原地区低温下起动更加困难。

在高原地区，发动机常处于大负荷下工作，而空气密度小，使得冷却系统散热困难，另外，由于冷却液的沸点随气压下降而降低，因此冷却液消耗量增大，在车辆使用过程中容易出现发动机过热。

2.4.4 沙漠地区对发动机载荷的影响

我国的沙漠地区一般为大陆性气候，冬夏之间和昼夜之间温差很大，如酒泉地区年最低气温为-34 ℃，而最高气温为38.4 ℃，沙漠地区地表温度可在80 ℃以上，昼夜温差可达30 ℃；沙漠地区雨水稀少、水源缺乏，如宁夏的银川、甘肃的酒泉和新疆的库车，年降雨量均不超过80 mm，水蒸发量很大；沙漠地区风沙大、尘土多，车辆行驶困难，车辆行驶时扬起的尘土就可使空气中的含尘量高达6 g/m^3。

沙漠地区大都空气稀薄，因此进气不足，发动机功率下降，燃料消耗增加，而且在沙漠地区行驶时发动机的负荷大，导致装甲车辆平均运动速度慢。

（1）通行性能降低。由于沙漠土质松散，车辆容易下陷使地面变形阻力增大，附着力下降，车辆容易打滑，上坡困难（一般只能通过18°左右的坡）。沙丘、沙岭多，车辆平均速度大大降低，如中型坦克只能达到12 km/h，轻型坦克也只能达到10~15 km/h。

（2）机件磨损加剧，可靠性下降。沙漠中空气含尘量大，使各机件迅速脏污，尘土进入发动机摩擦副表面后使磨损加剧。例如，空气滤清器的滤清比下降迅速，如果不及时保养就会使发动机大量进土而很快磨损。

（3）发动机容易过热。由于沙漠的行驶阻力大，发动机负荷重，尘土会脏污冷却系统表面，对冷却极为不利，极易导致发动机过热。

2.4.5 海滩和水障碍地区对发动机载荷的影响

装甲车辆通过海滩和水稻田时，都会因履带下陷而增大运动阻力，发动机容易过热。表 2-4 所示为某型履带式装甲车辆行驶地面变形阻力系数，从表中可以看出，当车辆在泥泞路和水稻田行驶时，地面变形阻力系数明显变大，与其他路面变形阻力系数最大相差近 10 倍，车辆行驶时需克服的地面阻力明显增大，发动机负荷增加。

表 2-4　某型履带式装甲车辆行驶地面变形阻力系数

地面	系数（f）	地面	系数（f）
柏油路	0.03~0.25	泥泞路	0.10~0.147
旧柏油路	0.0382	泥泞土路（湿度20%）	0.12~0.15
水泥路	0.037~0.052	水稻田	0.16~0.19
砂石土路	0.044~0.054	已耕有水水稻田	0.152~0.272
干土路	0.06~0.07	未耕有水水稻田	0.178~0.277
荒草地	0.059~0.072	已耕无水稻田初次碾压	0.18~0.21
草地	0.08~0.10	已耕无水稻田多次碾压	0.33

车辆在海滩和水稻田行驶时附着力差，容易打滑陷车。表 2-5 所示为某型履带式装甲车辆行驶地面附着系数，从表中可以看出，当履带车辆在泥泞路、沼泽地和水稻田行驶时，地面附着系数明显变小，与其他路面相比最大相差近 4 倍，地面附着力差，需要发动机增加负荷才能行驶通过。

表 2-5　某型履带式装甲车辆行驶地面附着系数

地面	系数（Ψ）	地面	系数（Ψ）
柏油路	0.80	泥泞路	0.374~0.615
旧柏油路	0.47~0.54	沼泽地	0.30~0.60
水泥路	0.52~0.697	水稻田	0.40~0.55
砂石土路	0.66~0.75	已耕有水水稻田	0.40~0.60
土质公路	0.50~0.80	未耕有水水稻田	0.50~0.583
荒草地	0.52~0.84	已耕无水稻田	0.50~0.715

第 3 章
基于测试的装甲车辆发动机载荷参数获取

发动机载荷参数测试是指将发动机在台架和使用过程中的载荷参数进行信息采集和记录，为发动机性能仿真、载荷谱编制、可靠性设计、定型考核试验、寿命管理提供性能参数与载荷数据。

3.1 载荷参数测试

装甲车辆发动机载荷参数众多，需针对不同的载荷参数采用不同的载荷测试方法，开发实时采集和处理的发动机参数采集测试系统。

3.1.1 载荷参数测试方法

3.1.1.1 转速测量

转速是发动机最重要的状态参数之一。发动机的机械损失和零件的机械负荷与热负荷等均与转速有直接关系。在进行发动机台架试验或实际使用发动机时，首先要测量（或了解）的参数就是发动机的转速，根据转速和曲轴输出扭矩，即可计算发动机的有效功率。另外，发动机转速的特定值也能反映发动机的技术状况。例如，若最低稳定转速明显高于给定值，则说明发动机燃油供给系统机件（如喷油泵、调速器或喷油器等）存在某些故障；在给定条件下，若发动机最高空转转速明显低于规定值，则表明发动机燃油供给系统存在故障现象，或者发动机的机械损失偏大（摩擦损失增加、泵气损失加大或附件耗功增加）。

转速测量是一项较为成熟的技术。早期有机械转速表，其利用元件的离心力感受转速的变化并通过指示机构指示。在装甲车辆发动机上多使用电动式转速表，例如某型装甲车辆柴油机的转速表就是由一个小型三相交流发电机和相关电路与表头组成的。现代车辆发动机一般在机体上对应飞轮处安装一个转速传感器，将脉冲信号送至发动机电控单元，电控单元根据脉冲信号计算出发动机的转速，并根据转速大小发出相应的控制信号，同时将转速的数值显示在仪表盘上。

转速测量装置按固定方式可分为固定式和便携式（手持式）两类。发动机试验台上一般使用固定式，实车检测时则根据具体情况选择。转速测量装置主要由感受转速元件（传感器）、信号处理与显示部分组成。便携式转速测量装置将两者集成，成为一个转速表；而固定式转速测量装置，其传感器和信号处理与显示部分一般是分置的。

按转速测量原理，可将转速测量传感器分为光电式转速传感器、磁电式转速传感器、反射式红外转速传感器。

1. 光电式转速传感器

光电式转速传感器分为照射式和反射式两种。光电传感器是将光能转化为电能的一种传感器，它是利用某些金属或半导体物质的光电效应制成的。当具有一定能量的光子投射到这些物质的表面时，具有辐射能量的微粒将透过受光的表面层赋予这些物质的电子以附加能量，或者改变物质的电阻大小，或者使其产生电动势，导致与其相连的闭合电路中电流变化，从而实现光-电转换。光电式转速传感器由光源、光电管等组成，如图3-1所示。

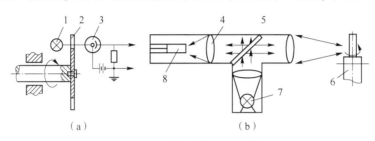

图 3-1 光电式转速传感器

(a) 双光头照射式；(b) 单头反射式

1,7—光源；2—遮光盘；3,8—光电管；4—透镜；5—分光镜；6—被测轴

光电式转速传感器（照射式）的遮光盘安装在被测转速的轴上，遮光盘上均布许多狭缝，测速时，遮光盘间断地遮住由光源射向光电管（光电传感器）上的光束，使光电管集电极电流发生交替变化。遮光盘每转一圈，传感器就发出与狭缝数目相同的脉冲信号。

光电式转速传感器（反射式）将光源与光电管合成一体，在被测轴的某一部位沿圆周方向均匀地涂上黑白相间的线条或贴上反光带，使光线的聚焦点落在被测轴的测量部分（线条区域）。当被测轴旋转时，聚焦点从反光面到无光面交替变动，光电管就随着光的强弱变化而产生相应的电脉冲信号。被测轴转一圈，传感器就发出与反光带数目相同的脉冲信号。

2. 磁电式转速传感器

把被测参数转换为感应电动势的传感器称为磁电传感器（也称感应式传感器）。磁电传感器是以导线在磁场中运动产生电动势的原理为基础的。根据电磁感应定律，线圈感应电动势的大小取决于穿过该线圈磁通的变化率，当线圈附近的磁阻发生变化时，线圈电动势随之而变。图3-2所示为磁电式转速传感器，在被测轴上安装一个磁轮（由导磁材料制成的齿轮）、线圈和永久磁头，安装在靠近齿轮外缘（约2 mm）的固定位置，每一个齿转过磁头时，磁通都会发生变化，线圈就产生一个感应电动势脉冲信号。被测轴转一圈，传感器就发出与齿数相同的脉冲信号。

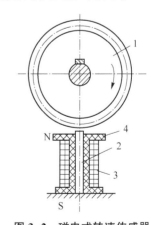

图 3-2 磁电式转速传感器

1—磁轮；2—永久磁头；
3—线圈；4—线圈架

3. 反射式红外转速传感器

反射式红外转速传感器与光电式转速传感器相似，所不同的是用红外线发射管取代光

源，用红外线接收管取代光电管。图 3-3 所示为反射式红外转速传感器。

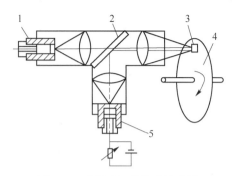

图 3-3　反射式红外转速传感器
1—红外线接收管；2—半透膜；3—反光纸；4—转盘；5—红外线发射管

在被测轴圆周（或转盘）的表面贴一片专用反光纸，这种反光纸的一面均匀密布着很小的颗粒反光珠，使反射效果更好。测量时，红外线发射管发出红外线，经半透膜（透镜）反射到被测轴（或转盘）上反光纸所在的圆周区域，从该区域反射的红外线穿过半透膜照射到红外线接收管。当反光纸转到红外线照射的区域时，红外线接收管就收到较强的信号。如果在圆周上只贴一片反光纸，则被测轴每转一圈，传感器就发出一个脉冲信号。为增加反射差别，可将反光纸附近区域涂成黑色，并避免阳光直接照射。

3.1.1.2　扭矩测量

发动机在工作时，曲轴向传动轴传递扭矩。发动机工作循环中，气缸内的压力呈周期性变化，导致曲轴的扭矩也周期性变化，只是随气缸数目不同其频率大小不一样。从发动机曲轴输出端直到车辆传动和行动部分都受这个交变扭矩的作用。对于发动机扭矩的检测，不同的测试目的其测试方法有所不同。如果是为了最终测取发动机的有效功率而测量发动机输出扭矩，可以使用各种类型的测功机，这些测功机测量的是曲轴的平均输出扭矩。如果要通过曲轴输出扭矩检测发动机的技术状况或通过扭矩测试的方法对整个车辆轴系的扭转振动状况进行测量，则需要使用能够测试瞬时扭矩的测量系统。

1. 扭矩传感器基本原理

扭矩传感器的基本工作原理：在扭矩作用下，轴段产生相应于扭矩大小的变形，传感器通过不同的方式感受此变形量，一般将其转换为电信号，经处理后显示、记录并可传送到需要扭矩信息的测试系统或计算机中。按工作原理分，扭矩传感器可分为应变式与相位差式两类。

2. 应变式扭矩传感器

应变式扭矩传感器是利用应变原理来测量扭矩的。被测轴承受扭矩作用时，会产生切应力，最大应力发生在轴的外圆表面，两个主应力轴线沿轴外表面成 45°和 135°角（图 3-4）。因此，在轴外表面上沿主应变方向粘贴应变片，最大限度地感受轴的应变，将扭矩变化转换为应变片的电信号输出。为了提高测量的灵敏度，可用 4 个应变片按承受的拉压应力平均分配，在轴外表面相对位置各贴两个应变片，一处承受拉应变，另一处承受压应变。4 个应变片组成全桥回路，输出信号不受温度影响，为纯扭矩信号。

电桥信号的输出方式有滑环接触式与非接触感应式两种。滑环接触式的电刷接触电阻对测试精度的影响较大，且安装较为复杂。旋转变压器非接触感应式的发射机外形尺寸较小，可以

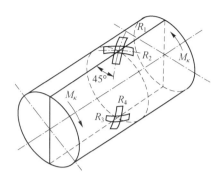

图 3-4　应变式扭矩传感器应变片的贴片方式

装在轴上，通过环形天线向外发射应变片的电信号，由接收装置接收，经处理后最终传送到显示屏或计算机。在具有较好抗干扰设施的情况下，非接触感应式的测量精度较高。

3. 相位差式扭矩传感器

相位差式扭矩传感器是利用被测轴在弹性变形范围内，其相隔一定距离的两个截面上所产生的相位差与扭矩大小成正比的原理制造的。根据感受元件的不同，相位差式传感器可分为光电式和磁电式两类。

1）光电式扭矩传感器

在被测轴上安装两个光栅盘，将光栅盘沿径向做成放射状黑白相间的图形，黑色表示不能透光部分，白色表示能透光部分，如图 3-5 所示，图中的两个光栅盘相对位置处于光通量通过最大位置。在两个光栅盘外侧方向分别设置一个光源和一个光电管。当轴不受扭矩作用时，两个光栅盘的周向位置为黑白色交错状态，即光不能透过两个光栅盘，光电管感受不到光源的照射，输出电流为零。当轴受扭矩作用发生扭转变形时，两个光栅盘在圆周方向相对错开一个角度，形成一个透光口，光源发出的光能够穿过两个光栅盘照射到光电管上。扭矩越大，透光口的开度就越大，光电管被照射的时间就越长。将反映扭矩大小的光电管输出电流信号送至显示仪表，就可知道被测轴所受扭矩的大小。

2）磁电式扭矩传感器

在被测轴上相距一定距离的两个截面上安装两个带齿的圆盘以及构造与性能均相同的磁电式传感器（图 3-6），轴每转一圈，传感器就产生数目与齿数相同的脉冲信号。当轴受扭矩作用发生扭转变形时，从两个磁电式传感器上得到的两列脉冲波形间将产生一个与扭转角度成正比的相位角，将此相位差信号输入测量电路并进行数据处理，即可求出扭矩的大小。

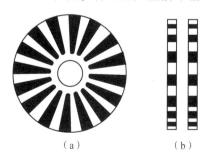

图 3-5　两个光栅盘

(a) 两个光栅盘正视图；(b) 两个光栅盘侧视图

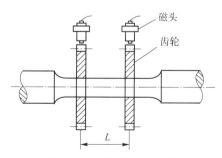

图 3-6　磁电式扭矩传感器

4. 扭矩测试

扭矩的测试在实车和实验室条件下大不相同。一般实车测试发动机的扭矩要受到诸多限制，尤其是装甲车辆。一方面，暴露在外部的轴段部分很短，轴段扭转角度小，无法使用相位差式扭矩传感器测量扭矩；另一方面，可供测量的轴段一般较粗，应变有限，使用应变式传感器测量的扭矩存在一定误差。若要彻底解决实车发动机扭矩测量问题，就必须在发动机及车辆的设计阶段予以考虑，预留传感器的安装位置或直接将传感器设计为发动机的一部分。

在实验室条件下，扭矩的测试要容易一些。一般将扭矩传感器与测量轴一起制成一个扭矩仪，安装在发动机的输出轴和传动轴之间，这样测量轴与发动机输出轴的转速和扭矩均相等，就可实时测定发动机的瞬时输出扭矩。图 3-7 所示就是采用光电式转速传感器的扭矩仪的例子。

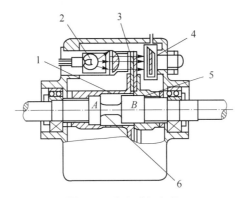

图 3-7 光电式扭矩仪

1,5—套筒；2—光源；3—光栅盘；4—光电管；6—扭转轴

在实车条件下，一般可采用应变式扭矩传感器测量发动机输出扭矩。图 3-8 所示为应变式扭矩传感器的实物。传感器采用 4 个应变片组成全桥回路，按承受的拉压应力平均分配，并制作成一体。两个承受拉应力的应变片粘贴在曲轴动力输出端 0°、180°外圆处，并与轴线成 135°夹角；两个承受压应力的应变片粘贴在曲轴动力输出端 90°、270°外圆处，并与轴线成 45°夹角。

由于在实车测量时，曲轴是旋转的，因此可设计成存储式扭矩测试系统，通过存储器对传感器的桥压信号进行实时存储，存储式扭矩测试系统及其安装如图 3-9 所示。

图 3-8 应变式扭矩传感器　　　　图 3-9 存储式扭矩测试系统及其安装

3.1.1.3 温度测量

温度是表征物体冷热程度的参数,它反映了物体内部分子热运动状况。在进行发动机台架试验或者实车测试时,经常需要对进气温度、排气温度、缸内燃气温度、冷却水的温度、润滑油的温度,甚至发动机固体机件的温度等进行测量,以此对发动机的性能和热负荷进行研究。

温度测试系统所用的仪表统称温度仪表,分为温度传感器、温度变送器、温度显示控制仪三部分。随着技术的进步,现在的温度传感器已发展成集测量、变送远传、现场显示于一体的新型温度仪表。根据温度传感器的使用方式,温度测量分为接触法与非接触法两类。

接触测温法利用了热平衡原理——两个不同温度的物体相接触并经过足够长的时间后,它们的温度必然相等,达到热平衡。如果其中之一为温度计,就可以用它对另一个物体实现温度测量,这种测温方法称为接触法。接触法测温要求温度计与被测物体有良好的热接触,使两者以最快的速度达到热平衡。由于温度计直接插入被测物体,因此测温准确度较高,但这往往会破坏被测物体的热平衡状态且受被测介质的腐蚀作用,因此对感温元件的结构、性能要求苛刻。

利用物体的热辐射能随温度变化而变化的原理测定物体温度,这种测温方法称为非接触法。非接触法测温,温度计既不与被测物体接触,也不改变被测物体的温度分布,热惯性小,因此测温高、使用寿命长,但测量精度低、造价高。从原理上看,用这种方法测温无上限,通常用来测定 1 000 ℃ 以上的移动、旋转或反应迅速的高温物体的温度或表面温度。

目前使用得最广泛的温度传感器是采用接触法测量温度的热电阻、热电偶。

1. 热电阻

热电阻温度计是利用导体(或半导体)的电阻值随温度变化而变化的特性制成的测温仪表。热电阻温度计由热电阻、变送器、连接导线和显示仪表等几部分组成。由于其测量精度较高、响应速度快,且在整个测量范围内呈线性关系,故可以实现远距离测量显示和自动记录。

常用的热电阻材料有铂热电阻和铜热电阻两类。铂热电阻长期使用的温度范围是 -20~500 ℃,铜热电阻长期使用的温度范围是 -30~100 ℃。图 3-10 所示为铂热电阻温度计示意图。

2. 热电偶

热电偶是利用"热电效应"制成的一种感温元件。理论上,任何两种不同金属(或合金)都可以组成热电偶。为保证工作可靠和足够的测温精度,常用的热电偶材料主要有以下几种:

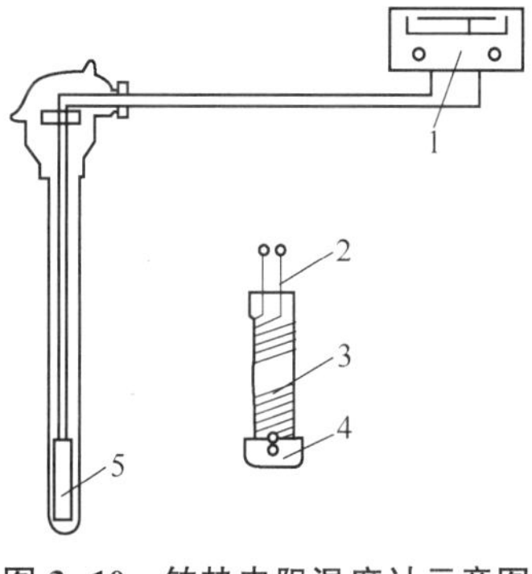

图 3-10 铂热电阻温度计示意图
1—显示仪表;2—引出线;3—铂丝;
4—骨架;5—感温元件

(1) 铂铑 10-铂热电偶:属于贵金属热电偶,使用时热电偶丝直径为 0.35~0.50 mm。其优点是精度高、理化性能稳定,短期使用时测温上限可达 1 600 ℃,适于在氧化或中性气氛中使用;其缺点是在高温还原介质中容易被侵蚀和污染,热电动势较小,因此灵敏度较低。

(2) 铂铑 30-铂铑 6 热电偶:属于贵金属热电偶,使用时热电偶丝直径为 0.3~0.5 mm。其优点是测量精度高,短期使用时测温上限可达 1 800 ℃,适于在氧化或中性气氛中使用;其缺点是灵敏度较低、价格昂贵。

（3）镍铬-镍硅热电偶：属于贱金属热电偶，工业应用时热电偶丝直径为 0.5~3.0 mm。其优点是价格低廉、灵敏度较高、测温重复性好，高温下抗氧化能力强，短期使用时测温上限可达 1 300 ℃，是一种应用较广的热电偶；其缺点是在还原性介质或含硫化物气氛中容易被侵蚀。

（4）铜-康铜热电偶：属于贱金属热电偶，常用热电偶丝直径为 0.2~1.6 mm，测温范围为 -200~400 ℃。其特点是价格低廉、测量精度高、稳定性好、灵敏度较高。

（5）镍铬-康铜热电偶：属于贱金属热电偶，热电偶丝直径一般为 0.5~3.0 mm，短期使用时测温上限为 800 ℃，其灵敏度在这五种热电偶中最高，价格也最便宜，应用前景非常广泛。其缺点是抗氧化及抗硫化物的能力较差，适于在中性或还原性气氛中使用。

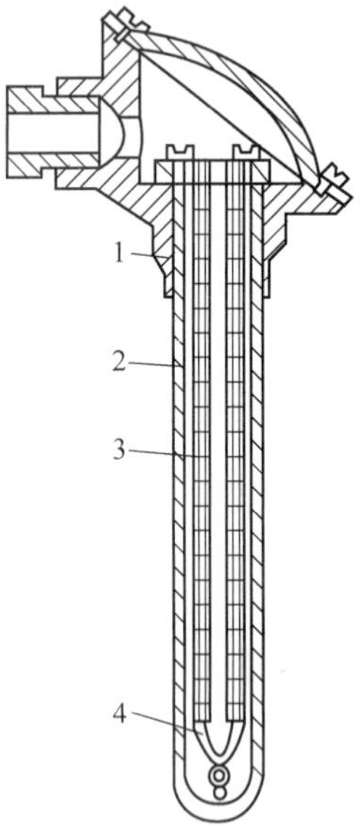

以上是最常用的 5 种热电偶。为满足一些特殊的测量要求，大量非标准化热电偶得到迅速发展。例如，测量特高温度的铱铑-铱热电偶，其测温上限达 2 000 ℃；测量特低温度的镍铬-金铁热电偶的测温范围为 -271~0 ℃。

目前常用的热电偶结构主要有：

（1）普通工业热电偶。常用工业热电偶的结构如图 3-11 所示，它由接线盒 1、绝缘套管 2、保护套管 3 和热电偶丝 4 等组成。绝缘套管大多为氧化铝或工业陶瓷。保护套管在测量高温（1 000 ℃以上）时多用金属套管，测量低于 1 000 ℃温度时可用工业陶瓷或氧化铝。

（2）铠装热电偶。有时为了满足一些测量的特殊需要，要求热电偶具有惯性小、结构紧凑、牢固、抗振、可挠等特点，这时可以采用铠装热电偶，其结构如图 3-12 所示。铠装热电偶分为单芯和双芯两种。它是由热电极 1、绝缘材料 2、金属保护套管 3 组合而成的一种特殊结构形式的热电偶，这种热电偶可以做得很细、很长，且可以弯曲。

图 3-11 常用工业热电偶的结构示意
1—接线盒；2—绝缘套管；3—保护套管；4—热电偶丝

（3）薄膜热电偶。采用真空蒸镀或化学涂层的方法将热电偶材料沉积在绝缘基板上制成的热电偶称为薄膜热电偶，其结构如图 3-13 所示。这种热电偶适用于壁面温度的快速测量。由于采用了蒸镀技术，热电偶可以做得很薄，达到微米级。常用的热电偶材料有镍铬-镍硅、铜-康铜等，使用温度范围一般在 300 ℃以下。

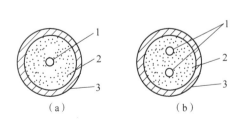

图 3-12 铠装热电偶结构
（a）单芯；（b）双芯
1—热电极；2—绝缘材料；3—保护套管

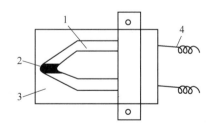

图 3-13 薄膜热电偶结构示意
1—热电极；2—热接点；3—绝缘基板；4—引出线

3.1.1.4 压力测量

压力是指流体对单位面积上的垂直作用力，也就是物理学中所说的压强。在热能和动力机械测试技术中，压力的测量具有十分重要的地位，如发动机进气压力、排气压力、缸内燃气压力、燃油喷射压力、冷却水的压力、润滑油的压力等对发动机的性能、受力状况及可靠性等有重要影响。压力可用绝对压力或表压力表示。绝对压力是指以完全真空作为零标准的压力，也就是作用于单位面积上的全部压力；表压力又称相对压力，是指在压力仪表上所指示的压力，其数值为绝对压力与当地大气压的差值。

1. 压力测量方法

根据测压原理的不同，可将压力测量方法分为以下几类。

（1）重力与被测压力的平衡法。此方法是按照压力的定义，通过直接测量单位面积上所承受的垂直方向上力的大小来测量压力，采用这种方法的压力计有液柱式压力计和活塞式压力计等。

（2）弹性力与被测压力的平衡法。弹性元件受压后会产生弹性变形，产生弹性力，当弹性力与被测压力平衡时，弹性元件变形的大小即反映了被测压力的大小。采用这种方法的压力计有弹簧管压力计、波纹管压力计和波纹管压差计等。

（3）利用物质某些与压力有关的物理性质进行测压。一些物质受压后，它的某些物理性质会发生变化，测量这些变化就能测量出压力。由此，可进行传感器设计。例如，压阻式传感器在受压时电阻值发生变化；压电式传感器在受压时产生电荷输出。这一类传感器大都具有精度高、体积小、动态特性好等优点，是当前测压技术的主要发展方向。

2. 典型压力传感器

可以用于压力测量的传感器很多，常用的有压阻式传感器、压电式传感器和电容式差压传感器等，下面主要介绍两种用于压力测量的传感器的结构和工作原理。

1）石英晶体压电传感器

图3-14所示为用于气体压力测量的石英晶体压电传感器结构示意。测压时，被测压力压向弹性膜片1，其压力通过传力件2作用于石英片4上。石英片一般为三片，与传力件接触的一片为保护片，以防另两片工作片被挤破。两片工作片之间由金属箔9把负电位传导到导电环8，其正极通过壳体接地。导电环8上的负电荷由导线穿过玻璃导管5和胶玻璃导管6接到引出导线接头7上。测量时，石英片在脉动压力的作用下产生交变的电荷。两片石英片既可以并联，也可以串联，并联的优点是传感器有较高的电荷灵敏度，串联的优点是电压灵敏度较高。若被测介质温度高于室温（例如在内燃机缸内气体压力测量时），则必须采用冷却水进行冷却，否则高温会改变传感器的灵敏度甚至造成传感器损坏。石英晶体压电传感器一般不能用于静态压力测量，多用于测量 10~20 kHz 的脉动压力。图3-14(b)所示为与火花塞做成一体的石英晶体压电传感器，用于测量发动机缸内压力时非常方便。

压电传感器产生的信号很弱而输出阻抗很高，因此必须根据压电传感器的输出要求，将微弱的信号经过电压放大或电荷放大（一般是电荷放大），同时要把高输出阻抗转换成低输出阻抗，这样信号才能被示波器（或其他二次仪表）所接收。

2）电容式差压传感器

电容式传感器在压力测量中常用于测量压差，图3-15所示为电容式差压传感器结构示

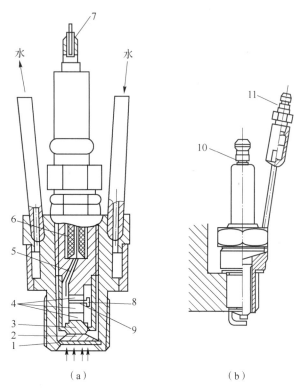

图 3-14 石英晶体压电传感器的结构示意

（a）普通型；（b）与火花塞做成一体的石英晶体压电传感器

1—弹性膜片；2—传力件；3—底座；4—石英片；5—玻璃导管；6—胶玻璃导管；
7—引出导线接头；8—导电环；9—金属箔；10—火花塞；11—传感器

意图。这种传感器的外壳由高强度金属制成，壳体内部浇注玻璃绝缘子5，绝缘子内侧磨成光滑的球面，在球面上用真空镀膜工艺镀上均匀的金属膜，作为电容的固定极板。中心感压膜片3为电容的动极板，其周边与壳体密封并焊接在一起，它与两个球面之间的空腔充以硅油4，并分别由各自的引油孔与被测压力连通。被测压力分别加在膜盒两侧的隔离膜片6上，通过腔体内所充硅油的传递，作用在中心感压膜片的两侧。

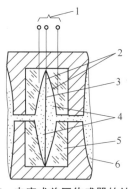

图 3-15 电容式差压传感器的结构示意

1—电极导线；2—球形或弧形电极；3—中心感压膜片；4—硅油；5—玻璃绝缘子；6—隔离膜片

电容式差压传感器具有结构简单、耐振动冲击、测量范围宽、可靠性强和精度高等优点，尤其适合高工作压力、低差压的测量。影响电容式差压传感器测量精度的主要因素是线路寄生电容、电缆电容、温度、湿度等外界条件。如果没有布置极好的绝缘和屏蔽，电容式差压传感器将无法正常工作，这在过去长时间内限制了它的应用。随着集成电路技术的发展和新材料、新工艺的应用，上述因素对测量精度的影响大大减小，为电容式差压传感器的应用开辟了广阔的前景。

除上述两种测压传感器外，电阻应变式传感器、电感式传感器和霍尔压力式传感器等也常用于压力测量。

3.1.1.5 位移测量

在对发动机进行台架试验时，需对喷油泵加油齿杆的位移进行测量，以计算供油量。位移是线位移和角位移的总称。位移是向量，因此对位移的度量除了确定其大小之外，还应确定其方向。测量位移的方法有很多，按测量原理，位移测量方法可分为以下几种：

（1）机械式位移测量法。例如，浮子式油量表、水箱液位计等都是利用浮子来感受液面的位移。

（2）电气式位移测量法。将机械位移量通过位移传感器转换为电量，经相应的测试电路处理后，传递到显示（或记录）装置，将被测的位移量显示（或记录）。

（3）光电式位移测量法。将机械位移量通过光电式位移传感器转换为电量，然后进行测量。该方法广泛应用于需进行非接触测量的场合。

位移传感器是位移测量系统的重要组成部分，位移传感器选择得恰当与否，对测试精确度的影响很大。常用的电测位移传感器有线位移传感器、角位移传感器等，如图3-16、图3-17所示。

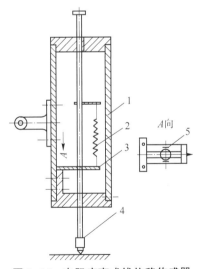

图3-16 电阻应变式线位移传感器
1—壳体；2—拉簧；3—悬臂梁；4—测杆；5—应变片

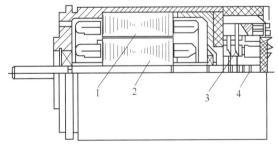

图3-17 旋转变压器式角位移传感器
1—定子；2—转子；3—电刷；4—滑环

3.1.1.6 挡位测量

车辆在行驶过程中会频繁变换挡位，对挡位进行测量可以用于分析车辆的运行状态和驾驶员的驾驶行为。挡位传感器一般利用光电开关原理。光电开关的种类很多，常见的有对射式和反光板反射式两种。

对射式光电开关是将发光器与收光器分别安装在检测物通过的路线两旁，当检测物穿过时便阻挡了光线，于是接收器便输出开关电信号。

反光板反射式光电开关是将发光器和收光器安装在同一装置中，在该装置的前方安装一块反光板，当光路被检测物或人挡住，收光器收不到光线时，光电开关便输出开关电信号。

光电开关的结构外形有圆柱形、薄形、扁方形和长方形等。圆柱形光电开关的外形如图3-18所示，它有两种形式，一种是检测端和引线在同一轴线上，另一种是检测端与引线成直角方向。薄形光电开关如图3-19所示，其外形为很薄的矩形方盒，有KB型和XPE型等型号。扁方形光电开关如图3-20所示，其外壳由塑料制成，比KB型略大，有KF、KG、KT、XPF、XPG等型号。长方形光电开关如图3-21所示，其外壳由塑料制成，有KE和N等型号。

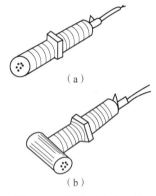

图3-18　圆柱形光电开关
（a）检测端与引线在同一轴线上；
（b）检测端与引线成直角方向

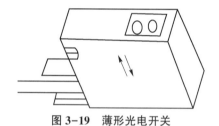

图3-19　薄形光电开关

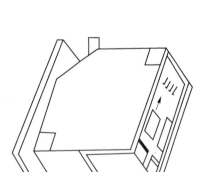

图3-20　扁方形光电开关

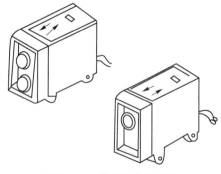

图3-21　长方形光电开关

图3-22显示了利用光电开关原理制作的挡位识别传感器电路图。当驾驶员将挡位操纵杆挂在某一特定位置时，对应的光电开关输出低电平，经过反相成高电平后输入对应的CD4066模拟开关，导通对应的电路，输出一定的电压值，一个电压值对应一个挡位，通过A/D转换后识别挡位。

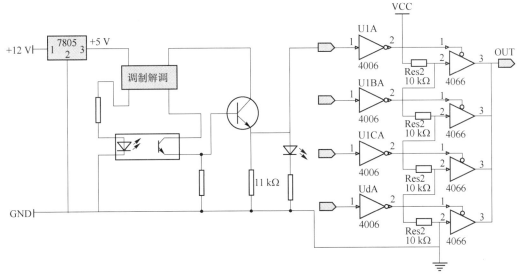

图 3-22 挡位识别传感器电路图

3.1.2 载荷参数测试系统

发动机参数采集测试系统是专门对发动机参数信息进行实时采集、调理和处理的系统。它将参数信息存储与处理后，可为发动机性能模拟、工作状态监视、零部件损伤与寿命分析、故障诊断与维护等提供依据。

载荷参数测试系统由硬件系统和软件系统两部分组成。硬件系统主要包括各类信号传感器、信号调理电路、采集卡和计算机等，对齿杆位移、排气温度、压气机转速等进行测试；软件系统主要包括实现数据采集、处理、存储等功能的程序模块，可以实现信号筛选、信号截取、信号转换等功能。装甲车辆发动机实车试验载荷参数测试系统的总体结构如图 3-23 所示。

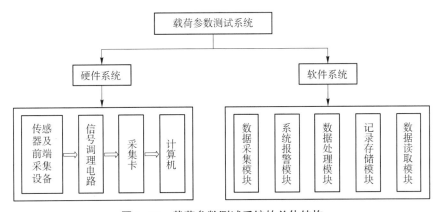

图 3-23 载荷参数测试系统的总体结构

3.1.2.1 测试系统硬件设计

测试系统的硬件组成主要包括传感器、采集卡、调理模块、笔记本计算机以及连接线，如图 3-24 所示。

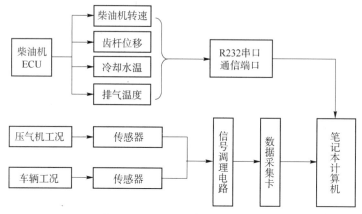

图 3-24 测试系统的硬件组成

1. 采集卡选配

采集卡主要用于将模拟信号量转换为离散的数字信号，以实现 A/D 转换的功能。目前的数据采集卡主要有 PCI、USB 和网口三种形式。PCI 类采集卡需要插入计算机的 PCI 插槽内使用，只能安装在台式计算机上，不适用于移动式数据采集设备；USB 和网口数据采集卡均可外置使用，且支持即插即用。因此，实车试验载荷测试系统选用 USB 2828 数据采集卡。

USB 2828 卡是一种基于 USB 总线的数据采集卡，可直接与计算机的 USB 接口相连，广泛应用于实验室、产品质测中心等领域的数据采集、波形分析和处理系统。该采集卡配置了 12 位分辨率的 A/D 转换器和 D/A 转换器，采样精度可控制在 0.02% 以内，最高采样频率为 100 kHz，最低采样频率为 31 Hz；A/D 量程为 ±10 V、±5 V、0~10 V。在试验过程中，信号通道数设置为 8，根据需要可最多拓展到 10 通道，采样频率设定为 1 kHz。

2. 调理模块选配

信号调理电路在小信号、高精度信号的采集中非常实用，一般包括小信号的放大、滤波、零点校正、线性化处理、温度补偿、误差修正和量程切换等电路模块。经调理电路处理后的信号将以模拟量或数字量的形式经光电隔离的数据采集卡传输至计算机终端，并在主界面以数字或图形方式显示。

在测试系统中加入了前置放大电路，用于对小输入信号进行放大和带通滤波。由于传感器布置在动力舱、驾驶员挡位盘及车外主动轮等处，距离数据采集卡较远，因此将放大电路布置在靠近传感器的一端，即传感器信号在输出时就进行放大，从而有效地抑制信号在传输过程中引入的噪声。滤波电路应布置在靠近采集卡的一端，用于过滤信号在传输过程中引入的噪声。

3.1.2.2 测试系统软件设计

测试系统软件的设计目标：根据数据采集卡的驱动程序，结合实际需要添加、编写程序,实现数据的采集;通过编程来实现系统监测报警、测试数据的显示、保存和读取,以及特性曲线的绘制等功能。测试系统软件主要包括数据采集模块和数据处理模块。

1. 数据采集模块

数据采集模块用于实现数据的实时采集与显示,主要包括串口设置、数据传输、过载报警和数据存储4个子模块。

1) 串口设置界面

串口设置界面用于串口参数的设置,包括通信端口、数据传输率、缓冲区大小、数据位、奇偶校验、停止位和流量控制的设置,串口设置界面如图3-25所示。依据通信协议,将通信端口设为COM3,数据传输率设为2400,缓冲区大小设为4096,数据位设为8,奇偶校验

图3-25 串口设置界面

设为None,停止位设为1,流量控制设为None。串口设置程序如图3-26所示。

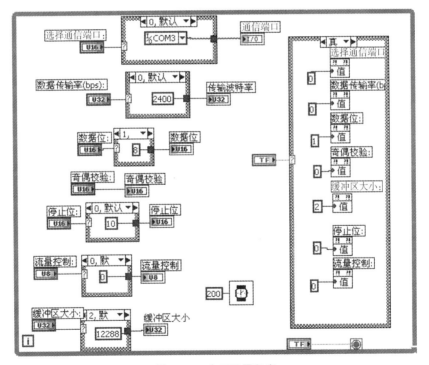

图3-26 串口设置程序

2) 数据传输协议与程序实现

数据传输协议即数据传输的口令和密码,只有口令正确时才能接收到有效的数据。某型装甲车辆柴油机电控盒传输协议由标记位、数据位、校验位3部分组成。

（1）标记位：当请求方发送 FE（OX）时，被请求方返回 FE（OX），表示一组数据起始。

（2）数据位：协议中的数据位由 32 个 2 字符的十六进制数组成。

（3）校验位：用于验证传输数据的正确性与一致性，防止出现数据遗漏和重复等问题。

图 3-27 显示了数据传输协议的程序实现流程。

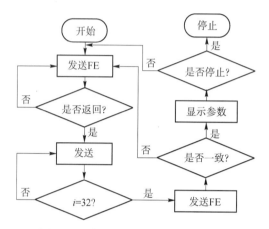

图 3-27 数据传输协议程序实现流程

3）报警模块

报警模块用于监测柴油机运转参数是否在规定的安全范围内。一旦监测参数超出设定安全范围时，就在测试界面前端弹出显示，同时柴油机的主控程序采取相应的保护措施，避免因违规操作对柴油机造成严重损害。图 3-28 显示了柴油机 6 项参数的范围限定及其程序实现。

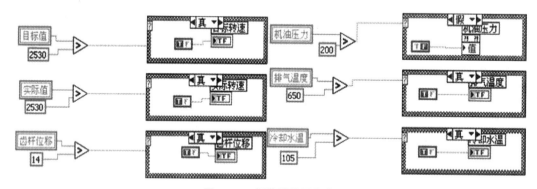

图 3-28 报警模块子程序

2. 数据处理模块

数据处理模块主要用于对已保存的数据进行截取、筛选、转换等操作。在工程科研领域，MATLAB 编程工具具有强大的数据运算、仿真、绘图等功能，但其在界面开发、仪器连接控制和网络通信等方面远不如 LabVIEW。因此，测试系统软件数据处理模块将两者结合，充分发挥其优点，较好地解决了仪器连接和数学分析等问题。

3.2 载荷数据处理

3.2.1 载荷数据预处理

在测试过程中,由于各种干扰的存在,测试系统采集到的数据偏离其真实数值,因此在信号分析前,需对采集的数据进行预处理,以提高数据的可靠性和真实性。

在采集到载荷谱各个实测参数后,需要对实测数据进行处理。首先,把所有实测的结果数据进行地面标定,根据标定结果建立回归方程,把采集的各个参数码值转换成物理量,得到各个参数的时间历程数据;然后,对各参数的时间历程进行预处理。

试验数据的预处理包括伪读数去除、峰谷值检测和无效幅值省略等。由于载荷参数测试系统是复杂的电子系统,在其工作采集、记录数据时,会因为噪声干扰、电子干扰等因素产生一些数据丢失、数据失真和记录的非正常开始或结尾等情况。针对这些情况,为保证载荷数据的真实可靠,必须准确判断、去伪存真。否则,根据载荷数据建立性能仿真模型、编制载荷谱、损伤计算、寿命预测等工作都将受到很大影响。

1. 伪读数的去除

在载荷数据处理时,剔除无效数据是保证数据真实性的重要步骤。在进行数据批量自动处理时,必须准确判断、去伪存真,才能保证载荷数据的真实可靠。伪读数是指那些不能真实反映结构受载大小的幅值,如图 3-29 所示。伪读数一般是由测试操作系统本身引起的,在处理时要把伪读数排除。预处理工作主要是剔除异常数据,常用的方法有幅值门限检测法、梯度门限检测法和标准方差检测法。

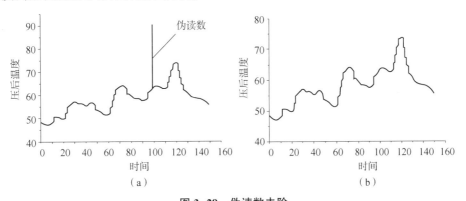

图 3-29 伪读数去除

(a) 伪读数去除前;(b) 伪读数去除后

2. 峰谷值检测

峰谷值检测是指把经等间隔采样后的数字序列 $T(i)$ 中所有的峰谷值全部检测出来,也就是把每个循环中相同斜率的最高点和相反斜率的最低点保留。如图 3-30(a) 所示,应保留 1、3、5、7、9、11 点的全部值,而不计 2、4、6、8、10 点的全部值。但在实际数据处理中,保留的峰(谷)点不一定恰好是真实曲线的峰(谷)点,一般存在一个很小的误差 ΔT,如图 3-30(b) 所示。当采样频率超过该信号中最大频率的 10 倍时,ΔT 不会很显著。

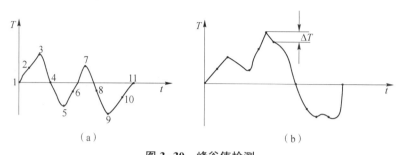

图 3-30 峰谷值检测

(a) 循环采样序列；(b) 峰谷值

3. 无效幅值的省略

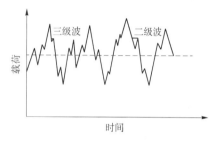

图 3-31 无效幅值

在实际工件中，发动机零部件除了承受主要的工作载荷外，还经常受到一些次要的（或意外的）载荷作用，这些载荷表现为二级波、三级波和一些不能构成疲劳损伤的高阶小循环的幅值，称为无效幅值，如图 3-31 所示。在数据处理中，可省略这些无效幅值。无效幅值 ΔT_a 一般可按下式计算：

$$\Delta T_a = (0.1 \sim 0.125)(T_{max} - T_{min}) \quad (3-1)$$

式中，T_{max}——随机载荷波中的最大值；

T_{min}——随机载荷波中的最小值。

也就是说，凡是不大于 ΔT_a 的随机载荷循环小幅值都省略不计。这样可以省略约 60% 的循环次数。

无效幅值的省略对编制载荷谱非常重要，它是缩短疲劳试验的一个重要因素。实践证明：如果将无效幅值按载荷-时间历程中最大值的 10% 进行省略，至少可以减少 60% 的循环数；如果无效幅值省略模型选择恰当，在进行台架疲劳试验时可缩短时间 10% 左右。

3.2.2 载荷计数处理

载荷经压缩处理后还要进行计数处理，将压缩处理后的载荷-时间历程简化为一系列全循环或半循环。国内外已发展的计数法有十多种，第 6 章中对此进行详细介绍，工程上常用的计数法是雨流计数法，一般用计算机完成，能极大地提高处理速度，实现在线计数。图 3-32 所示为雨流计数法程序框图，图中的 X 为第 2 点与第 3 点的差的绝对值，Y 为第 1 点与第 2 点的差的绝对值。

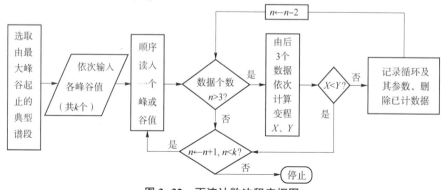

图 3-32 雨流计数法程序框图

3.2.3 载荷幅值直方图

载荷幅值直方图是载荷谱研究和寿命估计中用得最多的一种幅值分布表示形式,通常有三种表示方法。

(1) 幅值-频次图:以幅值大小为横坐标,以相应幅值出现的次数为纵坐标绘制而成。

(2) 幅值-频率图:以幅值大小为横坐标,以相应幅值出现的近似概率为纵坐标绘制而成。如果某一幅值 x_i 出现的频次为 n_i,而样本幅值的总频次为 N,则该幅值的近似概率为

$$P(x_i) = \frac{n_i}{N} \tag{3-2}$$

习惯上亦称它为幅值大小出现的概率。图 3-33 所示为某一任务条件下发动机缸内气体压力幅值-频率图。

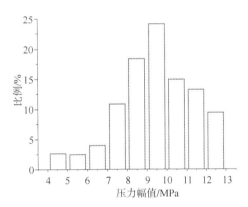

图 3-33 根据某实际测得的载荷信号绘制成的幅值直方图

(3) 幅值-密度分布直方图:将式(3-2)中的近似概率 $P(x_i)$ 除以幅值区间 Δx,则具有近似概率密度的含义。以幅值为横坐标,以相应幅值的近似概率密度为纵坐标绘制可得近似概率密度直方图。

对于一个特定载荷数据而言,以上三种形式的直方图形状是一样的,区别仅在于纵坐标的物理含义不同。对于幅值-频次图,其纵坐标是次数,所有直方图的高度之和为总频次;对于幅值-频率图,其纵坐标含有概率的意义,其各直方图的高度之和为 100%;对于幅值-密度分布直方图,其纵坐标具有概率密度的含义,其各直方图的面积为 1。

3.2.4 载荷累积频次图

对应力-时间历程进行计数的结果通常可用累计频次分布来表达。累积频次分布表示极大应力和极小应力怎样频繁地被达到和被超过,因此有时也被称为超越曲线。

载荷累积频次图以横坐标表示载荷出现的累积频次(对于容量大的样本多以对数表示),纵坐标则表示载荷的大小。通常,累积频次按幅值由大到小累积。某一任务条件下发动机缸内气体压力载荷-累积频次如图 3-34 所示。

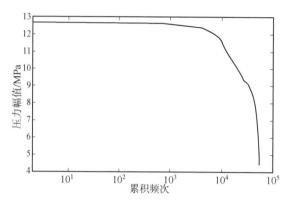

图 3-34 根据某实际测得的载荷信号而绘制成的载荷-累积频次图

3.3 台架试验与实车试验

3.3.1 台架试验

在进行装甲车辆发动机台架试验时,可以从怠速工况点到标定转速工况点选取若干条负荷特性曲线,每条曲线从最大负荷到空载选择六七个点测试。试验台架的主要测试仪器包括:LKV 容积式油耗仪、D1200 水力测功机及其控制系统、进气压差传感器、温度传感器、排温热电偶、柴油机循环冷却水流量计、机油循环流量计、压力传感器、涡轮增压器、转速传感器。部分设备型号及参数见表 3-1。

表 3-1 部分设备型号及参数

设备名称	型号规格	精度	量程
测功机	D1200 水力测功机	0.2 级	400~1 200 kW,≤4 000 r/min
油耗仪	LKV 容积式油耗仪	I 级	0~120 kg/h
铠装铜-铜镍热电偶	WRGIK-2031	I 级	-40~350 ℃
排温热电偶	GR-3	I 级	-40~1 000 ℃
涡轮流量计	LWGY-80	0.5 级	10~100 m³/h
齿轮流量计	LC-50	0.2 级	2.5~25 m³/h
涡轮流量计	LWGY-50	0.5 级	4~40 m³/h
转速传感器	DK-27	I 级	0~200 000 r/min
进气压差传感器	JYB-K0	0.25 级	-100~100 kPa
压力传感器	PTX7500	0.2 级	-60~1 600 kPa

台架试验系统主要由柴油机台架、控制系统和试验数据采集系统组成。柴油机台架包

括柴油机及其辅助系统；控制系统用于调节、监控柴油机工作状态，包括柴油机工况调节设备和监控台；试验数据采集系统包括采集卡和传感器等，用于采集、存储和处理试验数据。

根据柴油机总体结构及需要测试的参数进行相应测点的布置，试验过程中辅助系统传感器布置总体方案如图 3-35 所示。表 3-2 为试验用柴油机外特性工况试验部分记录数据。

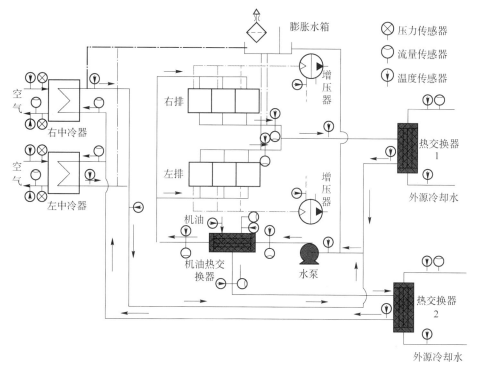

图 3-35 传感器布置示意图

表 3-2 柴油机外特性工况试验部分记录数据

试验环境		气温 25.1 ℃，湿度 55%，大气压力 89.5 kPa								
转速/(r·min^{-1})		2 200	2 000	1 800	1 600	1 500	1 400	1 200	1 000	800
扭矩/(N·m)		1 700	1 759	1 836	1 854	1 872	1 795	1 663	1 260	986
燃油消耗量/(kg·h^{-1})		89	83	75	70	66	61	51	36	26
柴油机本体冷却水进口温度/℃		86.28	88.03	88.07	88.62	88.63	85.58	85.45	83.47	83.35
柴油机本体冷却水出口温度/℃	左	89.30	91.60	91.90	90.60	90.80	90.20	89.60	88.30	88.50
	右	89.40	91.60	91.70	90.50	90.60	90.20	89.40	88.00	88.30
中冷器冷却水进口温度/℃	左	60.86	64.09	64.78	65.87	66.26	63.70	65.84	65.21	66.51
	右	60.79	63.99	64.69	65.75	66.17	63.65	65.65	65.07	66.33
中冷器冷却水出口温度/℃	左	69.50	70.82	70.16	69.46	69.62	66.60	67.23	65.37	65.89
	右	69.58	70.96	70.24	69.61	69.79	66.74	67.37	65.48	65.99

续表

机油散热器冷却水进口温度/℃	86.10	87.84	87.88	88.50	88.60	85.47	85.38	83.47	83.25
低温水散热器冷却水流量/(m³·h⁻¹)	7.25	7.09	6.91	6.8	6.49	6.12	5.67	4.73	3.78
空气流量计压差/kPa	-2.49	-1.94	-1.44	-1.04	-0.91	-0.76	-0.38	-0.26	-0.20

柴油机的外特性试验结果如图 3-36 所示。

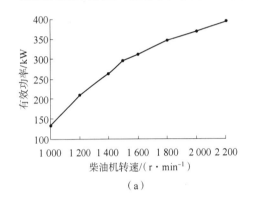

(a)

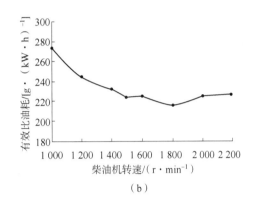

(b)

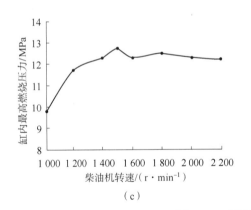

(c)

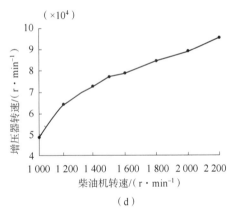

(d)

图 3-36 柴油机外特性试验结果

(a) 柴油机转速-有效功率；(b) 柴油机转速-有效比油耗；
(c) 柴油机转速-缸内最高燃烧压力；(d) 柴油机转速-增压器转速

3.3.2 实车试验

台架试验的结果并不能反映装甲车辆在实际使用过程中的载荷历程，有时还需对装甲车辆在给定路面上进行典型工况行驶试验，采集记录车辆、发动机、增压器的相关工作参数时间历程。

1. 测量仪器及安装

1) 挡位识别传感器

利用光电开关原理制作的挡位识别传感器及其安装位置如图3-37、图3-38所示。

图3-37 挡位识别传感器

图3-38 挡位传感器安装位置

2) 主动轮转速传感器

该型装甲车辆的主动轮齿盘有11个轮齿，每个轮齿上都贴1张玻璃微珠反光片，利用是否反光来输出高电平信号和低电平信号，从而设计由一个光电开关和一个F/V模块组成的主动轮转速传感器。每经过一个齿就产生一个脉冲信号，据此可以计算出主动轮转速和车速。主动轮转速传感器及其安装位置如图3-39、图3-40所示。

图3-39 主动轮转速传感器

图3-40 主动轮转速传感器安装位置

3) 压气机压力/温度/转速传感器

利用进气三通管及中冷器进气罩上预留的传感器测点，安装压气机前压力传感器、压气机后压力/温度传感器、增压器转速传感器，具体测点如图3-41所示。

实车动力装置各部件布置非常紧凑，且废气涡轮增压器部件并未预留转速传感器的测点。考虑到实车试验装备完整性要求及实车运行过程中封闭的动力舱内环境温度高、振动剧烈等因素，采用具有使用灵活、测量精度高等特点的磁电式转速传感器对增压器转速进行测量。磁电式转速传感器将接收到的脉冲信号经放大、整形后输入测试系统的计数通道，对其进行测频（或测周）处理。针对动力舱内可能存在的电磁干扰现象，在传感器处理电路中加入了带通滤波电路，以过滤低、高频噪声。在安装增压器转速传感器前，应拆下发动机顶部的空气滤清器及压气机前的进气三通管，对压气机端六角螺母进行强化充磁。

图 3-41 压气机相关传感器安装

4）车载电控盒

发动机转速、冷却水温、加油齿杆位移、机油压力及排气温度等参数由发动机电控盒测量。根据电子控制单元的通信协议，编制测试系统进行实时测试。发动机电控盒与采集系统监控界面分别如图 3-42、图 3-43 所示。

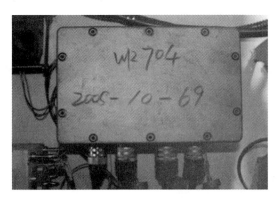

图 3-42 发动机电控盒

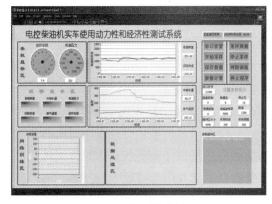

图 3-43 采集系统监控界面

2. 测试结果

以液力、三挡、发动机转速为 1 600 r/min 的工况为例，车辆、柴油机及压气机工况参数的信号采集如图 3-44~图 3-50 所示，信号时长为 40 s。

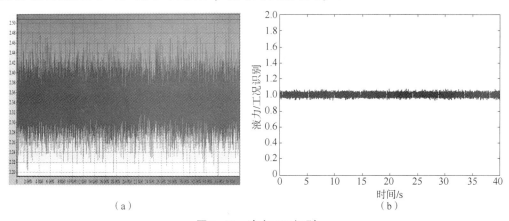

图 3-44　液力工况识别
（a）电压信号；（b）转换后的识别参数

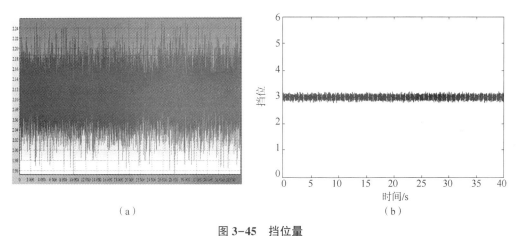

图 3-45　挡位量
（a）电压信号；（b）转换后的识别参数

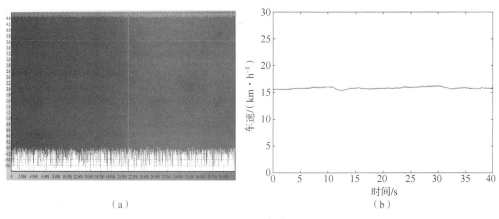

图 3-46　车速
（a）主动轮转速电压信号；（b）车辆行驶速度

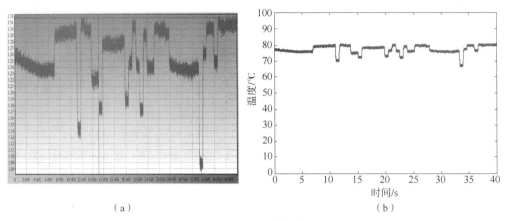

(a)　　　　　　　　　　　　(b)

图 3-47　右压后温度

(a) 电压信号；(b) 转换后的识别参数

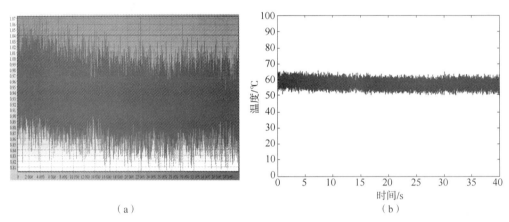

(a)　　　　　　　　　　　　(b)

图 3-48　左压后温度

(a) 电压信号；(b) 转换后的识别参数

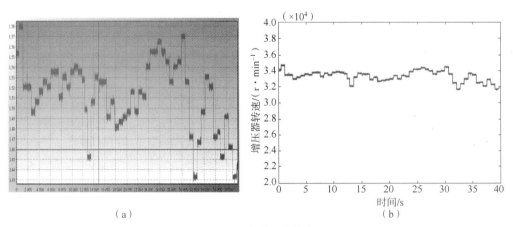

(a)　　　　　　　　　　　　(b)

图 3-49　右增压器转速

(a) 电压信号；(b) 转换后的识别参数

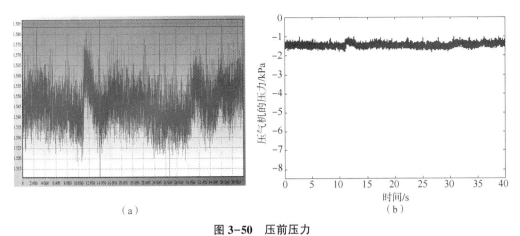

(a)

(b)

图 3-50　压前压力

(a) 电压信号；(b) 转换后的识别参数

第 4 章
基于仿真的装甲车辆发动机载荷参数计算——动力装置建模

发动机的性能和所受载荷与装甲车辆的使用状况密切相关。通常装甲车辆的使用性能需要在完成实车道路试验之后才能给予评价,这样做不但周期长、成本高,而且在装甲车辆设计阶段,产品尚未定型生产,也没有能用于进行测试的实体样机,因此无法对装甲车辆实际使用中发动机的性能和载荷进行测试。随着计算机的广泛应用和现代计算方法的发展,计算机仿真为装甲车辆动力性能的预测提供了有效而准确的工具。建立车辆动力装置、传动装置和行动装置的虚拟样机模型,对装甲车辆发动机在频繁的驾驶操作和复杂的路面状况下的工作过程进行数值模拟,能够准确地反映发动机及其零部件在车辆实际运行中的动态载荷工况,为载荷谱的编制提供依据。

建立装甲车辆-地面系统虚拟样机模型时,应深入研究装甲车辆动力装置、传动装置及行动装置之间的功率传递及损失,使虚拟样机的动力性、经济性在一定程度上具有与物理样机相当的功能真实度。假设喷入柴油机气缸内的燃料总热能为100%,燃料总热能并不能全部转变为工质压力对外输出做功,计及不完全燃烧损失、机械摩擦损失及驱动附件损失等,有30%~40%的热能转变为工质压力通过曲轴飞轮端输出;在传动装置部分,计及功率消耗(风扇、分动力输出等)、摩擦损失(齿轮、轴承)、液力传动损失(液力耦合器、液力转向马达等)及克服惯性力损失,主动轮输出功只相当于总热能的20%左右;在行动装置部分,计及履带关节、负重轮和拖带轮等摩擦损失,最后仅有10%~15%的燃料热能用于克服车辆运动阻力。装甲车辆行驶能量分配如图4-1所示。

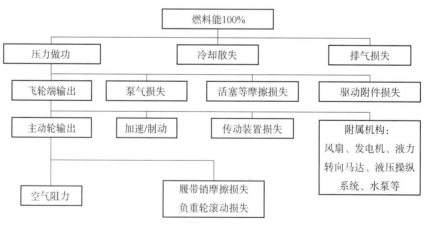

图 4-1 装甲车辆行驶能量分配

发动机是装甲车辆的动力来源,其性能对装甲车辆的动力性和燃油经济性等起决定性作用,直接影响着整车的战术技术指标。获得发动机性能及工作载荷的途径通常有三种:基于发动机稳定工况台架试验数据查表;基于发动机稳定工况台架试验数据拟合经验公式;基于曲轴转角的发动机工作循环数值模拟。采用数值模拟的方法可用于计算发动机在各种运行工况时的动力性和燃油经济性指标,并且反映环境参数、发动机结构参数、加油齿杆位置和车辆运行工况对柴油机性能的影响。目前,一般军用涡轮增压柴油机计算模型由气缸内热力过程模型、燃烧模型、电控调速系统模型、进/排气系统模型、涡轮增压器模型和中冷器模型等组成。图4-2显示了一般的废气涡轮增压柴油机性能计算模型的构成。

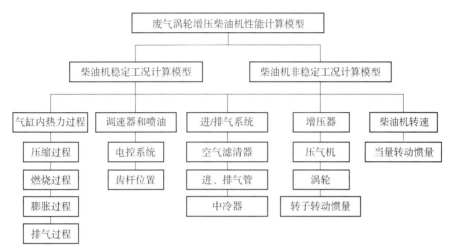

图4-2 废气涡轮增压柴油机性能计算模型构成

4.1 发动机缸内工作过程数学模型

4.1.1 缸内工作过程基本微分方程

取气缸作为一个热力系统进行考察研究,系统的边界由活塞顶、气缸盖及气缸套壁面组成;描述缸内工质状态变化的参数有压力p、温度T、质量m和气体的体积V,它们由能量守恒方程、质量守恒方程及状态方程联系。

状态方程:
$$pV = mRT \tag{4-1}$$

能量守恒方程:
$$\mathrm{d}U = \sum_i \mathrm{d}E_i \tag{4-2}$$

质量守恒方程:
$$\mathrm{d}m = \sum_j \mathrm{d}m_j \tag{4-3}$$

式中,U——系统内工质内能;

E_i——通过系统边界交换的能量;

m_j——通过系统边界交换的质量。

式(4-1)及式(4-2)可以表述为:系统内能U或质量m的变化等于通过系统边界进

行交换的任何形式的能量或质量的代数和。根据柴油机缸内工作过程假定，可以得出缸内工作过程的能量守恒方程和质量守恒方程。

缸内工作过程的能量守恒方程：

$$\frac{dT}{d\varphi} = \frac{1}{mC_v}\left(\frac{dQ_B}{d\varphi} + \frac{dQ_W}{d\varphi} - p\frac{dV}{d\varphi} + \frac{dm_E}{d\varphi}h_2 + \frac{dm_A}{d\varphi}h - u\frac{dm}{d\varphi} - m\frac{\partial u}{\partial \lambda}\frac{d\lambda}{d\varphi}\right) \quad (4-4)$$

式中，φ——曲轴转角；
$\quad\quad Q_B$——燃烧放出的热量；
$\quad\quad C_v$——定容比热；
$\quad\quad Q_W$——通过气缸周壁传进或传出的热量；
$\quad\quad m_E$——流入气缸的质量；
$\quad\quad m_A$——流出气缸的质量；
$\quad\quad u$——比内能；
$\quad\quad \lambda$——过量空气系数；
$\quad\quad h_2$——进气门前的比焓；
$\quad\quad h$——气缸内的比焓。

缸内工作过程的质量守恒方程：

$$\frac{dm}{d\varphi} = \frac{dm_B}{d\varphi} + \frac{dm_E}{d\varphi} + \frac{dm_A}{d\varphi} \quad (4-5)$$

式中，m_B——喷入气缸内的瞬时燃料质量。

式（4-4）和式（4-5）是描述气缸内气体状态变化的两个基本微分方程，加上气体状态方程即可求解气缸内气体的压力、温度和质量。

在进行柴油机循环模拟计算时，柴油机的主要结构参数（如气缸直径 D、行程 S、压缩余隙容积 V_C、曲柄连杆比 λ_s、气门直径 d 以及气门升程曲线等）是设计参数，根据这些数据可计算其他几何参数。

瞬时气缸工作容积：

$$V(\varphi) = V_C + \frac{V_S}{2}\left[(1-\cos\varphi) + \left(1 - \frac{1}{\lambda_s}\sqrt{1-\lambda_s^2\sin^2\varphi}\right)\right] \quad (4-6)$$

气缸工作容积随曲轴转角的变化率：

$$\frac{dV}{d\varphi} = \frac{V_S}{2}\left(\sin\varphi + \frac{\lambda_s\sin(2\varphi)}{2\sqrt{1-\lambda_s^2\sin^2\varphi}}\right) \quad (4-7)$$

式中，V_S——活塞的行程容积，L；
$\quad\quad \lambda_s$——曲柄连杆比。

4.1.2 缸内流动模型

气缸内被分割成中间区、挤流区、头部区和活塞凹槽区，在每个时间步长内，对每个区域的轴向速度、径向速度和涡流速度的计算需考虑燃烧室几何形状、活塞位置和由于进、排气而形成的涡流的影响。缸内湍流模型基于 Kinetic 能量方程和湍流耗散率方程，通过计算瞬时紊流强度和湍流长度尺度来预测缸内燃烧和流体传热。

缸内流动主要是涡流和滚流，其主要由气体经气门流入气缸形成。在第一个循环计算过程中，第一缸的涡流和滚流是预先设定的，从进气门关闭开始计算；第一个循环过后，涡流系数和滚流系数采用第一个循环计算的涡流和滚流力矩的计算结果，涡流系数和滚流系数定义为角动量矩与线动量矩的比值。

涡流系数（Swirl Coefficient）：

$$\text{Swirl Coefficient} = \frac{2T_s}{\dot{m} \cdot U_{is} \cdot D} \quad (4-8)$$

滚流系数（Tumble Coefficient）：

$$\text{Tumble Coefficient} = \frac{2T_t}{\dot{m} \cdot U_{is} \cdot D} \quad (4-9)$$

$$U_{is} = \sqrt{RT_0 \left[\frac{2\gamma}{\gamma-1}\left(1-P_r^{\frac{\gamma-1}{\gamma}}\right)\right]^{1/2}} \quad (4-10)$$

式中，T_s——涡流矩；

T_t——滚流矩；

$\dot{m}$——质量流量；

U_{is}——等熵的气门速度；

D——气缸直径；

P_r——绝对压力比（出口处静压力/入口处总压力）；

R——气体常数；

T_0——滞止温度；

γ——比热比（300 K时空气的比热比为1.4）。

4.1.3 燃烧模型

由于燃烧过程的复杂性，长期以来，柴油机缸内燃烧的研究多借助于试验，随着计算机技术的飞速发展及计算流体力学、计算传热学、化学动力学等基础理论研究的深入，燃烧过程的数值模拟已成为研究柴油机性能的重要手段，目前常用的燃烧模型主要有零维模型、准维模型及多维模型。

零维模型又称单区模型，其研究方法是：假定缸内工质均匀分布，工质瞬时达到平衡态，抽去其燃烧物理化学反应的复杂中间过程，各参数值假设只是时间的参数，忽略其随空间位置的变化。以此为基础得出的基本控制方程组只有时间自变量，故为常微分方程组。目前在柴油机上应用较多、使用较广的零维模型主要是韦伯燃烧模型。

准维模型考虑燃烧过程中喷雾及火焰传播等物理过程的长度尺度，将燃烧室按火焰位置或喷注空间分布形状划分成若干区域，分别考虑喷雾扩散、油滴蒸发、混合与卷吸、燃烧火焰传播等子过程，列出描述分区内各参数随时间变化的关系式，这些方程式的集合就构成准维燃烧模型。根据对柴油机燃烧过程分析方式的不同，目前最具代表性的准维燃烧模型是美国Commins公司林慰梓等人提出的气相喷注燃烧模型，以及日本广安博之等人提出的油滴蒸发模型。

多维模型能够考虑缸内过程物理域二维或三维空间的分布，是十分复杂的热力学系统，由于在喷油过程中有燃油进入气缸，燃烧过程中因燃烧而造成各成分的质量变化，因而与普通的控制方程相比，还需要考虑喷油和化学反应的各个源项，根据质量、动量和能量的守恒定律，以一组偏微分方程组来描述缸内的流动过程。目前对缸内湍流的模拟较多地采用双方程 $\kappa\text{-}\varepsilon$。

零维模型的突出特点是简单、计算费用低，但均匀态的假设使其无法反映流场、燃烧室形状对发动机性能的影响；多维模型能够如实反映燃烧现象的本质及随时空变化的规律，但其计算时间长，多数用于研究缸内燃烧组织的微观过程；准维模型涉及目前工程界所关心的关键问题，描述形式简单、计算量小，能够较准确地模拟各种情况下发动机的性能，因此，接下来着重介绍准维模型中的广安博之（Hiroyasu）模型。

Hiroyasu 模型对喷油过程的反应十分敏感，能够准确反映喷油压力、喷油定时及喷油率曲线变化的影响。其中，Hiroyasu 燃烧模型的物理机制是：油雾束在缸内贯穿和扩展过程中，不断卷起周围的空气，油滴蒸发、汽化形成浓度不同的可燃混合气，经过一定滞燃期后着火燃烧，生成燃烧产物，放出热量，剩余油滴和后续进入缸内的油滴继续蒸发，与新卷吸进雾束的空气形成可燃混合气后继续燃烧，直到油滴完全燃烧，雾束消失，全部生成燃烧产物为止。

在 Hiroyasu 燃烧模型（图 4-3）中，需要对油束喷注进行分区，分别对各区进行计算，确定每个区内的燃油质量、燃油蒸气浓度、燃空当量比等参数。假定各小区是互相独立的绝热系统，各小区之间无热交换。

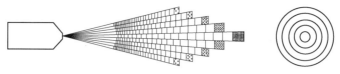

图 4-3 Hiroyasu 燃烧模型

Hiroyasu 油滴破碎模型的要点如下：

（1）由喷油规律计算得到每个时间步长 Δt_i 内的喷射油量 Δm_{fi} 及其相应的喷射压差 Δp_i。其中，i 表示第 i 个时间步长。

（2）在该时间步长内射入的油量 Δm_{fi} 将散布到一个圆锥体上，锥体的锥角 φ 由经验公式确定，有

$$\varphi = 0.05 \left(\frac{d_n^2 \rho_a \Delta p_i}{\mu_a} \right)^{0.25} \tag{4-11}$$

式中，ρ_a——空气密度，kg/m^3；

μ_a——空气黏度，$\text{N}\cdot\text{s/m}^2$；

Δp_i——射油压差，N/m^2；

d_n——喷孔直径，m。

油滴轴向距离由轨迹计算公式确定，将这一锥体按照油量相等的原则划分成 L 个同心锥环，这些锥环是一些独立的小区，将经历自己的蒸发、混合过程而与邻区无关。

（3）小区内油滴群的初始索特尔平均直径 SMD_i：

$$\text{SMD}_i = A \cdot \Delta p_i^{0.35} \rho_{ai}^{0.121} B^{0.131} \tag{4-12}$$

式中，$A = \begin{cases} 2.33\times10^3, & \text{孔式喷嘴} \\ 2.18\times10^3, & \text{节流式喷嘴} \\ 2.45\times10^3, & \text{轴针式喷嘴} \end{cases}$

ρ_{ai}——油滴密度；

B——循环供油量，$\text{m}^3/$循环。

（4）小区内所含的燃油蒸气质量 m_{fv}：

$$m_{fv} = \frac{\pi}{6}\rho_f(\text{SMD}_i^3 - \text{SMD}_{ij}^3)N \tag{4-13}$$

式中，SMD_{ij}——小区 (i,j) 在所计算时刻的油滴直径；

ρ_f——燃油蒸气密度；

N——油滴群的颗粒数。

小区当量燃料空气比 F_{ij} 可按下式确定：

$$F_{ij} = (m_{fv}/m_a)_{ij} f_{st} \tag{4-14}$$

式中，m_a——小区空气卷入量；

f_{st}——理论燃料空气比。

（5）油滴的索特平均直径 d_{32} 及空气卷息率：

$$d_{32} = A\Delta p^{0.135}\rho_a^{0.121} g_f^{0.131} \tag{4-15}$$

$$m_a = m_f(v_0 \text{d}t/\text{d}x_1 - 1) \tag{4-16}$$

$$\text{d}m_{af}/\text{d}t = C_f \text{d}m_a/\text{d}t \tag{4-17}$$

$$\text{d}m_{a\omega}/\text{d}t = C_\omega \text{d}m_a/\text{d}t \tag{4-18}$$

式中，A——系数；

Δp——喷嘴的平均压差；

ρ_a——空气密度；

g_f——循环喷油量；

m_f——小区燃油质量；

v_0——燃油喷注初速；

x_1——油雾束贯穿度；

m_{af}——油束周围存在火焰包围时空气卷入量；

$m_{a\omega}$——油束碰壁时的空气卷入质量；

C_f, C_ω——修正系数。

4.1.4 传热模型

发动机缸内传热过程主要通过牛顿放热定律进行计算：

$$\frac{\text{d}Q_w}{\text{d}\varphi} = \frac{1}{6n}\sum_i \alpha_g \cdot A_i(T - T_{wi}) \tag{4-19}$$

式中，n——发动机转速，r/min；

A_i——缸内各部分传热面积，m^2；

T——瞬时变化着的局部平均工质温度，K；

T_{wi}——瞬时变化着的燃烧室各表面瞬时平均温度，K；

α_g——工质与燃烧室壁的平均换热系数，$J/(K \cdot m^2)$。

计算工质和燃烧室诸壁面的瞬时换热量的关键是确定瞬时平均换热系数 α_g。通常采用适用范围较广的 Woschni 计算公式，其中 Woschni 公式以短管内受迫流动对流换热准则为根据：

$$Nu = 0.035 Re^{0.8} \tag{4-20}$$

以式（4-20）为准则得出 α_g：

$$\alpha_g = 820 p^{0.8} \cdot T^{0.53} \cdot D^{0.2} \left[C_1 \cdot C_m + C_2 \cdot \frac{T_a \cdot V_s}{p_a \cdot V_a} (p - p_0) \right]^{0.8} \tag{4-21}$$

式中，p——气缸内工质压力，MPa；

T——气缸内工质温度，K；

D——气缸直径，m；

C_m——活塞平均速度，m/s；

p_a, T_a, V_a——压缩始点气缸内压力（MPa）、缸内工质温度（K）、气缸容积（m^3）；

V_s——气缸工作容积，m^3；

p_0——发动机倒拖气缸内压力，MPa；

C_u——稳流吹风试验时，风速计叶片的切向速度，m/s；

C_1——气流速度系数，$C_1 = 6.18 + 0.417 \dfrac{C_u}{C_m}$（进排气阶段），$C_1 = 2.28 + 0.308 \dfrac{C_u}{C_m}$（压缩膨胀阶段）；

C_2——燃烧室形状系数，直喷式燃烧室取值为 3.24×10^{-3}。

4.2 喷油系统模型

喷油系统模型的建立与所采用的喷油系统类型和工作原理紧密相关。目前，柴油机喷油系统种类繁多，喷油系统的类型主要分为机械式和电子控制式，其中电子控制式又可分为位置控制式、时间控制式及时间-压力控制式。

1. 机械式

机械式喷油系统主要由油箱、低压输油泵、燃油滤清器、高压燃油泵、喷油器及油管等组成。其工作过程是：柴油机曲轴通过传动机构带动喷油泵的凸轮轴转动，把燃油从油箱送到输油泵，形成低压；经过燃油滤清器，一部分供给高压的喷油泵，另一部分回到油箱；进入喷油泵的燃油通过高压油管输送到喷油器，当压力超过喷油器的开启压力时，喷油器开启，进行喷油。

2. 位置控制式

位置控制式保留了原直列喷油泵和分配泵的基本结构,在喷油泵上装有齿杆位移传感器和凸轮轴相对曲轴的转角位移传感器、线性和旋转电磁铁的执行器及微处理器组成的控制系统,对喷油量进行调节。喷油量的计量按位置控制方式,以柱塞的供油始点和供油终点间的物理长度(即有效行程)确定。

位置控制式系统模型一般建立在两个串联的 PID 控制算法上。外环为转速环,将脚踏板的设定转速与转速传感器输出的柴油机实际转速信号比较,其差值经模糊 PID 运算后,得出外环输出值,该值与功率限制、辅助功能(冷却水温保护、排气温度保护等)输出数值比较后,得到喷油泵齿杆的目标位置。内环为位置环,将外环得到的喷油泵齿杆位置作为位置环的理论输入,与位移传感器输出的喷油泵实际齿杆位置作比较,其差值经 PID 运算,可得出执行器的输出电流,从而控制齿杆位移、调节柴油机转速。电控系统控制原理如图 4-4 所示。

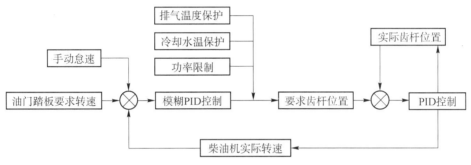

图 4-4 电控系统控制原理

3. 时间控制式

时间控制式电控喷油系统依靠传统的脉动泵产生高压,喷油量和喷油脉宽完全由电磁阀控制,电磁阀的关闭时刻决定喷射定时,电磁阀关闭持续时间决定喷油量。时间控制式电控喷油系统主要有电控分配泵、电控直列泵、电控单体泵(图 4-5)和电控泵喷嘴(图 4-6)等。

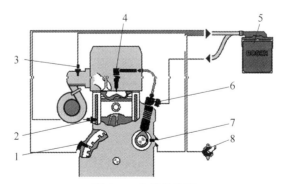

图 4-5 电控单体泵

1—转速传感器;2—冷却水温传感器;3—增压压力传感器;4—喷油器;
5—ECU;6—单体泵;7—凸轮转速传感器;8—加速踏板传感器

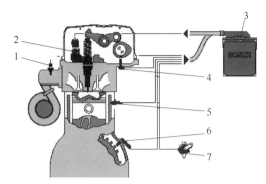

图 4-6 电控泵喷嘴

1—增压压力传感器；2—泵喷嘴；3—ECU；4—凸轮转速传感器；
5—冷却水温传感器；6—转速传感器；7—加速踏板传感器

4. 时间-压力控制式

时间-压力控制式有中压共轨喷油系统和高压共轨喷油系统（图 4-7）。其中，高压共轨喷油系统采用可调的高压油泵压力控制阀调节共轨内压力并由压力传感器检测，根据柴油机负荷和转速要求将共轨中的油压控制在预定值，实现反馈控制。在喷油器上方有一个高速电磁开关阀，共轨中的燃油经该阀进入喷油器，喷油量和喷油定时均由该电磁阀控制；利用电磁开关阀控制喷油器的背压变化可以改变喷油量和喷油定时，改变施加在电磁开关阀上的控制脉宽可以调节喷油量，改变脉冲时刻可以控制喷油定时。高压共轨喷油系统可以实现轨压、喷油量和喷油定时的全面控制，但整个系统处于高压环境下，对控制精度及系统的可靠性要求非常高。

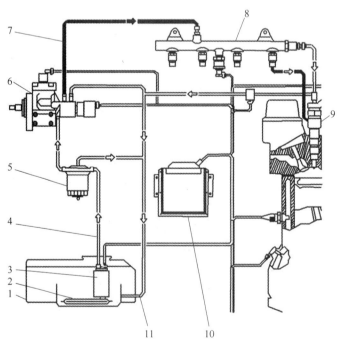

图 4-7 高压共轨喷油系统

1—燃油箱；2—滤网；3—低压输油泵；4—低压油管；5—燃油滤清器；6—高压油泵；
7—高压油管；8—共轨管；9—电控喷油器；10—ECU；11—回油管

在以上介绍的几种喷油系统中,高压共轨喷油系统最复杂,接下来着重对其数学模型进行介绍,其他喷油系统的计算可以在此基础上进行简化和改进。

1) 高压油泵数学模型

柱塞腔内燃油连续方程:

$$\frac{V_P \mathrm{d} P_P}{E \mathrm{d} t} = F_P v_P - \zeta (\mu F)_{pr} \sqrt{\frac{2}{\rho} |P_P - P_r|} - \gamma (\mu F)_{pl} \sqrt{\frac{2}{\rho} |P_P - P_l|} - \eta (\mu F)_{po} \sqrt{\frac{2}{\rho} |P_P - P_O|} - Q_P$$

(4-22)

式中,V_P——柱塞腔容积;

P_P——柱塞腔压力;

E——燃油弹性模量;

F_P——柱塞截面积;

v_P——柱塞速度;

ρ——燃油密度;

P_r——共轨管压力;

P_l——输油管压力;

$(\mu F)_{pr}$——柱塞腔到共轨管的流通面积,与单向阀升程有关;

$(\mu F)_{pl}$——柱塞腔到进回油管的流通面积,与柱塞升程有关;

$(\mu F)_{po}$——柱塞腔到低压油道的流通面积;

P_O——低压油道的压力;

Q_P——柱塞腔泄漏油量;

ζ, γ, η——阶跃函数。

2) 共轨管数学模型

共轨管内燃油连续性方程:

$$\frac{V_r \mathrm{d} P_r}{E \mathrm{d} t} = \zeta (\mu F)_{pr} \sqrt{\frac{2}{\rho} |P_P - P_r|} - \lambda (\mu F)_{pb} \sqrt{\frac{2}{\rho} |P_r - P_b|} - \kappa (\mu F)_{rn} \sqrt{\frac{2}{\rho} |P_r - P_n|}$$

(4-23)

式中,V_r——共轨管的容积;

P_b——控制腔内的压力;

P_n——喷嘴腔的压力;

$(\mu F)_{rn}$——共轨管到喷嘴腔的流通面积;

$(\mu F)_{pb}$——共轨管到控制腔的流通面积;

κ, λ——阶跃函数。

3) 电控喷油器数学模型

喷嘴腔内燃油连续性方程:

$$\frac{V_n \mathrm{d} P_n}{E \mathrm{d} t} = \kappa (\mu F)_{rn} \sqrt{\frac{2}{\rho} |P_r - P_n|} - \delta (\mu F)_{nj} \sqrt{\frac{2}{\rho} |P_n - P_{nj}|} - \frac{\mathrm{d} V_{nk}}{\mathrm{d} t} - F_n \frac{\mathrm{d} h_n}{\mathrm{d} t} - Q_{ln} \quad (4-24)$$

式中,V_n——针阀的集中容积;

P_{nj}——压力室压力;

$(\mu F)_{nj}$——喷油嘴至压力室的流通面积;

δ——阶跃函数；

F_n——针阀截面积；

V_{nk}——针阀锥部的容积；

h_n——针阀升程；

Q_{ln}——针阀偶件泄漏量。

压力室燃油连续方程：

$$\frac{V_{nj}\mathrm{d}P_{nj}}{E\mathrm{d}t}=\delta\,(\mu F)_{nj}\sqrt{\frac{2}{\rho}|P_n-P_{nj}|}-(\mu F)_{nh}\sqrt{\frac{2}{\rho}|P_{nj}-P_c|}-\frac{\mathrm{d}V_{nk}}{\mathrm{d}t} \qquad (4-25)$$

式中，V_{nj}——压力室的容积；

$(\mu F)_{nh}$——喷油嘴有效流通面积；

P_c——气缸中平均压力。

控制腔燃油连续方程：

$$\frac{V_b\mathrm{d}P_b}{E\mathrm{d}t}=\lambda\,(\mu F)_{pb}\sqrt{\frac{2}{\rho}|P_r-P_b|}-(\mu F)_b\sqrt{\frac{2P_b}{\rho}}-Q_{ln} \qquad (4-26)$$

式中，V_b——控制腔集中容积；

$(\mu F)_b$——控制腔至回油道的有效流通面积。

$$F=\pi X_v\sin\frac{\theta}{2}\left(d_v-\frac{X_v\sin\theta}{2}\right) \qquad (4-27)$$

式中，d_v——电磁阀座面直径；

X_v——电磁阀升程；

θ——电磁阀座面夹角。

针阀运动方程：

$$\frac{m_n\mathrm{d}h_n}{\mathrm{d}t^2}=F_{nb}P_{nj}+(F_n-F_{nb})P_r-K_n(h_{n0}+h_n)-P_bA_b-C_n\frac{\mathrm{d}h_n}{\mathrm{d}t} \qquad (4-28)$$

式中，m_n——针阀组件质量；

h_n——针阀升程；

F_{nb}——针阀密封带以下投影面积；

K_n——针阀弹簧刚度；

h_{n0}——针阀弹簧预紧量；

A_b——控制活塞截面积；

C_n——针阀阻尼系数。

电磁阀运动方程：

$$m_v\frac{\mathrm{d}^2X_v}{\mathrm{d}t^2}=F-F_y-F_k \qquad (4-29)$$

式中，m_v——电磁阀的总运动质量；

F——动态电磁吸力；

F_y——电磁阀所受液动力；

F_k——弹簧力和其他阻力。

4.3 进排气数学模型

工质经进排气门流入、流出气缸的过程视为准维流动，即当计算步长足够小时，认为一个步长内的流动过程是稳定流动过程。进排气门的喉口相当于一个流通面积随时间变化的孔板，通过进气门处的气体流动按照一维等熵绝热过程处理，考虑流量系数并按准稳定流动计算：

$$\frac{\mathrm{d}m}{\mathrm{d}t} = A_{\mathrm{eff}} \cdot p_{\mathrm{ol}} \cdot \sqrt{\frac{2}{R \cdot T_{\mathrm{ol}}}} \cdot \psi \tag{4-30}$$

式中，$\frac{\mathrm{d}m}{\mathrm{d}t}$——质量流率，kg/s；

A_{eff}——有效流动面积，m^2；

R——气体常数；

p_{ol}——上流的临界压力，kPa；

T_{ol}——上流的临界温度，K；

ψ——流函数。

气体在进气门处的流动均为亚声速流动；而通过排气门的流动，根据排气门前后工质的压差，可分为排气初期的超临界流动与其后的亚临界流动。

气体自压力 p_1、温度 T_1 流经节流截面后，其状态变成压力 p_2、温度 T_2，设 $p_1 > p_2$，在超临界排气期，$\frac{p_2}{p_1} \leqslant \left(\frac{2}{K+1}\right)^{\frac{K}{K+1}}$，因此：

$$\psi = \psi_{\max} = \left(\frac{2}{K+1}\right)^{\frac{1}{K-1}} \cdot \sqrt{\frac{K}{K+1}} \tag{4-31}$$

在亚临界排气期，$\frac{p_2}{p_1} > \left(\frac{2}{K+1}\right)^{\frac{K}{K+1}}$，因此：

$$\psi = \sqrt{\frac{K}{K-1}\left[\left(\frac{p_2}{p_{\mathrm{ol}}}\right)^{\frac{2}{K}} - \left(\frac{p_2}{p_{\mathrm{ol}}}\right)^{\frac{K+1}{K}}\right]} \tag{4-32}$$

式中，K——气体的绝热指数。

当气门的结构参数确定后，进、排气门的流通面积随着凸轮升程的变化而变化，因此在计算时需输入柴油机的凸轮升程随曲轴变化的数据。

实际的有效流动面积 A_{eff} 由试验测得的流量系数 C_{D} 计算：

$$A_{\mathrm{eff}} = C_{\mathrm{D}} \cdot \frac{\pi \cdot d_{\mathrm{Vi}}}{4} \tag{4-33}$$

式中，C_{D}——气门的流量系数；

d_{Vi}——气门座圈直径。

发动机的实际流量和理论流量是有一定差异的，把实际流量与理论流量的差异归结到流

量系数 μ 中，μ 值主要取决于气门升程，其函数表达式如下：

$$\mu = f(h_v(\varphi)) \tag{4-34}$$

式中，$h_v(\varphi)$——气门升程。

不同发动机的流量系数 C_D 差别很大，通常 μ 值由试验确定。用实物（或模型）的静吹风试验测得瞬时 μ 值，以此实测的 μ 值作为已知数据进行计算。试验表明，流量系数 C_D 实际上与压比无关，因此可以将气门升程（或升程与气门直径的比值）作为参变量来描绘流量系数。

4.4 涡轮增压器数学模型

按照驱动压气机所用能量来源的不同，增压系统可分为机械增压系统、废气涡轮增压系统与复合增压系统三类。其中，废气涡轮增压系统分为不可调节和可调节两类。废气涡轮增压系统的调节通常有两种方法：其一，涡轮前旁通放气；其二，涡轮流通截面调节。

涡轮前旁通放气是指在排气管中废气涡轮室处增加一个旁通气道，由膜片或 ECU 控制切换阀的开度大小进行调整，其控制结构如图 4-8 所示。

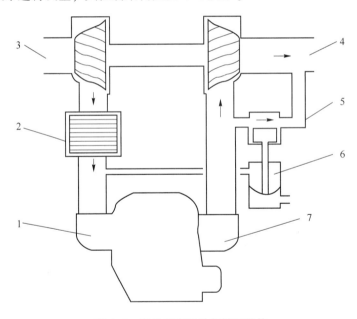

图 4-8　涡轮前旁通放气控制结构
1—进气歧管；2—中冷器；3—吸入空气；4—废气；5—旁通支路；6—压力箱；7—排气歧管

涡轮流通截面调节主要采用可变几何涡轮增压器（VGT）。VGT 主要有三种方式：可变喉口增压器、舌形挡板增压器和可变喷嘴环增压器（VNT）。可变喉口增压器是在发动机排气管出口与涡轮入口之间安装一个可变喉口装置，通过改变喉口的开度对涡轮的流通截面进行调节，从而改善发动机与增压器的匹配性能；舌形挡板增压器是在涡轮进气截面后安装一个舌形可调喷嘴叶片，通过摆动舌形叶片改变涡壳的面径比值，对涡轮的流通截面进行调节；VNT采用活动的喷嘴环叶片，通过改变喷嘴环叶片的角度对涡轮的流通截面进行调节。

废气涡轮增压器计算模型是在已知涡轮和压气机特性基础上，通过气体经过废气涡轮和压气机的焓变来计算废气涡轮和压气机转速及出口气体状态参数。

压气机：

$$h_{out} = h_{in} + \Delta h_s \frac{1}{\eta_s} \tag{4-35}$$

$$P = \dot{m}(h_{in} - h_{out}) \tag{4-36}$$

$$\Delta h_s = c_p T_{tot,in}(P_R^{\frac{\gamma-1}{\gamma}} - 1) \tag{4-37}$$

废气涡轮：

$$h_{out} = h_{in} - \Delta h_s \eta_s \tag{4-38}$$

$$P = \dot{m}(h_{in} - h_{out}) \tag{4-39}$$

$$\Delta h_s = c_p T_{tot,in}(1 - P_R^{\frac{1-\gamma}{\gamma}}) \tag{4-40}$$

$$T_{tot,in} = T_{in} + \frac{u_{in}^2}{2c_p} \tag{4-41}$$

式中，h_{in}——进口焓，J；

h_{out}——出口焓，J；

Δh_s——等熵焓变（压气机为绝热焓增加，涡轮机为绝热焓降），J；

η_s——压气机（或涡轮）的效率；

P——功率，W；

$\dot{m}$——质量流量，kg/s；

P_R——气体经过涡轮或压气机后的膨胀比或压比；

c_p——空气或燃气的定压比热容，J/(kg·K)；

$T_{tot,in}$——进口流体滞止温度，K；

γ——空气或燃气的热容比；

T_{in}——进口流体温度，K；

u_{in}——进口流体速度，m/s。

为便于比较不同压气机或涡轮的工作特性，利用折合参数表示压气机特性及涡轮效率特性。其中，折合转速和折合流量采用下式计算：

$$\text{RPM}_{Red} = \frac{\text{RPM}_{actual}}{\sqrt{T_{inlet}}} \tag{4-42}$$

$$\dot{m}_{Red} = \frac{\dot{m}_{actual} \cdot \sqrt{T_{inlet}}}{P_{inlet}} \tag{4-43}$$

式中，RPM_{Red}——压气机（或涡轮）折合转速，r/(min·K$^{0.5}$)；

RPM_{actual}——压气机（或涡轮）实际转速，r/min；

$\dot{m}_{Red}$——压气机（或涡轮）工质折合流量，(kg·K$^{0.5}$)/(kPa·s)；

$\dot{m}_{actual}$——压气机（或涡轮）工质实际流量，kg/s；

P_{inlet}——进口压力，kPa；

T_{inlet}——进口温度，K。

4.5 中冷器数学模型

中高增压柴油机通常采用空气中间冷却器（简称"中冷器"）。根据冷却介质的不同，中冷器一般分为水-空中冷和空-空中冷两类。自压气机出口的增压空气经中冷器后温度下降，使气缸在相同的进气压力下增加新鲜空气的充量。中冷器计算属于一般的换热器计算，主要计算增压空气经中冷器后的出口温度和出口压力。

1. 中冷器出口处的空气温度

经中冷器前后的温降通常以冷却效率来表征。冷却效率 η_c 定义为实际测得的温降与被冷却的流体降到冷却剂的温度时可能达到的最大温降的比值。公式如下：

$$\eta_c = \frac{T_1 - T_2}{T_1 - T_w} \tag{4-44}$$

式中，T_1——中冷器进口处的空气滞止温度，K；

T_2——中冷器出口处的空气滞止温度，K；

T_w——冷却剂进口处的温度，K。

2. 中冷器出口处的空气压力

增压空气流过中冷器后的压力 P_2 可按下式计算：

$$P_2 = P_1 - \Delta P_c = P_1 - \Delta P_{cN} \left(\frac{\dot{m}_c}{\dot{m}_{cN}}\right)^2 \tag{4-45}$$

式中，P_1——中冷器进口处的空气压力，kPa；

$\Delta P_c, \Delta P_{cN}$——非标定、标定工况时空气流过中冷器的压力降，kPa；

$\dot{m}_c, \dot{m}_{cN}$——非标定、标定工况时流过中冷器的空气质量流量，kg/s。

4.6 摩擦损失数学模型

发动机气缸内的工质作用在活塞上的功率在通过曲轴输出端向外输出前，还会损失一部分。这些损失的功率主要包括：活塞与活塞环、主轴承、连杆轴承及凸轮轴轴承等的摩擦损失；气门机构及附属机构（喷油泵、调速器、机油泵等）的驱动功率损失；连杆、曲轴等零件高速运动时克服油雾、空气阻力及曲轴箱通风等消耗的功率；四冲程增压发动机在排气和进气过程中的工质流动，造成节流、摩擦损失等。以上损失的功率总和称为发动机的机械损失功率 P_m，可表示如下：

$$P_{\mathrm{m}} = \frac{p_{\mathrm{m}} \cdot V_{\mathrm{h}} \cdot i \cdot n_{\mathrm{e}}}{60Z} \tag{4-46}$$

式中，p_{m}——平均机械损失压力，MPa；

V_{h}——发动机单个气缸的工作容积，m³；

i——发动机气缸数目；

n_{e}——发动机转速，r/min；

Z——冲程系数，四冲程发动机的 Z 为 2，二冲程发动机的 Z 为 1。

发动机平均机械损失压力 p_{m} 可根据 Chen-Flynn 发动机摩擦损失模型计算：

$$p_{\mathrm{m}} = C + aP_{\max} + bv + cv^2 \tag{4-47}$$

式中，C——机械损失压力的常数部分，MPa；

a——缸内最大压力系数，0.004~0.006；

$P_{\max}$——缸内最大压力，MPa；

b——活塞平均速度系数，0.008~0.010 MPa/(m/s)；

v——活塞平均速度，m/s；

c——活塞平均速度平方系数，0.000 06~0.000 12 MPa/(m/s²)。

式（4-47）是预测发动机摩擦损失的经验公式，摩擦损失与缸内最大压力和活塞平均速度有关。如果使用测功机试验直接测量摩擦损失功，则可将摩擦损失功的常数部分设定为试验值。

4.7　增压发动机转动件转动惯量

1. 曲柄连杆机构等效转动惯量

发动机的转动惯量是指曲柄连杆机构、配气机构、平衡机构及附件等部分的运动件对于曲轴中心线的等效转动惯量的总和，既是柴油机无负荷测功所需的重要参数，也是利用瞬时转速推求瞬时扭矩和气缸压缩压力、估算气缸内工作压力和平均指示压力等所需的参数。等效转动惯量既可以通过计算得到，也可以通过试验的方法（附加质量法、停油惰转法）得到。

一般可以通过虚拟装配与机械仿真方法计算发动机等效转动惯量，确定虚拟装配方案并充分考虑各零件之间的装配关系，建立某型发动机曲轴-连杆-活塞机构装配，如图 4-9 所示。

设置各零部件质量属性，采用动力学仿真方法计算得柴油机左 1 缸与右 1 缸并列缸排活塞运动速度（图 4-10），两者相位差为 120°。根据动能等效原则，由曲轴角速度及

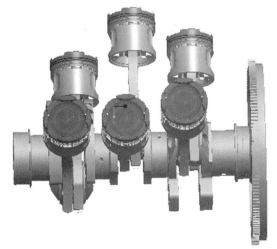

图 4-9　某型发动机曲轴-连杆-活塞机构装配

各缸活塞运动速度计算得曲柄连杆机构相对曲轴轴线的等效转动惯量如图4-11所示。

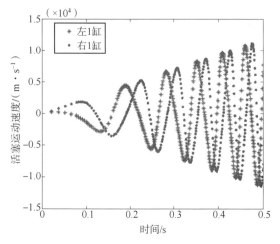

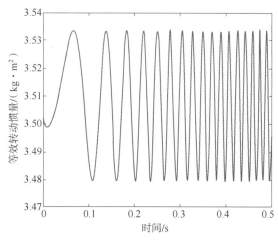

图4-10 左1缸、右1缸活塞运动速度　　　图4-11 曲柄连杆机构等效转动惯量

等效转动惯量呈恒幅值循环周期性变化,均值为3.509 kg·m^2,且随着曲轴转速的加快,其周期逐渐减小。可见,等效转动惯量与系统运动状态无关,仅与各缸活塞运动位置相关,等效转动惯量幅值变化范围为3.479~3.534 kg·m^2,与曲轴-飞轮组件转动惯量(3.214 kg·m^2)的差别在8.245%~9.956%之间。

2. 增压器转动惯量

某型发动机涡轮增压器转子系统如图4-12所示。

图4-12 某型发动机涡轮增压器转子系统

装甲车辆发动机增压器主要包括压气机叶轮、涡轮叶轮、转轴及止推螺母等。已知各零件质量属性,建立增压器的三维几何模型,采用动力学仿真方法,经计算得转子系统总质量为3.26 kg,主轴转动惯量为884.95 kg·mm^2。

第 5 章
基于仿真的装甲车辆发动机载荷参数计算——整车动力性能建模

装甲车辆发动机载荷参数计算建立在整车动力性能仿真模型的基础上，整车动力性能仿真模型除了包含前文提到的动力装置模型外，还需要建立装甲车辆的传动装置和行动装置模型。本章基于不同仿真计算工具的接口，借助 Simulink 平台实现数据交互与存储，最终实现装甲车辆整车动力性能的仿真。

5.1 传动装置建模

传动装置用于将发动机功率传递到主动轮上，牵引力的变化取决于行驶阻力和运动状态（行驶速度制动和转向）。传动装置的主要组成部分为变速箱、转向机构和操纵系统。在结构上，通常将变速箱和转向机构做成一个整体，称为变速与转向机构。在传动装置中，除了变速箱和转向机构（或变速转向机构）外，还包含带操纵系统的停车制动器，补充与辅加传动箱一侧传动、前传动，以及风扇传动和起动电机传动等。当前，装甲车辆除了采用带主离合器的简单机械变速箱外，还使用行星变速箱（侧传动和主传动）、带液力变矩器的变速箱。

某型装甲车辆传动装置及其操纵机构主要由盖斯林格弹性联轴器、综合传动装置、侧减速器、制动器及转向操纵装置等组成，其传动简图如图 5-1 所示。综合传动装置主要由弹性联轴器、液力变矩器、变速机构、转向机构、左右行星汇流排和液压控制系统等组成，采用液力传动、动力换挡和液压转向等技术，集变速、转向等功能于一体，各挡可实现无级转向，空挡可进行中心转向。

5.1.1 弹性联轴器模型

联轴器是连接两轴（或轴和回转件）在传递运动和动力过程中一同回转而不脱开的一种装置，且具有补偿两轴（或轴和回转件）相对位移、缓冲和减振以及安全防护等功能。按照联轴器的性能，可将其分为刚性联轴器和挠性联轴器。刚性联轴器又称固定式刚性联轴器，这种联轴器虽然不具备补偿性能，但具有结构简单、制造容易、无须维护、成本低等特点，故有其应用范围。挠性联轴器分为无弹性元件挠性联轴器（也称可移式刚性联轴器）和带弹性元件挠性联轴器。无弹性元件挠性联轴器只具有补偿两轴相对位移的能力；带弹性元件挠性联轴器除了具有补偿性能外，还具有缓冲和减振作用，但在传递扭矩的能力上，因受弹性元件的强度限制，一般不及无弹性元件挠性联轴器。在带

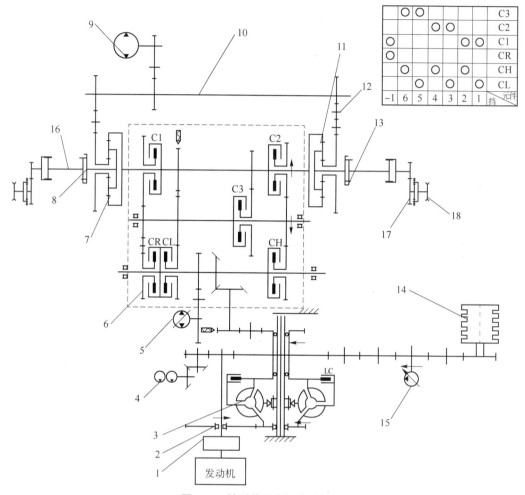

图 5-1 某型装甲车辆传动简图

1—盖斯林格弹性联轴器；2—前传动；3—液力变矩器；4—供油泵（前泵）；5—转向泵；6—变速机构；
7—左汇流排；8—左汇流排输出齿套；9—转向马达；10—转向零轴；11—右汇流排；12—齿轮驱动机构；
13—右汇流排输出齿套；14—皮带轮输出；15—风扇泵；16—传动轴；17—侧传动；18—主动轮

弹性元件挠性联轴器中，按材质不同，可将弹性元件分为金属弹性元件和非金属弹性元件。金属弹性元件的优点是强度高、传递扭矩能力强、使用寿命长、不易变质且性能稳定；非金属弹性元件的优点是制造方便，易获得各种结构形状，且具有较高的阻尼性能。

盖斯林格（Geislinger）弹性联轴器也称为金属簧片式联轴器，由主动部分、从动部分及第三部分共同组成。在这三部分之间有多组弹簧片组，弹簧片组的外端紧固在从动部分，弹簧片组与主动部分、从动部分和第三部分共同形成许多空腔，空腔里充满机油。由于弹簧片组能提供较高的弹性，且振动时金属片间的润滑油从一侧腔体向另一侧腔体流动，还能提供较大扭振阻尼，因而在重载车辆和船舶动力传动系统中得到广泛应用。在动力传动系统扭振建模过程中，通常将联轴器简化为具有惯量的阻尼和扭转刚度弹性模型，如图 5-2 所示。

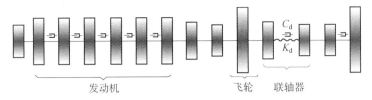

图 5-2 动力传动装置简化示意图

动扭转刚度的计算公式：

$$K_d = \begin{cases} K_s\left(1+0.37\dfrac{\omega}{\omega_0}\right), & 0 \leqslant \omega \leqslant \omega_0 \\ K_s\left(1.1+0.27\dfrac{\omega}{\omega_0}\right), & \omega_0 < \omega \end{cases} \quad (5-1)$$

式中，K_d——联轴器动扭转刚度，N·m/rad；

K_s——联轴器静扭转刚度，N·m/rad；

ω——系统振动频率，rad/s；

ω_0——联轴器特征频率，rad/s。

联轴器阻尼系数 k 的计算公式：

$$k = \begin{cases} 0.02+1.1\dfrac{\omega}{\omega_0}, & 0 \leqslant \dfrac{\omega}{\omega_0} < 0.3 \\ 0.2+0.5\dfrac{\omega}{\omega_0}, & 0.3 \leqslant \dfrac{\omega}{\omega_0} < 1 \\ 0.7, & 1 \leqslant \dfrac{\omega}{\omega_0} \end{cases} \quad (5-2)$$

根据盖斯林格联轴器的静扭转刚度和自振频率，可以计算得到动扭转刚度随柴油机转速的变化，图 5-3、图 5-4 所示为某型装甲车辆用弹性联轴器阻尼系数 k 与动扭转刚度 K_d 的对应变化曲线。

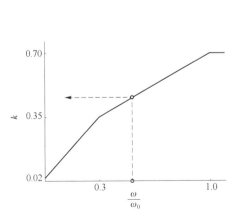

图 5-3 联轴器阻尼系数

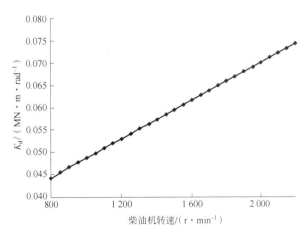

图 5-4 联轴器动扭转刚度

5.1.2 液力变矩器模型

液力变矩器（Hydraulic Torque Converter, TC）以液体为介质，传递和增大来自发动机的扭矩，其由可转动的泵轮、涡轮及固定不动的导轮三个元件构成。液力变矩器可使车辆起步平稳，加速迅速、均匀、柔和，加之液体传动本身特有的减振性能，变矩器不仅可以衰减由发动机振动、道路的凸起或凹坑所引起的干扰，还可以缓冲来自发动机的扭矩脉动，并能在一定范围内起到无级变速的作用，因而在车辆、工程机械、石油化工等领域得到了广泛应用。

液力变矩器液力传动的过程非常复杂，通常采用特性曲线表征液力变矩器的工作特性，特性曲线主要包括原始特性、输入特性和外特性等，目前广泛采用的是原始特性。液力变矩器的原始特性反映了泵轮扭矩系数 λ_B、变矩比 K、效率 η 随转速比 i 的变化规律，公式表述如下：

$$\begin{cases} \lambda_B = \dfrac{M_B}{\gamma \cdot n_B^2 D^5} = f_1(i) \\ K = \dfrac{M_T}{M_B} = \dfrac{\lambda_T}{\lambda_B} = f_2(i) \\ \eta = \dfrac{M_T \cdot \omega_T}{M_B \cdot \omega_B} = K \cdot i \end{cases} \tag{5-3}$$

式中，M_B, M_T——泵轮、涡轮扭矩，N·m；

γ——油液重度，kg/m³；

n_B——泵轮转速，r/min；

D——变矩器循环圆最大直径，m；

λ_T——涡轮扭矩系数，1/[m²·(r/min)²]；

ω_B, ω_T——泵轮、涡轮角速度，rad/s。

某液力变矩器原始特性如图 5-5 所示。

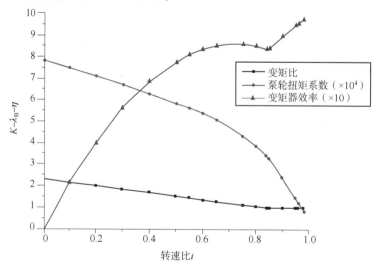

图 5-5 液力变矩器原始特性（书后附彩插）

5.1.3 变速箱模型

变速箱通常安装在主离合器和转向机构之间,主要用来在不改变发动机转速的情况下,通过变速箱传动比的变化来提高车辆的适应能力。其功用主要有:

(1) 在较大范围内改变主动轮的转速和扭矩。
(2) 实现倒车行驶。
(3) 变速箱中设有空挡,以便在发动机不熄火、主离合器接合时,中断动力的传递。

装甲车辆上安装的变速箱一般为有级式。所谓有级式变速箱,是指在发动机曲轴转速一定时,具有有限的几个定值传动比的变速箱。由于发动机转速和扭矩能在一定范围内变化,所以动力经变速箱后,能在几个更大的范围内改变装甲车辆主动轮上的扭矩和转速。挡数越多,对发动机工作就越有利,装甲车辆的动力性和经济性也越好,但挡数越多,变速箱结构就越复杂。

柴油机本身的扭矩适应性范围较小,需采用变速箱改变发动机曲轴输出的扭矩及转速,以满足整车在起步、加速、行驶及克服各种道路障碍时对驱动车轮牵引力及车速的不同要求。变速箱模型主要由综合传动装置中的前传动、第一轴系、第二轴系和第三轴系组成。在计算分析时,可以将变速箱简化为一定挡位下具有相应传动比、传动效率和输入/输出转动惯量的定轴式齿轮传动型式。简化后变速箱模块的数学模型如下:

$$\begin{cases} i_{act} = i(N_{act}) \\ \omega_{out} = \dfrac{\omega_{in}}{i_{act}} \\ T_{out} = T_{in} \cdot i_{act} \cdot \eta \end{cases} \tag{5-4}$$

式中,i_{act}——实际传动比;

N_{act}——变速箱的当前挡位;

$\omega_{in}, \omega_{out}$——输入、输出的角速度,rad/s;

T_{in}, T_{out}——输入、输出的扭矩,N·m;

η——变速箱总效率。

其中,变速箱效率模型的确定至关重要。齿轮式变速器的传动损失,主要由齿轮啮合损失、轴承摩擦损失、润滑油搅动损失等部分组成。变速器的效率是挡位、转速、扭矩和油温的函数,在一定挡位下,变速器的效率随传递扭矩的增加而增加,且随输入轴转速的加快而降低。

5.1.4 侧减速器模型

侧减速器是传动系统的最后一级传动装置,它安装在车体两侧的转向机构和主动轮之间,又被称为侧传动。侧减速器具有固定的传动比,主要由壳体、齿轮室、主动轴总成、行星排总成和被动轴总成等部分组成,用于降低前级传动传来的转速,增大主动轮上的扭矩,以提高装甲车辆的通行能力。

侧减速器分为一级侧减速器和二级侧减速器两类,通常传动比在 7 以下采用一级减速、在 7 以上采用二级减速。一级侧减速器的种类很多，有外啮合式、内啮合式和行星式。

（1）外啮合式结构简单，但传动比较大时强度和寿命较差，两轴中心距较大。

（2）内啮合式能充分利用空间，结构紧凑，强度、寿命较好，效率较高，同样的传动比时，其中心距较外啮合式小。

（3）行星式通常采用单行星内外啮合的简单行星排形式。由于其主动、被动齿轮都是多点啮合，径向力可以互相抵消，因此相对提高了齿轮和轴的强度及寿命，但齿轮较多导致制造较复杂且质量较大。此类减速器通常有两种输出方式，一种为齿圈输出，另一种为行星框架输出，后一种输出方式的传动效率较高且能实现较大的传动比。

侧减速器以固定的传动比增大行星转向机传递给主动轮的扭矩，并相应地降低主动轮的转速。采用与变速箱模块相同的简化方法，传动效率 η_g 可以根据齿轮传动和行星齿轮传动试验测得的各种类型齿轮啮合副的效率计算得到：

$$\eta_g = \eta_{gc}^m \cdot \eta_{gu}^n \tag{5-5}$$

式中，η_{gc}——锥齿轮啮合副的传动效率，0.96~0.97；

η_{gu}——圆柱齿轮啮合副的传动效率，0.97~0.98；

m——传递功率时处于啮合状态的锥齿轮啮合副的对数；

n——传递功率时处于啮合状态的圆柱齿轮啮合副的对数。

5.1.5 制动器模型

制动器是用于车辆减速或使其停止的装置。在机械结构中，制动器按工作状态可分为常闭式和常开式。常闭式制动器靠弹簧或重力的作用经常处于紧闸状态，运行时则用人力或松闸器使制动器松闸；与此相反，常开式制动器经常处于松闸状态，只有施加外力才能使其紧闸。

制动器类型的选择应根据使用要求和工作条件来选定。驾驶员应根据任务、地形、地面性质和运动速度等条件，正确地选择制动方式。装甲车辆用制动器由制动毂、制动带、制动带吊架、调整螺栓等组成。制动力矩 M_t 按下式计算：

$$M_t = F_B \frac{d}{2} \cdot \frac{l_2}{l_1} \eta e^{\mu\alpha-1} \tag{5-6}$$

式中，F_B——操作力，N；

d——制动毂外径，m；

l_1——制动器出端拉力距制动杠杠销轴的垂直距离，m；

l_2——外力加力点到铰点的距离，m；

η——制动效率，0.90~0.95；

μ——摩擦系数；

α——包角，rad。

制动器模型主要用于计算在输入操作力和主动轮转速的情况下，在制动器上产生的制动力矩。因此，在模型中需输入制动力矩关于制动踏板位置和车轮转速的 MAP 数据。公式如下：

$$M_t = f(\dot{\theta}_{cj}, POS_B) \tag{5-7}$$

式中，$\dot{\theta}_{cj}$——侧减速器输入齿套角速度，rad/s；

POS$_B$——制动踏板位置，%。

5.1.6 驾驶员模型

在驾驶员-车辆-道路环境系统中，驾驶员实际上是一个高度复杂的控制器，其活动可概括为：感知、判断、决策和控制。在动力学计算中，驾驶员模型的作用是控制油门、离合器、制动器及定义的换挡规律，达到改变车辆运动状态的目的，如图 5-6 所示。在车辆仿真模拟测试中，驾驶员模型能够消除人的主观驾驶因素，使测试更可靠、准确，具有可重复性。近年来，众多学者基于神经网络和模糊控制理论建立了驾驶员模型，这些模型很好地描述了驾驶员的控制行为，较为精确地对车辆进行了动力学仿真，为人-车-路闭环系统的进一步研究提供了可行的途径。

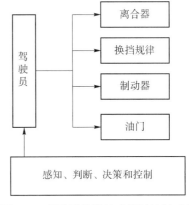

图 5-6 驾驶员模型的功能及控制对象

5.1.7 冷却风扇的功率消耗

风扇传动装置由风扇泵、液压马达、分流控制阀、连接油管接头及高、低压油管等元件组成。风扇传动由风扇泵驱动液压马达，再由液压马达带动风扇旋转，强制冷却空气从散热器、柴油机外表面流过，并最终由排气冷却风扇将热空气排出动力舱，完成强制冷却循环。风扇的开启及运转速度由传动 ECU 控制，根据综合传动油温（液力变矩器出口温度）和发动机冷却水温度，进行风扇泵排量的无级调节。两个控制参数采用"或"的逻辑控制关系，风扇转速按照线性变化进行调节。温度和控制状态规律见表 5-1。

表 5-1 温度和控制状态规律

控制信号	全关	线性调节	全开
综合传动油温/℃	≤86	86~100	≥100
柴油机冷却水温度/℃	≤79	79~90	≥90

当柴油机在某一稳定工况工作时，综合传动油温和柴油机冷却水温度基本恒定，冷却风扇消耗的功率 P_F 表示如下：

$$P_F = P_{Fm} \left(\frac{n_F}{n_{Fm}} \right)^3 \tag{5-8}$$

式中，n_F——冷却风扇转速，r/min；

n_{Fm}，P_{Fm}——风扇泵全开时，冷却风扇转速和消耗的功率。

5.2 行动装置建模

装甲车辆的行动装置主要由履带推进装置和悬挂装置组成，典型装甲车辆行动装置结构框架如图 5-7 所示。

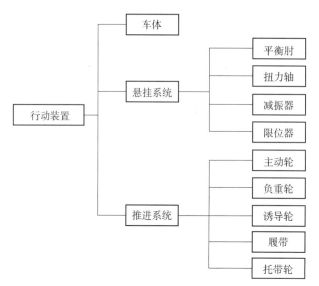

图 5-7 典型装甲车辆行动装置结构框架

推进系统主要由主动轮、负重轮、诱导轮、履带及托带轮等部件组成，用于支撑车体重力，将柴油机经传动装置输出的扭矩转变为车辆的牵引力，使车辆具有在松软、泥泞路面上行驶及克服各种天然和人工障碍的能力。悬挂系统是连接车体和负重轮之间全部零件及部件的总称，包括平衡肘、扭力轴、减振器、限位器。悬挂系统的主要功用是弹性支撑车体，缓和履带和负重轮在路面行驶时产生并传给车体的冲击与振动，改善乘员在车内的工作环境，提高工作效能，减小车辆部件和车载物品承受的来自路面的动载荷，提高可靠性，保证装甲车辆在任何路面都能充分发挥动力-传动装置的最大效能，以可能的最高车速行驶，使车辆具有良好的机动性。

5.2.1 行动装置动力学模型

根据装甲车辆行动装置模型组成，可以将其看作多刚体系统。多刚体系统分为 4 个基本部分：部件、约束、作用力和自定义的代数/微分方程。

部件是指任何刚体或集总质量或柔性体等，每个部件列出相应的动力学方程（将力和加速度相联系）和运动学方程（将位置和速度相联系）。

约束是指在系统中对一个（或多个）部件的运动作出限制，每个约束列出一个（或多个）代数约束方程（方程的数目与其限制的自由度数目相同）。

作用力包括两类：其一，体积力，包括重力、电磁力等；其二，接触力，包括除体积力以外的各种外力。

自定义的代数/微分方程：对于一些特殊要求，可直接加入所需的代数/微分方程。

装甲车辆行动装置多体动力学模型的建立，需以大量的各类参数为支撑。建模所需的参数主要分为三类：尺寸参数、质量特性参数和力学特性参数。

尺寸参数是指动力学模型中各零部件的几何形状和定位参数，决定了系统整体与各零部件的空间位置和运动关系。在装甲车辆行动装置动力学模型中，主要有车辆整体的结构形式和外形尺寸，主动轮、负重轮、诱导轮、履带和托带轮的外形尺寸和安装位置等。尺寸参数一般可通过查阅设计资料、图纸和实车测量等方法获得。

质量特性参数是指多体系统中各刚体的质量、质心和转动惯量。在进行多体动力学分析时，各零部件的质量、质心和转动惯量等参数对车辆的动力学性能起决定性作用。

力学特性参数是指扭力轴、减振器等零部件的刚度、阻尼。零部件的力学特性对履带车的通过性、行驶平顺性以及操纵性能具有直接的影响。

1. 悬挂系统动力学模型

利用平动弹簧阻尼驱动器和转动弹簧阻尼驱动器等力单元可模拟各种不同结构形式的悬挂系统。装甲车辆悬挂系统采用独立扭杆弹簧及平衡肘式导向机构，建模时采用转动弹簧旋转阻尼器模拟实车悬挂系统。悬挂系统的作用扭矩 T 计算公式如下：

$$T = T_0 - K_T \cdot \theta - C_T \cdot \dot{\theta} \tag{5-9}$$

式中，T_0——悬挂系统预张紧扭矩值，$N \cdot m$；

K_T——扭杆弹簧刚度系数，$N \cdot m/(°)$；

C_T——减振器阻尼系数，$N \cdot m \cdot s/(°)$；

θ——扭杆弹簧扭转角，$(°)$；

$\dot{\theta}$——扭转角速度，$(°)/s$。

2. 多刚体系统总体动力学模型

以第一类拉格朗日方程建立多刚体系统总体动力学方程。系统的几何约束方程如下：

$$C(q,t) = 0 \tag{5-10}$$

对于由两个刚体组成的铰，约束方程如下：

$$C = \begin{bmatrix} \boldsymbol{r}_p^i - \boldsymbol{r}_p^j \\ (\boldsymbol{v}_1^i)^T \boldsymbol{v}^j \\ (\boldsymbol{v}_2^i)^T \boldsymbol{v}^j \end{bmatrix} = \boldsymbol{0} \tag{5-11}$$

式中，$\boldsymbol{r}_p^i, \boldsymbol{r}_p^j$——惯性基中的矢量，分别为刚体 i 和刚体 j 连体坐标系中铰定义点的位置矢量，方向由惯性坐标原点指向铰定义点；

$\boldsymbol{v}_1^i, \boldsymbol{v}_2^i$——在刚体 i 中定义的与铰轴向正交的矢量；

$\boldsymbol{v}^j$——在刚体 j 中定义的与铰轴向平行的矢量。

刚体 i 的铰定义点在惯性基 XYZ 中的位置矢量 $\boldsymbol{r}_p^i$ 计算公式如下：

$$\boldsymbol{r}_p^i = \boldsymbol{R}^i + \boldsymbol{A}^i \cdot \bar{\boldsymbol{u}}_p^i \tag{5-12}$$

式中，$\boldsymbol{R}^i$——刚体 i 连体基原点在惯性基中的位置矢量；

$\boldsymbol{A}^i$——惯性基对刚体 i 连体基的方向余弦矩阵；

$\bar{\boldsymbol{u}}_p^i$——连体基中由原点指向铰定义点的矢量。

将式（5-11）对时间求一次导数：

$$\begin{bmatrix} \dot{\boldsymbol{R}}^i - \boldsymbol{A}^i \tilde{\bar{\boldsymbol{u}}}_p^i \bar{\boldsymbol{\omega}}^i - \dot{\boldsymbol{R}}^j + \boldsymbol{A}^j \tilde{\bar{\boldsymbol{u}}}_p^j \bar{\boldsymbol{\omega}}^j \\ -(\boldsymbol{v}^j)^T \boldsymbol{A}^i \tilde{\bar{\boldsymbol{v}}}_1^i \bar{\boldsymbol{\omega}}^i + (\boldsymbol{v}_1^i)^T \boldsymbol{A}^j \tilde{\bar{\boldsymbol{v}}}^j \bar{\boldsymbol{\omega}}^j \\ -(\boldsymbol{v}^j)^T \boldsymbol{A}^i \tilde{\bar{\boldsymbol{v}}}_2^i \bar{\boldsymbol{\omega}}^i + (\boldsymbol{v}_2^i)^T \boldsymbol{A}^j \tilde{\bar{\boldsymbol{v}}}^j \bar{\boldsymbol{\omega}}^j \end{bmatrix} = \boldsymbol{0} \tag{5-13}$$

即

$$\begin{bmatrix} I & -A^i\tilde{\bar{u}}^i & -I & A^j\tilde{\bar{u}}^j \\ 0 & -(v^j)^T A^i\tilde{\bar{v}}_1^i & 0 & (v_1^i)^T A^j\tilde{\bar{v}}^j \\ 0 & -(v^j)^T A^i\tilde{\bar{v}}_2^i & 0 & (v_2^i)^T A^j\tilde{\bar{v}}^j \end{bmatrix} \begin{bmatrix} \dot{R}^i \\ \bar{\omega}^i \\ \dot{R}^j \\ \bar{\omega}^j \end{bmatrix} = 0 \tag{5-14}$$

式中，$\bar{\omega}^i, \bar{\omega}^j$——刚体 i 和刚体 j 在各自连体基中的角速度矢量；

$\bar{v}_1^i = (A^i)^T v_1^i$；$\bar{v}_2^i = (A^i)^T v_2^i$；$\bar{v}^j = (A^j)^T v^j$。

令

$$\dot{q}_\alpha = \begin{bmatrix} \dot{R}^i \\ \bar{\omega}^i \\ \dot{R}^j \\ \bar{\omega}^j \end{bmatrix} \tag{5-15}$$

$$C_{q_\alpha} = \begin{bmatrix} I & -A^i\tilde{\bar{u}}^i & -I & A^j\tilde{\bar{u}}^j \\ 0 & -(v^j)^T A^i\tilde{\bar{v}}_1^i & 0 & (v_1^i)^T A^j\tilde{\bar{v}}^j \\ 0 & -(v^j)^T A^i\tilde{\bar{v}}_2^i & 0 & (v_2^i)^T A^j\tilde{\bar{v}}^j \end{bmatrix} \tag{5-16}$$

式（5-14）可写成

$$C_{q_\alpha} \dot{q}_\alpha = 0 \tag{5-17}$$

式（5-17）对时间求一次导数：

$$C_{q_\alpha} \ddot{q}_\alpha = Q_d \tag{5-18}$$

其中，$Q_d = \dot{C}_{q_\alpha} \dot{q}_\alpha$。

同理，多刚体系统的所有运动副约束方程的雅可比矩阵：

$$C_{q_\alpha} = \begin{bmatrix} H_p^1 & -H_p^2 & 0 & 0 & \cdots & 0 \\ (v^2)^T H_1^1 & (v_1^1)^T H^2 & 0 & 0 & \cdots & 0 \\ (v^2)^T H_2^1 & (v_2^1)^T H^2 & 0 & 0 & \cdots & 0 \\ 0 & H_p^2 & -H_p^3 & 0 & \cdots & 0 \\ 0 & (v^3)^T H_1^2 & (v_1^2)^T H^3 & 0 & \cdots & 0 \\ 0 & (v^3)^T H_2^2 & (v_2^2)^T H^3 & 0 & \cdots & 0 \\ \vdots & \vdots & \vdots & \vdots & & \vdots \\ 0 & 0 & 0 & 0 & H_p^{n-1} & -H_p^n \\ 0 & 0 & 0 & 0 & (v^n)^T H_1^{n-1} & (v_1^{n-1})^T H^n \\ 0 & 0 & 0 & 0 & (v^n)^T H_2^{n-1} & (v_2^{n-1})^T H^n \end{bmatrix} \tag{5-19}$$

式中，$H_p^i = \begin{bmatrix} I & -A^i\tilde{\bar{u}}_2 \end{bmatrix}$；$H_p^j = \begin{bmatrix} I & -A^j\tilde{\bar{u}}_1 \end{bmatrix}$；

$H_1^i = \begin{bmatrix} 0 & -A^i\tilde{\bar{v}}_1^i \end{bmatrix}$；$H_2^i = \begin{bmatrix} 0 & -A^i\tilde{\bar{v}}_2^i \end{bmatrix}$；$H^j = \begin{bmatrix} 0 & -A^j\tilde{\bar{v}}^j \end{bmatrix}$。

系统的动力学方程可写成如下的矩阵形式：

$$M_\alpha^i \ddot{q}_\alpha^i + C_{q_\alpha^i}^T \bar{\mu} = Q_e^i + Q_v^i \qquad (5-20)$$

式中，M_α^i——刚体 i 的质量阵；

$C_{q_\alpha^i}^T$——约束方程的雅可比矩阵；

$\bar{\mu}$——拉格朗日乘子；

Q_e^i, Q_v^i——系统的主矢阵、主矩阵。

$\ddot{q}_\alpha^i$ 由下式定义：

$$\ddot{q}_\alpha^i = \left[(\ddot{R}^i)^T \quad (\alpha^i)^T \right]^T \qquad (5-21)$$

式中，$(\alpha^i)^T$——刚体的加速度矢量。

拉格朗日乘子的个数与非独立变量的坐标相等，用 s 表示。$\ddot{q}_\alpha^i$ 的阶数为 $6n$，而方程的未知参数个数为 $6n+s$，所以必须增加 s 个方程才能求解。

另有广义质量阵：

$$M = \begin{bmatrix} M^1 & & & & & \\ & J^1 & & & 0 & \\ & & M^2 & & & \\ & & & \ddots & & \\ & 0 & & & M^n & \\ & & & & & J^n \end{bmatrix} \qquad (5-22)$$

可得矩阵：

$$\begin{bmatrix} M & C_{q_\alpha}^T \\ C_{q_\alpha} & 0 \end{bmatrix} \begin{bmatrix} \ddot{q}_\alpha \\ \bar{\mu} \end{bmatrix} = \begin{bmatrix} Q_e + Q_v \\ Q_d \end{bmatrix} \qquad (5-23)$$

式中，$\ddot{q}_\alpha$——广义坐标的二阶导数；

$Q_e + Q_v$——广义力矩阵，由装甲车辆行动装置中各零部件之间的相互作用力和铰接点的约束反力构成。

上述方程个数与未知数个数相等，可使用牛顿-拉弗森方法求解该类微分方程组。

5.2.2 空气阻力模型

装甲车辆行驶过程中，所受到空气作用力在行驶方向上的分力称为空气阻力。空气阻力 R_a 包括压力阻力与摩擦阻力两部分。空气阻力表示为

$$R_a = \frac{1}{2} C_s A_v \rho_s v_r^2 \qquad (5-24)$$

式中，C_s——空气阻力系数，通常在 0.96~1.21 范围内；

v_r——相对速度，m/s；

A_v——装甲车辆在行驶方向的正投影面积，m²；

ρ_s——环境大气密度，kg/m³。

装甲车辆在行驶方向的正投影面积，取决于正投影面积修正系数、车辆履带中心距和车

辆全高度：

$$A_v = C_A B_v H_v \quad (5-25)$$

式中，C_A——正投影面积修正系数，可在 0.8~0.9 范围内选取；

B_v——车辆履带中心距，m；

H_v——车辆全高度，m。

5.2.3 行驶地面力学模型

行驶地面是车辆的重要运行环境，是装甲车辆动力学仿真的主要输入条件。车辆行驶的路面除了公路路面等硬质地面外，还包括松软地面（土壤、沙漠、雪地、沼泽等）和各种障碍（陡坡、侧坡、壕沟等）。这里主要讨论装甲车辆在硬质路面和软质路面上行驶的状况。

1. 硬质地面模型

对于硬质地面模型，有两种假设情况。一种情况是将地面看作完全刚性的，假设地面具有刚度和阻尼，适合平铺路面，如柏油路、水泥路或砂石路等。履带板与地面之间的垂向作用力定义为接触力。在多体动力学中，接触力是当两个构件相互接触发生变形时产生的，其大小与变形的大小和变形的速度有关，公式为

$$F = -k(q-q^0)^n - c\dot{q} \quad (5-26)$$

式中，F——履带板对地面的压力；

k——刚度系数；

$q-q^0$——变形深度；

n——变形指数；

c——阻尼系数。

履带板与地面之间的水平方向作用力定义为摩擦力，表示为

$$F_f = \mu F \quad (5-27)$$

式中，μ——摩擦系数。

另一种情况是将地面看作弹塑性地面，认为地面在垂直方向受到压力之后发生变形，卸载之后变形能够恢复，并引入塑性系数来表征在垂直载荷作用下的地面弹塑性行为，适用于弹塑性质比较明显的路面，如土路、泥泞土路和草地等路面。其力学模型如下：

（1）加载时（即 $z > z_{max}$）：

$$p = k \cdot z^n \quad (5-28)$$

（2）卸载时（即 $z \leq z_{max}$）：

$$p = p_{max} - k_p \cdot n \cdot k(z_{max} - z)z_{max}^{n-1} \quad (5-29)$$

式中，p——地面压力，Pa；

z——变形深度，m；

k_p——塑性系数。

履带板与地面之间的水平方向作用力被认为是摩擦力。

2. 软地面模型

对于软地面，认为车辆在行驶时存在一个反复加载的过程，土壤对压力具有记忆功能，

即考虑加载历史。把路面划分为矩形单元，每块单元可以记住最大变形、最大压力、剪应变、剪应力等，以计算正压力或水平剪切力。

在此路面模型中，车辆与地面之间的正压力 p 计算基于美国学者 Bekker 提出的压力沉陷关系式。

（1）持续加载过程：

$$p=(k_c/b+k_\varphi)z^n \tag{5-30}$$

式中，b——履带板的宽度，m；

k_c——内聚的土壤变形模量，kN/m^{n+1}；

k_φ——内摩擦的土壤变形模量，kN/m^{n+2}。

（2）卸载过程：

$$p=p_{max}-(k_0+A_u \cdot z_{max})(z_{max}-z) \tag{5-31}$$

式中，k_0,A_u——土壤的特征参数。

基于贝克理论，土壤的水平方向作用力为剪应力。根据履带板的形状，剪应力由两部分组成：一部分在履带板与土壤的接触面上；另一部分在履刺与土壤的接触面上。两部分剪应力均可用下式描述：

$$s=(c+p\tan\varphi)(1-e^{-j/k}) \tag{5-32}$$

式中，c——土壤内聚模数，kPa；

φ——摩擦角，rad；

j——剪切变形量，cm；

k——水平剪切变形模数，cm。

软地面模型适用于雪地、沙地、水稻田等，对各项参数的选择比较严格。不同类型软地面的土壤参数见表 5-2。

表 5-2 不同类型软地面的土壤参数

地面类型	n	k_c	k_φ	c	k	φ
黏土	1.00	20.68	814.30	3.45	2.54	0.191 9
干砂	1.10	0.95	1 528.43	1.04	25.4	0.488 4
砂石土	0.70	5.27	1 515.04	1.27	25.4	0.505 9
沙土	0.806	155.77	4 522.90	1.15	11.4	0.550 0

5.2.4 随机路面模型

目前根据路面功率谱密度构建路面不平度的方法有谐波叠加法、白噪声法，以及基于快速傅里叶变换的 AR 自回归模型和 ARMA 自回归滑动混合模型法等。谐波叠加法能够模拟平稳随机过程，其主要思想是路面不平度可以用不同形式三角级数叠加的方式来表示。作为仿真模型输入之一的路面，根据《机械振动 道路路面面谱 测量数据报告》（GB/T 7031—2005）的规定，按照功率谱密度的量度把路面不平度分为 8 级（A～H 级），基本的路面不平度分级标准见表 5-3。

表 5-3 基本的路面不平度分级标准

路面等级	$G_q(n_0)/(\times 10^{-6} \text{ m}^3)$		
	下限	几何平均	上限
A	8	16	32
B	32	64	128
C	128	256	512
D	512	1 024	2 048
E	2 048	4 096	8 192
F	8 192	16 384	32 768
G	32 768	65 536	131 072
H	131 072	262 144	524 288

一级公路和高速公路相当于 A 级；沥青、水泥路相当于 B、C 级；碎石路相当于 D、E 级；用筑路机压实的未铺装路面和乡间土路相当于 D 级，损坏后逐渐将至 E 级，甚至 F 级；田野相当于 F 级；未铺装的不平路和严重损坏的路面相当于 G 级。装甲车辆大都在路况较差或者无路条件下行驶，一般采用 C~G 级的路面作仿真分析。路面不平度功率谱密度按下式计算：

$$G_q(n) = G_q(n_0)\left(\frac{n}{n_0}\right)^w, \quad n_1 \leqslant n \leqslant n_u \tag{5-33}$$

式中，n——空间频率，m^{-1}；

w——频率指数；

n_0——参考空间频率，0.1 m^{-1}；

$G_q(n_0)$——参考空间频率 n_0 下的路面谱值；

n_u, n_l——路面谱的上、下限空间频率，m^{-1}。

一般认为，路面不平度 $q(l)$ 是均值为 0 的各态历经过程，在给出路面不平度自功率谱密度函数 $G_q(n_0)$ 的情况下，可以用有限个离散空间频率 n_k 的三角函数来描述路面不平度这一随机过程：

$$q(l) = \sum_{k=1}^{N} \alpha_k \cdot \sin(2\pi n_k l + \Phi_k) \tag{5-34}$$

式中，l——路面纵向里程，m；

Φ_k——相角，N 个在 $(0, 2\pi)$ 区间内均匀分布且相互独立的随机变量；

α_k——路面幅值，表述为

$$\alpha_k^2 = G_q \cdot n_0^w \left(\frac{1}{1-w}\right)(n_{ku}^{1-w} - n_{kl}^{1-w}) \tag{5-35}$$

按对数坐标以等距方式划分空间频率，得到 N 个中心频率，n_k 为第 k 个频段的中心频率，n_{ku}、n_{kl} 为该频段的上下限频率。n_k、n_{ku} 和 n_{kl} 之间满足下列关系：

$$n_{ku} = 2^{1/6} n_k = 2^{k/3} n_{kl}, \quad n_{(k+1)l} = n_{ku}$$

根据路面不平度分类标准应用上述公式编制的 B、D 级路面轮廓及其功率谱验证，分别如图 5-8、图 5-9 所示。

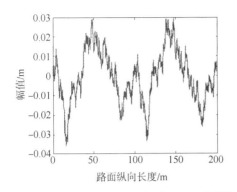
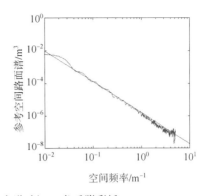

图 5-8　B 级路面不平度及其功率谱验证（书后附彩插）

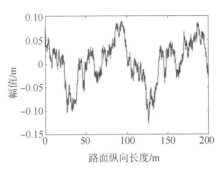
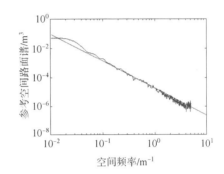

图 5-9　D 级路面不平度及其功率谱验证（书后附彩插）

5.3　整车动力性能仿真方法与原理

5.3.1　整车动力性能仿真方法

整车动力性能模拟方法包括反向仿真和正向仿真。

1. 反向仿真方法

反向仿真是运动学计算模式下由车辆到发动机的仿真方法。假设发动机能满足指定工况所需的转速和扭矩，在输入车辆速度曲线和路面情况的前提下，反向求解得到发动机瞬态功率、油耗及传动装置各部件的转速、扭矩等参数。反向仿真方法不需要驾驶员对油门、制动的操作，直接根据请求的速度轨迹计算驱动车辆所需的力，该力直接向后传递给部件用于计算所需的扭矩，功率传递过程中考虑了机械效率的影响，车辆前进的线性速度转换成请求的旋转速度，流程如图 5-10 所示。

反向仿真的优点是不需要驾驶员的操作，建模和计算速度较快。其缺点是当车辆性能不能满足所要求的循环工况时，车辆实际的速度和加速度必然小于轨迹请求的速度和加速度，而一般反向仿真方法不能正确反映这种真实情况；而且，反向仿真中使用的各种特性通常是

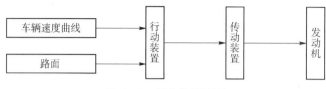

图 5-10 反向仿真流程

零部件稳态性能测试数据,在计算能量消耗中不考虑动态效果。

2. 正向仿真方法

正向仿真可用于动力学或运动学计算模式,是由驾驶员到车辆的一种仿真方法。该方法中的驾驶员模型通过考虑请求速度和实际速度来控制加油齿杆位移(通常使用 PI 控制器)、变速箱挡位、离合器踏板位置等。加油齿杆位移控制命令被转换成发动机的扭矩,然后按照功率传递的方向,发动机的扭矩沿车辆传动装置正向传送,直到计算出主动轮的驱动力,从而计算出车辆的运行状态,流程如图 5-11 所示。功率传递过程中考虑了传动装置、行动装置中各零部件的传动效率和转动惯量影响。

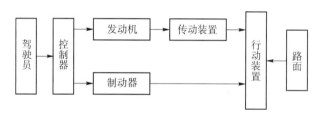

图 5-11 正向仿真流程

由于正向仿真方法能处理实际传动装置中的测量数据(如控制信号、真实扭矩等),因此车辆控制器在仿真过程中能够有效地开发和测试。正向仿真方法的优点是其部件模型之间的联系更加接近车辆的实际情况,因此它比反向仿真方法的计算结果更准确;其主要缺点是模型相对复杂,计算量大,计算速度通常比采用反向仿真要慢。

正向仿真方法包括开环仿真系统和闭环仿真系统。在计算车辆最大加速能力时,在油门开度为最大的前提下计算车辆最大加速度,不需要将车速返回驾驶员,因此采用开环仿真系统即可。车辆在循环工况或巡航速度时,驾驶员根据反馈的瞬时速度信号,通过控制油门、挡位、制动踏板等使车辆按照规定工况行驶,需采用闭环控制系统。

5.3.2 协同仿真原理

待仿真系统包含的工程领域较多时,往往需要不同领域的系统应用各自的仿真软件进行建模和仿真,运用各仿真软件的优势共同完成仿真任务,这种仿真通称为协同仿真。

装甲车辆虚拟样机模型是一个包含车辆动力装置、传动装置、行动装置和路面的复杂闭环系统,采用基于软件接口的协同仿真模式实现虚拟样机模型正向动力学仿真。动力装置采用 GT-POWER 建立详细的性能模型,环境温度、压力作为外界影响因素作用于动力装置;动力装置与传动装置基于 GT-SUITE 平台直接耦合,由驾驶员模型控制加油齿杆位移、变速箱挡位及制动踏板位置,如图 5-12 所示;采用 RecurDyn 建立装甲车辆的行动装置模型,如图 5-13 所示。

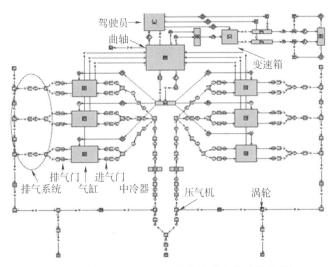

图 5-12 基于 GT-SUITE 平台的动力传动仿真模型

图 5-13 基于 RecurDyn 的行动装置模型

传动装置和行动装置组成一个带反馈的闭环系统，传动装置相对于行动装置的输出变量是两侧主动轮转速，行动装置相对于传动装置的输出变量是两侧主动轮扭矩，两者通过 MATLAB/Simulink 平台实现间接数据交互，如图 5-14 所示。地面作为外部激励直接作用在车辆的行动装置上，虚拟样机模型协同仿真原理如图 5-15 所示。

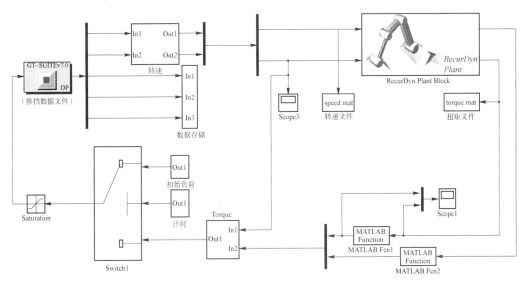

图 5-14 基于 MATLAB/Simulink 平台的虚拟样机协同仿真模型

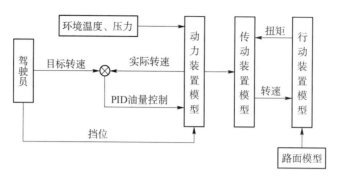

图 5-15 整车动力性能联合仿真原理

接下来，通过实车测试验证模型的正确性。以装甲车辆起步加速至规定速度工况为例，挡位、主动轮转速、柴油机目标转速、实际转速及增压器转速等参数时间历程如图 5-16、图 5-17 所示。

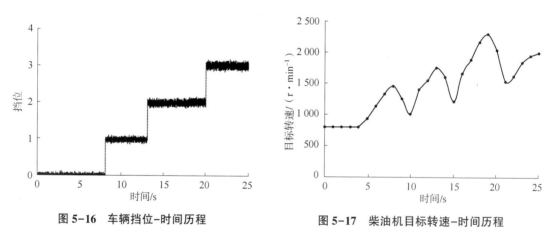

图 5-16　车辆挡位-时间历程　　　　图 5-17　柴油机目标转速-时间历程

装甲车辆原地起步加速过程车辆速度、柴油机实际转速试验值对比分别如图 5-18、图 5-19 所示。

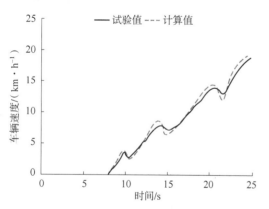
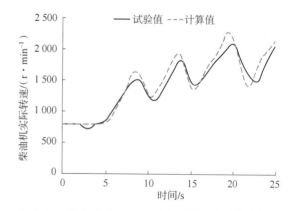

图 5-18　车辆速度试验结果（书后附彩插）　　图 5-19　柴油机实际转速试验结果（书后附彩插）

第 6 章
载荷参数统计分析方法

装甲车辆发动机载荷参数众多，无论是通过试验还是仿真计算，在对大量发动机数据进行处理和分析时涉及很多统计学方面的理论和方法，如计数方法、主成分分析、聚类分析等，本章将对相关载荷参数统计分析方法进行简要介绍。

6.1 单参数计数法

单参数循环计数方法主要有幅度穿越循环计数法、波峰-波谷循环计数法和区间计数法等，通常被用于从复杂的加载历程中提取循环数。

6.1.1 幅度穿越循环计数法

采用幅度穿越循环计数法，必须将载荷-时间历程中载荷的幅值分为若干个水平，如图 6-1 所示。当具有正斜率的一段载荷-时间历程交叉穿过基准载荷以上的规定水平时，或具有负斜率的一段载荷-时间历程交叉穿过基准载荷以下的规定水平时，定义为一个规定水平的一次计数。基准载荷水平通常是由整个载荷-时间历程的平均值来确定。这种方法的一种变形是对所有正斜率的载荷-时间历程区段的水平交叉点进行计数。

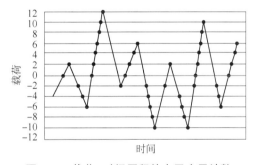

图 6-1 载荷-时间历程的水平交叉计数

表 6-1 和图 6-2 给出了对图 6-1 中的载荷-时间历程的水平交叉点进行计数的列表计数结果和曲线。

表 6-1 幅度穿越循环计数结果

水平	计数	水平	计数	水平	计数
12	1	4	4	-4	4
10	2	2	6	-6	4
8	2	0	5	-8	2
6	4	-2	6	-10	2

在确定所有计数后，就可以将其用于生成循环次数。根据 SAE 疲劳设计手册，循环提取的规则是：首先根据构建的最大可能循环推导出极大的损伤疲劳循环次数，接着根据第二个最大可能循环来进行推导，依次类推，重复这个过程直至所有可用的计数被用完。图 6-3 说明了循环次数形成的过程。表 6-2 对循环计数结果进行了汇总。

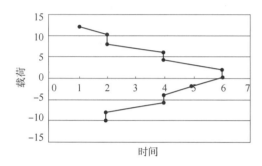

图 6-2 水平交叉计数的曲线

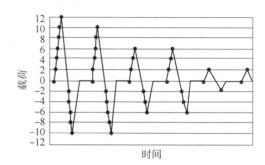

图 6-3 由水平交叉计数生成循环次数的过程

表 6-2 幅度穿越循环计数提取的循环次数列表

区间	循环次数	区间	循环次数
22	1	12	2
20	1	4	1

6.1.2 波峰-波谷循环计数法

这种计数方法首先确定在一个载荷-时间历程中波峰-波谷的累计数，随后根据所提取的波峰-波谷累计数，从最大到最小损伤事件构建可能的循环次数。波峰是正斜率曲线转变为负斜率曲线的转变点，波谷是负斜率曲线转变为正斜率曲线的转变点。对基准载荷水平以上的波峰和基准载荷水平以下的波谷进行计数。图 6-4 所示为载荷-时间历程中的波峰-波谷循环计数，其结果列于表 6-3；图 6-5 所示为波峰-波谷计数生成循环次数的过程，其结果列于表 6-4。

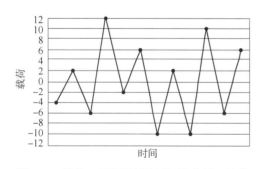

图 6-4 载荷-时间历程的波峰-波谷循环计数

表 6-3 波峰-波谷循环计数法的计数结果

波峰/波谷	计数	波峰/波谷	计数
12	1	−2	1
10	1	−4	1
6	2	−6	2
2	2	−10	2

表6-4 根据波峰-波谷计数的循环次数汇总

区间	计数
22	1
20	1
12	2
6	1
4	1

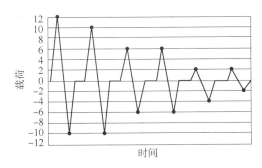

图6-5 波峰-波谷计数生成循环次数的过程

6.1.3 区间计数法

这种计数方法将一次计数定义为一个区间，即一个连续的波峰和波谷之间的高度。根据SAE疲劳设计手册，用符号法则确定区间。正区间和负区间分别根据正斜率变向和负斜率变向来定义。每个区间表示半个循环（变向）。图6-6描述了正区间和负区间的计数，表6-5列出了区间计数的汇总，表6-6列出了根据区间计数提取的最终循环次数。

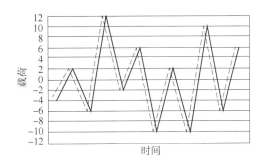

图6-6 载荷-时间历程的区间计数

表6-5 区间计数法的计数结果

区间	计数	区间	计数	区间	计数
+20	1	+8	1	−12	1
+18	1	+6	1	−14	1
+12	2	−8	1	−16	2

表6-6 根据区间计数的循环次数汇总

区间	循环计数	区间	循环计数
20	0.5	12	1.5
18	0.5	8	1
16	1	6	0.5
14	0.5		

6.2 其他参数计数法

单参数计数法虽然形式简单，但丢失了一些非常有用的载荷信息，不能满足多因素分析的需要。随着技术的发展，能够同时计及两种以上信息的计数法迅速发展，出现了双参数循环计数法和多参数循环计数法。双参数循环计数法主要有均计数法、过渡矩阵计数法和雨流计数法等。

6.2.1 均计数法

均计数就是在单参数的量程计数基础上，同时将每一个量程的均值记录，并将结果存放在以量程大小和中值等级为参量的数表中，如图6-7所示。这个计数法是由Teichmann

于1941年提出的,后期过渡矩阵计数法出现后,均计数法中的参数可以从过渡矩阵中获得。

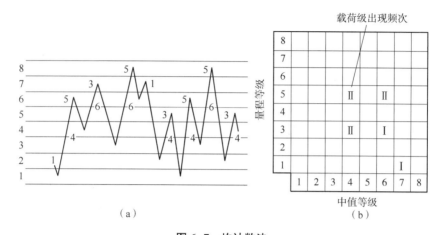

图 6-7 均计数法
(a) 载前分级;(b) 过渡矩阵

6.2.2 过渡矩阵计数法

过渡矩阵计数是记录每一个量程(正变程和负变程)的峰、谷值等级,并将结果存入一个称为过渡矩阵的数表。过渡矩阵的行表示应力开始的等级,过渡矩阵的列表示应力终止等级。如图6-8所示,由于过渡矩阵主对角线以上的元素列号大于行号,故存放在主对角线以上的元素 G_{ij} 是载荷的上升边(开始点小于终点,$i<j$),存放在主对线以下的元素均是载荷的下降边(下降边的开始点大于终点,$i>j$)。主对角线上的元素表示开始点和终点都在同一个等级,故为零。

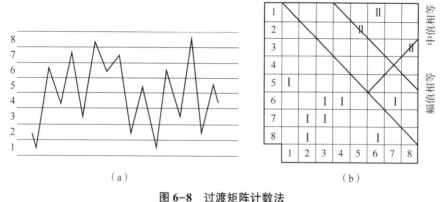

图 6-8 过渡矩阵计数法
(a) 载前分级;(b) 过渡矩阵

过渡矩阵计数不仅记录了每个载荷边的起始等级,还记录了每个载荷边的中值和幅值。与主对角线平行的矩阵元素 G_{ij} 相比,它们的幅值相等,其幅值 a 的大小为

$$a = |i-j| \tag{6-1}$$

与主对角线垂直的连线上元素 G_{ij} 相比，它们的中值 m 相等，其中值的大小为

$$m=\frac{1}{2}(i+j) \tag{6-2}$$

此外，过渡矩阵元素的分布情况能够反映出应力-时间历程的不规则度系数。

6.2.3 雨流计数法

雨流计数法计下的是形成了封闭环的载荷（应力）边，将未形成封闭环的载荷边作为剩余边而不加考虑。确定封闭环的载荷边不仅是局部相邻的两个边，还有可能跨若干个载荷边，并由多个载荷边的部分组成。其计数结果存入一个称为雨流矩阵的数表。

雨流计数法考虑到应力和应变间的非线性关系，将载荷循环计数法与材料的应力-应变迟滞回线和疲劳损伤理论相联系；而且，利用了损伤力学中认为的塑性变形是疲劳损伤的根源，以及材料的记忆特性及疲劳损伤等效等力学规则。在计数过程中，应力-应变历程的每一部分都参与计数，而且只计数 1 次，因此它能表示反映疲劳损伤的循环。

图 6-9 显示了一个实际的载荷-时间历程，取垂直向下的纵坐标轴表示时间，横坐标轴表示载荷。这样，载荷-时间历程形同一座宝塔，雨点以峰、谷值为起点向下流动，根据雨点向下流动的迹线，确定载荷循环，这就是雨流法（或称塔顶法）名称的由来。其计数规则如下：

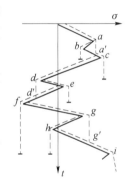

（1）雨流的起点依次在每个峰（谷）值的内侧。
（2）雨流在下一个峰（谷）值处落下，直到对面有一个比开始时的峰（谷）值更大（更小）值为止。
（3）当雨流遇到来自上面屋顶流下的雨时就停止。
（4）取出所有的全循环，并记下各自的振程。

图 6-9 雨流计数法

（5）按正、负斜率取出所有的半循环，并记下各自的振程。
（6）把取出的半循环按雨流法第二阶段计数法则处理并计数。

6.2.4 多参数计数法

某些载荷数据在计数处理时需要针对两个以上的参数，只能针对单一参数（或两个参数）计数的方法显然不能满足多载荷参数循环计数的需要，因此在单参数峰谷值计数的基础上进行改进，提出了一种多参数计数法。该方法采用峰谷值计数的方法首先对主计数参数 P 计数，然后采用主计数参数的循环来确定对应循环内辅助计数参数 S 的值，如图 6-10 所示。

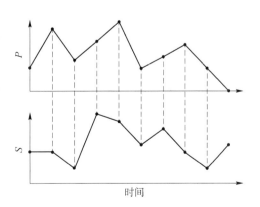

图 6-10 多参数计数法

6.3 主成分分析法

在实际测试和仿真计算的数据中有很多变量,并且变量间存在较强的相关性,我们需要用一两个概括性的指标来解释问题,在尽量少损失信息的前提下将多个指标转化为少数几个综合指标。通常将转化生成的综合指标称为主成分。

6.3.1 主成分分析的基本模型

主成分分析是一种利用原始变量之间的相关性,通过原来变量的少数几个线性组合解释原来变量,以实现降维的多元统计方法。一般来说,利用主成分分析得到的主成分与原始变量之间有以下基本关系:

(1) 每一个主成分都是各原始变量的线性组合。
(2) 主成分的数目远远少于原始变量的数目。
(3) 主成分保留了原始变量绝大部分信息。
(4) 各个主成分之间互不相关。

假设研究对象是 n 个样品、p 个变量的数据($n > p$),则可以将原始资料整理为以下矩阵:

$$X = \begin{bmatrix} x_{11} & x_{12} & \cdots & x_{1p} \\ x_{21} & x_{22} & \cdots & x_{2p} \\ \vdots & \vdots & & \vdots \\ x_{n1} & x_{n2} & \cdots & x_{np} \end{bmatrix} \tag{6-3}$$

X 可以用向量形式表示为 $X_0(X_1, X_2, \cdots, X_p)$。

对 X 进行线性变换,可以形成新的综合变量,用 Y 表示:

$$\begin{cases} Y_1 = u_{11}X_1 + u_{12}X_2 + \cdots + u_{1p}X_p \\ Y_2 = u_{21}X_1 + u_{22}X_2 + \cdots + u_{2p}X_p \\ \cdots \cdots \\ Y_p = u_{p1}X_1 + u_{p2}X_2 + \cdots + u_{pp}X_p \end{cases} \tag{6-4}$$

式中,$u_{k1}^2 + u_{k2}^2 + \cdots + u_{kp}^2 = 1$,$k = 1, 2, \cdots, p$。

这种线性变换有无数种,为取得最好的效果,对系数 u_{ij} 做出以下限定:

(1) Y_i 与 Y_j 不相关($i \neq j$;$i, j = 1, 2, \cdots, p$)。
(2) Y_1 为 $X_1, X_2, \cdots, X_p$ 的一切满足式(6-4)的线性组合中方差最大者;Y_2 是与 Y_1 不相关的 $X_1, X_2, \cdots, X_p$ 所有线性组合中方差最大者;……;Y_p 是与 $Y_1, Y_2, \cdots, Y_{p-1}$ 都不相关的 $X_1, X_2, \cdots, X_p$ 的所有线性组合中方差最大者。

由以上原则决定的综合变量 $Y_1, Y_2, \cdots, Y_p$ 分别称为原始变量的第 1 个,第 2 个,…,第 p 个主成分。其中,各个变量在总方差中所占的比例依次递减,通常在实际分析中选择前几个方差最大的主成分，以达到降维和简化问题的目的。

6.3.2 主成分求解及其性质

6.3.2.1 主成分的求解步骤

根据主成分分析的基本模型，求解主成分就是求满足以上原则的原始变量 $X_1, X_2, \cdots, X_p$ 的线性组合，而主成分分析的基本思想在于在保留原始变量尽可能多的信息前提下达到降维的目的，而所谓保留尽可能多的信息，也就是让变换后所选择的少数几个主成分的方差之和尽可能地接近原始变量方差的总和。

1. 求解矩阵的选择与变量的标准化

在求解主成分时，通常从分析原始变量 $X_1, X_2, \cdots, X_p$ 的协方差矩阵和相关矩阵着手。基于协方差矩阵和相关矩阵求出的主成分往往存在较大的差异，但是在对数据进行标准化之后，这二者是一致的。注意，无论基于哪一个矩阵求解，均不涉及总体分布的问题，也就是说，与很多多元统计方法不同，主成分分析并不要求数据来自正态总体。

在研究中选择以协方差矩阵还是相关矩阵为基础进行计算会得到不同的结果，当各个变量取值范围相差不大，或度量单位相同的指标时，一般选择直接从协方差矩阵求解；当各个指标有各自不同的度量单位，或取值范围彼此差异非常大时，对这些不同量纲的变量直接做线性组合是不合适的。为消除不同量纲所带来的影响，在主成分分析之前应该对数据进行标准化处理，也就是从相关矩阵的角度来求解，变量标准化的公式如下：

$$x_j^* = \frac{x_{ij} - \overline{x_j}}{\sqrt{\mathrm{var}(x_j)}}, \quad i = 1, 2, \cdots, n; j = 1, 2, \cdots, p \tag{6-5}$$

式中，$\overline{x_j}, \sqrt{\mathrm{var}(x_j)}$——第 j 个变量的均值、标准差。

在标准化后，每个变量的均值为 0，标准差为 1。

2. 总体主成分与样本主成分

实际研究中，$X_1, X_2, \cdots, X_p$ 的协方差矩阵 $\boldsymbol{\Sigma}$ 和相关矩阵 $\boldsymbol{R}$ 通常是未知的，需要通过样本数据估计。对于原始资料矩阵式，当 $\boldsymbol{X}$ 为总体资料矩阵时：

$$\sigma_{ij} = \frac{1}{n} \sum_{k=1}^{n} (x_{ki} - \overline{x_i})(x_{kj} - \overline{x_j})'$$

$$\overline{x_i} = \frac{1}{n} \sum_{k=1}^{n} x_{ki}, \overline{x_j} = \frac{1}{n} \sum_{k=1}^{n} x_{kj} \quad i, j = 1, 2, \cdots, p \tag{6-6}$$

当 $\boldsymbol{X}$ 为样本资料矩阵时：

$$S_{ij} = \frac{1}{n-1} \sum_{k=1}^{n} (x_{ki} - \overline{x_i})(x_{kj} - \overline{x_j})'$$

$$\overline{x_i} = \frac{1}{n} \sum_{k=1}^{n} x_{ki}, \overline{x_j} = \frac{1}{n} \sum_{k=1}^{n} x_{kj} \quad i, j = 1, 2, \cdots, p \tag{6-7}$$

式中，S——样本协方差矩阵，作为总体协方差矩阵 Σ 的无偏估计。

下面的讨论仅针对原始数据为总体资料矩阵，即针对协方差矩阵 Σ，对于样本资料矩阵只需要用样本协方差矩阵 S 代替 Σ 就可以了。

3. 主成分求解方法

假设 $X_1, X_2, \cdots, X_p$ 的协方差矩阵 Σ 有非零特征根 $\lambda_1, \lambda_2, \cdots, \lambda_p (\lambda_1 \geq \lambda_2 \geq \cdots \geq \lambda_p)$，各个特征根分别对应特征向量 $\gamma_1, \gamma_2, \cdots, \gamma_p$，以 $\gamma_1, \gamma_2, \cdots, \gamma_p$ 为系数向量，可以得到 $Y_1 = X_{\gamma_1}$，$Y_2 = X_{\gamma_2}, \cdots, Y_p = X_{\gamma_p}$ 分别为向量 X 的第 1 主成分，第 2 主成分，……，第 p 主成分。

6.3.2.2 主成分的性质

性质 1：Y 的协方差阵为对角阵。即 p 个主成分之间互不相关，且方差依次为非零特征根 $\lambda_1, \lambda_2, \cdots, \lambda_p$，并满足 $\lambda_1 \geq \lambda_2 \geq \cdots \geq \lambda_p > 0$。也就是说，$Y$ 的 p 个分量按方差由大到小排列。

性质 2：
$$\sum_{i=1}^{p} \lambda_i = \sum_{i=1}^{p} \sigma_{ii} \quad (6-8)$$

即各主成分的方差之和与原始变量的方差之和相等。也就是说，变化之后没有信息损失。

性质 3：
$$\rho(Y_k, X_i) = \frac{u_{ki}\sqrt{\lambda_k}}{\sqrt{\sigma_{ii}}} \quad i,j=1,2,\cdots,p \quad (6-9)$$

称第 k 个主成分 Y_k 与原始变量 X_i 的相关系数 $\rho(Y_k, X_i)$ 为主成分载荷。主成分载荷的绝对值大小刻画了该主成分的主要意义及其成因，它是主成分解释中非常重要的依据。

从性质 3 可知，主成分载荷 $\rho(Y_k, X_i)$ 与系数向量 $u_{ki}\sqrt{\lambda_k}$ 成正比，与 X_i 的标准差 $\sqrt{\sigma_{ii}}$ 成反比。如果对随机向量进行标准化（即以相关矩阵为分析矩阵时，$\sigma_{ii}=1$），则对于 X_i，主成分载荷的表达式为 $\rho(Y_k, X_i) = u_{ki}\sqrt{\lambda_k}$，由于对于不同 X_i，$\sqrt{\lambda_k}$ 是固定的，所以此时主成分载荷仅依赖于转换向量系数 u_{ki}。

6.3.2.3 主成分的选取

定义 $a_k = \dfrac{\lambda_k}{\sum\limits_{i=1}^{p} \lambda_i}$ $(i=1,2,\cdots,p)$ 为第 k 个主成分 Y_k 的方差贡献率，$\sum\limits_{i=1}^{m} a_i = \dfrac{\sum\limits_{i=1}^{m} \lambda_i}{\sum\limits_{i=1}^{p} \lambda_i}$ $(m<p)$ 为前 m 个主成分 $Y_1, Y_2, \cdots, Y_m$ 的累积贡献率。主成分分析的目的之一在于减少变量的个数，所以通常会选取 $m<p$ 个主成分。一般根据累积方差贡献率来确定 m 的数值，累积方差贡献率 $\sum\limits_{i=1}^{m} a_i$ 越大，表明通过所选取的少数几个主成分解释随机向量 X 的差异的能力越强。实际应用中通常取 m 使得 $\sum\limits_{i=1}^{m} a_i \geq 85\%$，这样既能使损失信息不多，又可以达到减少变量、简化问题的目的。

另外，选取主成分还可以根据特征值的变化来确定。如图 6-11 所示即所谓的碎石图，从图中可以看出，从第 3 个变量开始特征值变化的趋势已经趋于平稳，所以选取前三个主成分是比较合适的。这种方法确定的主成分个数与按累积贡献率确定的主成分往往一致，实际应用中也常常仅保留特征值大于 1 的那些主成分，但这种方法还缺乏完善的理论支持。

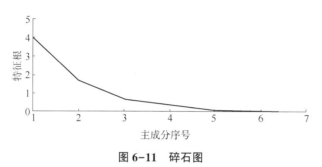

图 6-11　碎石图

6.4　聚类分析法

在解决实际问题中，经常需要对原始数据进行分类，以便发现规律做进一步分析。

例如，古生物研究中，通过对挖掘出的一些骨骼形状和大小将生物分类；地质勘探中，通过对矿石标本的物探、化探等指标将样本分类；市场营销学中，通过对消费者行为的研究对市场进行细分，确定目标市场；医学中，对各种病症进行分析归类；等等。聚类分析就是这样一种根据研究对象特征对研究问题进行分类的多元分析方法。

一般认为，所研究的样品（或指标）之间存在着程度不同的相似性。于是根据一批样品的多个观测指标，具体找出一些能够度量样品（或指标）之间相似程度的统计量，以这些统计量为划分类型的依据，把一些相似程度较大的样品聚为一类，关系密切的聚为一个小的分类单位，关系疏远的聚为一个大的分类单位，直到把所有样品（或指标）都聚类完毕，这样就可以形成一个由小到大的分类系统。聚类分析也有不同的分类：按聚类变量可分为样品聚类（又称 Q 聚类）和指标聚类（又称 R 聚类）；按聚类方法可分为系统聚类和动态聚类。

聚类分析是将性质相近的个体聚为一群，那如何度量"性质相近"呢？在相似性度量的选择中，常常包含许多主观上的考虑，但是最重要的考虑是指标（包括离散的、连续的和二态的）性质或观测的尺度（名义的、次序的、间隔的和比率的）。不同类型的变量，相似性的测度也不尽相同，下面介绍一些常用的度量方法。

为便于说明，设 x、y 是两个待测度相似性的聚类变量，它们均含有 m 个值。

1. 数值变量的相似性测度

对样品进行聚类时，相似性一般用距离来衡量，常用的距离有以下几种定义方法。

（1）绝对值距离（city-block distance or Manhattan distances）：

$$\text{distance}(\boldsymbol{x},\boldsymbol{y}) = \sum_{k=1}^{m} |\boldsymbol{x}_k - \boldsymbol{y}_k| \tag{6-10}$$

(2) 欧氏距离（Euclidean distances）：

$$\text{distance}(\boldsymbol{x},\boldsymbol{y}) = \sqrt{\sum_{k=1}^{m}(\boldsymbol{x}_k - \boldsymbol{y}_k)^2} \qquad (6\text{-}11)$$

(3) 平方欧氏距离（squared Euclidean distances）：

$$\text{distance}(\boldsymbol{x},\boldsymbol{y}) = \sum_{k=1}^{m}(\boldsymbol{x}_k - \boldsymbol{y}_k)^2 \qquad (6\text{-}12)$$

(4) 切比雪夫距离（Chebychev distance）：

$$\text{distance}(\boldsymbol{x},\boldsymbol{y}) = \max_{1 \leq k \leq m} |\boldsymbol{x}_k - \boldsymbol{y}_k| \qquad (6\text{-}13)$$

(5) 闵可夫斯基距离（Minkowski distance）：

$$\text{distance}(\boldsymbol{x},\boldsymbol{y}) = \sqrt[r]{\sum_{k=1}^{m}|\boldsymbol{x}_k - \boldsymbol{y}_k|^q} \qquad (6\text{-}14)$$

在 5 种距离的定义中，欧氏距离和平方欧氏距离是实际应用得最广泛的，而闵可夫斯基效力距离是 5 种距离中最综合的，其他距离只是它的 p、r 取某些特殊值时的特例而已，如表 6-7 所示。

表 6-7 各距离间关系

距离	绝对值距离	欧氏距离	平方欧氏距离	切比雪夫距离
p	1	2	2	∞
r	1	2	1	∞

对指标聚类时，相似性通常根据相关系数或某种关联性来度量。

(1) 夹角余弦（cosine）：

$$r = \frac{\sum\limits_{k=1}^{m} \boldsymbol{x}_k \boldsymbol{y}_k}{\sqrt{\sum\limits_{k=1}^{m} \boldsymbol{x}_k^2} \sqrt{\sum\limits_{k=1}^{m} \boldsymbol{y}_k^2}} \qquad (6\text{-}15)$$

(2) 皮尔逊相关系数（Pearson correlation coefficient）：

$$r_{xy} = \frac{\sum\limits_{k=1}^{m}(\boldsymbol{x}_k - \bar{x})(\boldsymbol{y}_k - \bar{y})}{\sqrt{\sum\limits_{k=1}^{m}(\boldsymbol{x}_k - \bar{x})^2} \sqrt{\sum\limits_{k=1}^{m}(\boldsymbol{y}_k - \bar{y})^2}} \qquad (6\text{-}16)$$

有时，把 $1-r_{xy}$ 定义为距离。两个变量间的皮尔逊相关系数越大，则距离越小，说明这两个变量的性质越接近。实际上，皮尔逊相关系数就是标准化之后的夹角余弦值，由于剔除了量纲的影响，能更准确地测量变量间的关系，因此皮尔逊相关系数在实际中应用得更为广泛。

2. 名义变量的相似性测度

关联测度常用于测度名义变量的相似性，一般是基于列联表来计算。设 x、y 均是取值为 0、1 的变量，两个变量间的列联表如表 6-8 所示。其中，a 表示 x、y 均取 0 时的配对个数；b 表示 x 取 1、y 取 0 时的配对个数；c 表示 x 取 0、y 取 1 时的配对个数；d 表示 x、y 均取 1 时的配对个数。x 共有 $a+c$ 个值取 0，y 共有 $a+b$ 个值取 0；每对变量共有 $a+b+c+d$ 个值。

表 6-8　列联表

y \ x	0	1	求和
0	a	b	$a+b$
1	c	d	$c+d$
求和	$a+c$	$b+d$	$a+b+c+d$

常用的关联测度方法是不匹配系数（percent disagreement），即 x、y 取值不相同的个数与取值总数之比：

$$r = \frac{b+c}{a+b+c+d} \tag{6-17}$$

还要说明的是，适用于非数值变量的测度也一定适用于数值变量，但适用于数值变量的测度基本不能用于非数值变量。不同距离的选择对于聚类的结果是有重要影响的，因此在选择相似性测度时，一定要结合变量性质。前面介绍的大部分度量方法受变量的测量单位影响较大，数量级较大的数据变异性也较大，这相当于对这个变量赋予了更大权重，从而导致聚类结果产生很大偏差。为了克服测量单位的影响，通常在计算相似测度前，要对变量进行标准化处理，将原始变量变成均值为 0、方差为 1 的标准化变量。

第 7 章
装甲车辆发动机零部件损伤与失效机理

7.1 疲劳基本概念及分类

随时间作周期性或非周期性变化的载荷称为交变载荷,大多数承载的机械构件都在这种交变载荷作用下工作,由于载荷的变化,试件(或构件)的材料内产生随时间变化的交变应力与交变应变。当材料(或结构)受到多次重复变化的载荷作用后,应力值即使没有超过材料的强度极限,甚至在比弹性极限还低的情况下也会发生破坏,这种在交变载荷重复作用下材料(或结构)的破坏现象,就称为疲劳破坏。构件因发生疲劳破损而丧失正常工作性能的现象称为疲劳失效,试件抵抗疲劳失效的能力称为材料疲劳强度,构件抵抗疲劳失效的能力称为结构疲劳强度。

疲劳问题起初是在 19 世纪初因蒸汽机车问题而提出的。19 世纪中叶以来,人们为认识和控制疲劳破坏进行了不懈努力,在疲劳现象的观察、疲劳机理的认识、疲劳规律的研究、疲劳寿命的预测和抗疲劳设计技术的发展等方面都积累了丰富的知识。20 世纪 50 年代中期断裂力学的发展,进一步促进了疲劳裂纹扩展规律及失效控制的研究。疲劳断裂失效涉及扰动载荷的多次作用,还涉及材料缺陷的形成与扩展、环境等方面,对其认识和根本解决还有待深入研究。

1. 疲劳特征

疲劳破坏是一种损伤积累的过程,因此它的力学特征不同于静力破坏,其不同之处主要表现如下:

(1) 只有在扰动应力作用的条件下疲劳才会发生。

(2) 疲劳破坏是在足够多次的扰动载荷作用后,形成裂纹或完全断裂。足够多次的扰动载荷作用后,从高应力(或高应变)的局部开始,形成裂纹,称为裂纹起始(或裂纹萌生)。此后,在扰动载荷作用下,裂纹进一步扩展,直至到达临界尺寸而发生完全断裂。裂纹"萌生–扩展–断裂"三个阶段是疲劳破坏的又一特点。研究疲劳裂纹萌生和扩展的机理及规律,是疲劳研究的主要任务。

(3) 交变应力水平低。若构件中的交变应力远小于材料的强度极限或屈服极限,破坏就有可能发生,但不是立刻发生,而要经历一段时间,甚至很长的时间。

(4) 具有局部性。疲劳破坏不牵涉整个结构,因此采取改变局部设计或工艺的措施就可明显延长疲劳寿命。发现疲劳裂纹时,一般不需要更换全部结构,只需采取局部处理措施。例如，磨去细小表面裂纹；扩孔去掉孔边裂纹；采取喷丸措施产生残余压应力工艺；等等。

（5）疲劳破坏前，即使是塑性材料（延性材料）有时也没有明显的残余变形。

2. 疲劳的分类

疲劳大致分为以下几种类型：

（1）按设计寿命长短，可分为无限寿命设计和有限寿命设计。在有限寿命设计中，寿命大于 10^6 周的称为高周疲劳，小于 10^5 周的称为低周疲劳。

（2）按引起疲劳的载荷特性，可分为冲击疲劳、接触疲劳、摩擦疲劳与磨损疲劳。

（3）按受力方式，可分为拉压疲劳、弯曲疲劳、扭转疲劳和复合疲劳。

（4）按应力与时间是否有确定的函数关系，可分为定常疲劳和随机疲劳。

（5）按环境温度，可分为常温疲劳、高温疲劳和热疲劳。

（6）按有无腐蚀性介质作用，可分为一般疲劳和腐蚀疲劳，腐蚀疲劳即在腐蚀环境（化学、风雨、空气等）下的疲劳。

3. 影响疲劳的因素

影响机械零件疲劳强度的因素有很多，主要有形状、尺寸、表面状况、平均应力、复合应力、加载频率、应力波形、停歇、腐蚀介质和温度等。例如，在研究曲轴和连杆的疲劳强度时，主要研究形状、尺寸、表面加工和载荷频率等常规因素对疲劳强度的影响。

1) 形状对疲劳强度的影响

在机械零件中，由于结构上的要求，不可避免地存在槽沟、轴肩、孔、拐角和切口等不连续部分，导致截面形状发生突变。由于零件（或构件）几何形状的不连续而引起比名义应力大得多的局部应力现象称为应力集中。应力集中对疲劳强度的影响极大，并且是各种影响因素中起主要作用的因素，它大大降低了零构件的疲劳强度。曲轴的曲柄销和主轴颈的过渡圆角处是曲轴应力集中最严重的部位，通常曲柄销圆角处应力比主轴颈圆角处应力大，主要是因为曲柄销的直径小于主轴颈直径。连杆的大头、小头过渡圆角处是连杆应力集中最严重的部位，通常小头过渡圆角处的应力集中程度要重于大头过渡圆角处。

如果材料是绝对弹性或脆性的，则静载作用时所得的应力集中系数最大。实际上，工程中所用的材料都有一定的黏性，在应力集中部位由于局部屈服而发生应力重新分布，使最大应力达不到计算的最大值。破坏常常是伴随着疲劳裂纹的发展而产生的，这时的应力集中系数称为有效应力集中系数，也称为疲劳缺口系数。有效应力集中系数 K_f 为光滑试样的疲劳极限 σ_1 与净截面尺寸及加工方法相同的缺口试样疲劳极限 σ_{1K} 之比：

$$K_f = \frac{\sigma_1}{\sigma_{1K}} \tag{7-1}$$

有效应力集中系数主要取决于理论应力集中系数 K_t，但还与材料性质、缺口形式、缺口半径和缺口深度有关。确定 K_f 最直接可靠的方法是进行疲劳试验，但进行疲劳试验耗资、费时，且得到的 K_f 还与试件的尺寸有关；而且，在一种试件上得到的 K_f 不能直接用于材料相同而尺寸不同的试件上，不同的材料对应力集中的敏感性有所不同。这些因素使问题更加复杂。

确定 K_f 的方法一般有三种：查图法、影响系数法和敏感系数法。目前敏感系数法是世界通用的方法，利用理论应力集中系数 K_t 和疲劳缺口敏感系数 q 来计算有效应力集中系数。

公式如下：
$$K_f = 1 + q(K_t - 1) \tag{7-2}$$

疲劳缺口敏感系数 q 与材料性能、缺口半径有关，可由一些经验公式和图表查得。

2) 尺寸对疲劳强度的影响

试样和零件的尺寸对疲劳的强度的影响很大，一般来说，零件和试样的尺寸增大，疲劳强度降低。这种疲劳强度随零件尺寸增大而降低的现象称为尺寸效应。尺寸对疲劳强度的影响主要有以下三个原因：

（1）材料的力学性能（包括疲劳性能）随着材料断面的增大而降低。强度级别越高的合金钢，这种现象越明显。它与材料的冶金、热加工工艺和金相组织有关，是由材料的内在性质决定的，与零件的结构、载荷情况、冷加工过程无关。

（2）零部件的应力梯度是造成尺寸效应的主要原因。尺寸不同的试件若受力条件相同，且危险点峰值应力相等，则大尺寸试件由于应力梯度小而疲劳强度低，小尺寸试件由于应力梯度大而疲劳强度高。

（3）同一毛坯上取下的不同断面的试件，大尺寸试件的疲劳强度低于小尺寸试件。这是因为，大尺寸试件含有更多的疲劳损伤源，裂纹萌生的概率高，导致疲劳强度下降。

尺寸效应的大小用尺寸系数 ε 来表示，是小于 1 的系数。ε 的定义：当应力集中和加工情况相同时，尺寸为 d 的试样的疲劳极限 σ_{1d} 与标准尺寸 d_0 试样的疲劳极限 σ_1 之比。

对称弯曲的尺寸系数 ε：
$$\varepsilon = \frac{\sigma_{1d}}{\sigma_1} \tag{7-3}$$

对称扭转的尺寸系数 ε_τ：
$$\varepsilon_\tau = \frac{\tau_{1d}}{\tau_1} \tag{7-4}$$

式中，σ_{1d}, τ_{1d} ——直径为 d 的无缺口光滑大试样对称弯曲疲劳极限、对称扭转疲劳极限；

σ_1, τ_1 ——直径为 d_0 的标准尺寸试样对称弯曲疲劳极限、对称扭转疲劳极限。

3) 表面加工对疲劳强度的影响

疲劳裂纹源通常产生于试件表面。这是因为，外表面的应力水平往往最高，外表面的缺陷也往往最多；另外，表面层材料的约束小，滑移带最易移动。因此，零部件的表面状况对疲劳强度有着显著影响，其影响程度用表面敏感系数 β 来表示，即

β = 加工某试样的疲劳强度/标准光滑试件的疲劳强度

通常，材料的疲劳强度或疲劳寿命是由标准光滑试件得到的，在用 β 估算零部件的疲劳强度或疲劳寿命时，需要做表面敏感系数的修正。绝大多数结构或机械的疲劳关键部位往往是应力集中部位，进行表面敏感系数修正时要注意表面状况的对应。

4) 载荷频率时疲劳强度的影响

载荷频率对疲劳强度的影响与试样处在最大载荷下的时长有关。这是因为塑性变形落后于应力，最大应力作用的时间越长，影响就越强烈。提高频率相当于提高加载速率，加载速率高于裂纹扩展速率时，裂纹来不及扩展，从而使疲劳强度与寿命提高。加载速率对疲劳强度的影响与外加应力水平有关，应力水平越高，频率的影响就越大。加载速率对寿命的影响

比对疲劳极限的影响要大。

7.2 疲劳累积损伤理论

7.2.1 线性累积损伤理论

7.2.1.1 基本介绍

损伤是对构件危险部位微裂纹生长的度量。当材料承受高于疲劳极限的应力时，每一循环都会使材料产生一定量的损伤，这种损伤是累积的，当损伤累积到临界值时，零件就会发生破坏。累积损伤是建立在试验基础上的。

疲劳过程既可看作达到某个临界值的累积过程，也可看作固有寿命消耗的过程。累积损伤是有限寿命设计的核心问题，它对疲劳设计十分重要，几十年来一直受到人们的高度重视并进行研究。最早进行累积损伤研究的学者是帕尔姆格伦，他于1924年提出了疲劳累积损伤的线性假设。其后，迈因纳于1945年又将此理论公式化，形成了著名的帕尔姆格伦-迈因纳线性累积损伤法则，此法则形式简单、使用方便，在工程上得到广泛应用。

对于一个应力幅的循环加载，可用 S-N 曲线估算寿命，如果在两个（或更多）应力水平下循环加载，就无法用前述的方法估计寿命。例如，零件在两个不同应力水平 s_1 和 s_2 下加载，已知每一小时中 s_1 循环 n_1 次、s_2 循环 n_2 次。对此，用 S-N 曲线可以确定，仅在用 s_1 作用下，至破坏时的循环次数为 N_1 次；仅在用 s_2 作用下，至破坏时的循环次数为 N_2 次，但是我们无法知道同时作用 s_1 和 s_2 时，零件的寿命是多少。

实际构件通常承受不规则的交变应力，其最大应力和最小应力经常变化，导致情况更加复杂。因此，为了估算疲劳寿命，除了用 S-N 曲线外，还必须考虑疲劳累积损伤理论。

7.2.1.2 迈因纳线性累积损伤的基本假设

（1）损伤正比于循环比（损伤比）。对于单一的应力循环，若用 D 表示损伤，用 n/N 表示循环比，则 $D \propto n/N$。其中，n 表示循环数，N 表示发生破坏时的寿命。

（2）试件能够吸收的能量达到极限值，导致疲劳破坏。

根据这一假设，如果破坏前试件能够吸收的能量极限值为 W，试件破坏前的总循环数为 N，而在某一循环数时，试件吸收的能量为 W_1，则由于试件吸收的能量与其循环数 n_1 存在着正比关系，可得出：

$$\frac{W_1}{W} = \frac{n_1}{N} \tag{7-5}$$

（3）疲劳损伤可以分别计算，然后线性叠加。

若试件的加载历史由 $\sigma_1, \sigma_2, \cdots, \sigma_r$ 等 r 个不同的应力水平构成，各应力水平下的寿命分别为 $N_1, N_2, \cdots, N_r$，各应力水平下的循环数分别为 $n_1, n_2, \cdots, n_r$，则可得出：

$$D = \sum_{i=1}^{r} \frac{n_i}{N_i} \tag{7-6}$$

式中，n_i——某应力水平下的循环数；

N_i——该应力水平下发生破坏时的寿命。

当损伤等于 1 时，零件发生破坏，即

$$\sum_{i=1}^{r} \frac{n_i}{N_i} = 1 \tag{7-7}$$

式（7-7）是帕尔姆格伦-迈因纳线性累积损伤法则的基本表达式。它既是多级循环加载下的破坏条件，也是线性累积损伤理论的计算公式。

7.2.1.3 Miner 法则

1945 年，Miner 根据材料吸收净功原理，提出了疲劳线性累积损伤的数学表达式。假设材料的加载历史由 $\sigma_1, \sigma_2, \cdots, \sigma_m$ 这样的 m 个不同的应力水平构成，各应力水平下的疲劳寿命依次为 $N_1, N_2, \cdots, N_m$，各应力水平下的循环次数依次为 $n_1, n_2, \cdots, n_m$，则损伤和 $D=1$。公式如下：

$$D = \sum_{i=1}^{m} \frac{n_i}{N_i} = 1 \tag{7-8}$$

式（7-8）为线性疲劳累积损伤方程式，又称 Miner 法则。

当临界损伤和改为一个不等于 1 的其他常数时，称为修正 Miner 法则，其表达式如下：

$$\sum_{i=1}^{m} \frac{n_i}{N_i} = a \tag{7-9}$$

式中，a——常数。

应指出，线性累积损伤定律的正确应用取决于几个局限性很强的假设：

（1）在每个载荷块内，载荷必须是对称循环，即平均应力为零。

（2）对于每一应力水平，无论前后，每次循环的损伤应该是相同的。

（3）无论是由高到低还是由低到高，加载顺序的变化不应该影响寿命。

当上述假设得到很好满足时，线性累积损伤的计算可以得到满意的结果。

7.2.1.4 相对 Miner 法则

根据许多学者对临界损伤和 D_f 的研究，发现它与加载顺序、载荷谱型及材料的分散性等因素有很大关系，但对于同类零件，在类似的载荷谱下则具有类似的数值。因此，使用同类零件对类似载荷谱下的实验值进行寿命估算，就可以大大提高其寿命估算精度。这种方法称为相对 Miner 法则，其表达式如下：

$$\sum_{i=1}^{m} \frac{n_i}{N_i} = D_f \tag{7-10}$$

式中，D_f——同类零件在类似载荷谱下的损伤量。

相对 Miner 法则的实质是：取消损伤和 $D=1$ 的假定，由实验和过去的经验确定 D_f，并由此估算寿命。其使用条件：其一，构件相似，主要是疲劳破坏发生高应力区几何相似；其二，载荷谱相似，主要是载荷谱型相似，载荷大小可以不同。

7.2.1.5 线性累积损伤理论的优缺点

线性累积损伤理论的优点：线性累积损伤方程简单，运用方便。其缺点主要表现在以下几方面：

（1）实际试验中，线性累积损伤假设的第三项不符合所有情况。大量试验得到：

$$\sum_{i=1}^{r} \frac{n_i}{N_i} = 0.3 \sim 3.0 \quad (7-11)$$

（2）试验结果表明，损伤与加载的次序有关。

例如，在简单的两级试验加载中，寿命取决于加载次序，当采用先低后高的加载次序时，损伤 $\sum_{i=1}^{r} \frac{n_i}{N_i} > 1$，使裂纹形成时间推迟；当采用先高后低的加载次序时，损伤 $\sum_{i=1}^{r} \frac{n_i}{N_i} < 1$，高应力下使裂纹形成，低应力下使裂纹扩展。

（3）从微观上分析，裂纹形成过程与宏观裂纹扩散过程是不同的，因此每次损伤速度相同的假设没有充分理由。

（4）由于未考虑载荷次序和残余应力的复杂非线性的相互影响，因此预测结果存在很大的分散性。

7.2.2 非线性累积损伤理论

为了提高计算精度，许多学者在试验的基础上提出了一些非线性累积损伤理论，常用的有马科（Marco）与斯塔基（Starkey）提出的损伤曲线法（DG法），还有科尔顿（Corten）与多兰（Dolan）提出的指数损伤公式、双线性累积损伤理论等。

7.2.2.1 损伤曲线法

马科和斯塔基在1954年提出了损伤与循环比成指数关系的公式：

$$D = (n_i/N_i)^{x_i} \quad (7-12)$$

式中，x_i——大于1的常数。

应力水平越低，x_i 值越大；反之，应力水平越高，则 x_i 值越接近于1。当加载过程从一个应力值过渡到另一个应力值时，损伤值 D 不变。

7.2.2.2 科尔顿–多兰法

1956年，科尔顿和多兰从他们提出的疲劳损伤的物理模型出发，提出了另一个指数损伤公式。他们把疲劳裂纹的形成和扩展归纳为三个阶段：第一阶段，在局部范围产生加工硬化；第二阶段，在这些局部范围形成微观空穴或微裂纹；第三阶段，微观空穴或微裂纹进一步扩展和结合，形成宏观裂纹，继而扩展到断裂。

从上述疲劳破坏过程出发，他们提出了下面的疲劳损伤模型：

（1）产生永久性疲劳损伤需要一个成核期（可能是数量不多的循环）。

（2）应力增加时，遍布于试件各处的裂纹核数目增多。

（3）在一定应力作用下，损伤量随应力增大而增大。

（4）每个循环的损伤增长率随应力增大而增大。

（5）对于所有载荷历程，构成试件疲劳失效的总损伤量是常量。

（6）在应力水平低于引起初始损伤的应力水平时，损伤将继续增长。

在裂纹核形成后，每个裂纹核造成的损伤 D' 用循环次数的指数表示为

$$D' = kn^a \tag{7-13}$$

式中，a——与应力水平有关的常数；

n——循环次数；

k——与应力水平有关的损伤增长系数。

若试件内存在 m 个裂纹核，有：

$$D = mD' = mkn^a \tag{7-14}$$

当试件寿命为 N 时，破坏时的损伤量：

$$D_f = mkN^a \tag{7-15}$$

等幅应力 σ_1 与 σ_2 单独作用时，破坏时的损伤量为一个常数，即

$$D_f = m_1 k_1 N_1^a = m_2 k_2 N_2^a \tag{7-16}$$

对于两个不同大小的应力幅 σ_1 和 σ_2 交替作用时，设一个载荷的总循环次数为 n，其中应力幅 σ_1 作用 an 次，应力幅 σ_2 作用 $(1-a)n$ 次循环。设 $A = a_2/a_1$，$R = k_2/k_1$，则由于两种应力幅交替作用时，在高应力下已建立了 m_1 个裂纹核，转到低应力时这些裂纹核都继续扩展，在低应力下的损伤应沿 $D = m_1 k_2 N_2^{a_2}$ 规律进行，因此破坏时的损伤量应当是 $D_f = m_1 k_2 N_2^{a_2}$。因此有：

$$D_f = m_1 k_1 N_1^{a_1} = m_1 k_2 N_2^{a_2} \tag{7-17}$$

由式 (7-17) 可以得出：

$$N_2^A R^{1/a_1} = N_1 \tag{7-18}$$

式 (7-18) 意味着在 σ_2 下的寿命为 N_2 时，在 σ_1 下的寿命 $N_1 = N_2^A R^{1/a_1}$。因此，在 σ_1 和 σ_2 交替作用时的寿命 N_g 和以应力幅 σ_1 单独作用时的寿命 N_1 间有下述关系：

$$N = N_g a + (1-a)^A R^{1/a_1} N_g^A \tag{7-19}$$

7.2.3 双线性累积损伤理论

为了考虑裂纹萌生与裂纹扩展阶段的不同损伤情况，曼森在 1981 年提出了一个把疲劳过程分为两个阶段的双线性累积损伤理论。此理论给出的第 I 阶段疲劳寿命 N_I 和第 II 阶段疲劳寿命 N_{II} 的表达式：

$$N_I = N \cdot \exp(ZN^\phi) \tag{7-20}$$

$$N_{II} = N - N_I \tag{7-21}$$

式中，N——总寿命；

Z, ϕ——由载荷谱中的 $N_1 = N_{\text{low}}$ 和 $N_2 = N_{\text{high}}$ 的比值确定的系数，N_{low} 和 N_{high} 分别为载荷最低应力下的疲劳寿命和最高应力下的疲劳寿命，有

$$Z = \frac{\ln[0.35(N_1/N_2)^{0.25}]}{N_1^\phi} \tag{7-22}$$

$$\phi = \frac{1}{\ln(N_1/N_2)} \ln\left\{ \frac{\ln[0.35(N_1/N_2)^{0.25}]}{\ln[1 - 0.65(N_1/N_2)^{0.25}]} \right\} \tag{7-23}$$

在进行累积损伤计算时，先按 N_1 进行累积损伤计算，在 $\sum_{i=1}^{r}(n_i/N_{Ii}) = 1$ 后再按 N_2 进

行累积损伤计算,当 $\sum_{i=1}^{r}(n_i/N_{\text{II}i})=1$ 时产生疲劳破坏。

7.3 发动机零部件疲劳损伤与失效分析

7.3.1 活塞的疲劳损伤与失效

1) 高周疲劳失效

高周疲劳是指零件在小于或远小于材料屈服应力的循环载荷作用下产生的疲劳破坏。其主要特点是:名义应力远小于材料屈服极限;没有显著的屈服变形;疲劳寿命一般在 $N=10^6$ 循环次数以上。活塞销孔部位的疲劳开裂多属于高周疲劳开裂。

2) 热负荷和机械负荷共同作用导致的损伤与失效

活塞在工作过程中承受着热负荷与机械负荷的共同作用,不同部位的热负荷与机械负荷所呈现的作用有所差异。计算研究发现,活塞承受的热-机械耦合应力并非热负荷与机械负荷产生应力的简单叠加。

活塞的热负荷主要由活塞顶部承受并将热量传递,机械负荷使得平行于销孔方向活塞部位的拉应力增加。热负荷和机械负荷的耦合叠加还对活塞的位移产生影响:在单独承受热负荷时,活塞顶部趋于向着径向与顶部方向膨胀;在承受机械负荷后,膨胀的趋势反而有所缓和。

3) 材料特性变化及高温蠕变影响诱使部件失效

材料的物理特性多随着温度的变化而发生变化,如弹性模量、热传导率、线膨胀系数等。热传导率及线膨胀系数的改变影响到部件配合间隙(如活塞销与销孔摩擦副间隙)的改变。

4) 活塞摩擦副之间剧烈的冲击、恶劣的磨损等导致活塞失效

一般情况下,活塞承受的实际应力可能小于材料的疲劳强度,但由于金属材料受到动载荷的持续作用及摩擦副部件的挤压变形,经过长时间循环后可能导致活塞产生裂纹。

活塞承受的工作载荷及环境异常复杂,要在全面、精确地考虑各种因素的前提下准确地评价其可靠性状况是不现实的。在引起活塞机械疲劳失效的各种因素中,虽然热负荷、材料性能等对活塞可靠性有一定的影响,但更主要的因素是动态机械载荷。

7.3.2 发动机曲轴疲劳损伤与失效

曲轴是柴油机最重要的运动部件,它的主要作用是将活塞的往复运动转变为旋转运动,并输出功率。往复惯性力和离心力使曲轴长期承受弯曲、扭转、振动、拉压等循环交变应力,这种交变载荷以及高温、高速、腐蚀介质等因素导致曲轴的工作条件十分恶劣。

曲轴一般以铸造(或锻压)制造毛坯,之后通过机械加工成形。为提高其抗疲劳性能,还需要进行热处理、表面氧化、滚压、抛光研磨等工艺措施。另外,曲轴的形状较为特殊,

具有润滑油孔这样细致的几何特征。因此，曲轴的疲劳损伤与失效是一个影响因素较多、机理较复杂的问题。

曲轴断裂是疲劳破坏的最终结果，其最初表现为裂纹，而一旦出现裂纹，如果未及时发现和修正，则很快会发展成截面断裂，引起的后果将非常严重。曲轴最常见的裂纹出现在连杆轴颈与曲柄臂连接处（即内结合圆角处），主要是由于交变弯曲应力所引起的疲劳破坏，此处裂纹向曲柄臂处发展，其方向与曲柄臂夹角约为45°。此外，出现裂纹的位置还有油孔处和曲柄臂处等。

曲轴失效的原因主要有以下几方面：

图 7-1　曲轴钢锭金相组织
1—偏析带；2—合格晶带；3—负偏析带

1. 材料缺陷

曲轴存在原材料方面的缺陷，强度降低，容易造成失效。例如，曲轴是由原材料（钢锭）锻打而成，钢锭的中心部位有一个偏析带，在其外部是无缺陷的合格晶带，如图7-1所示。

生产曲轴时，先将钢锭轧制成一根圆棒料，然后对轴颈和曲柄进行成型锻造。若锻成的曲柄和轴颈直颈误差太大，偏析将有可能出现在曲柄和轴颈的表面。这种材料偏析在热处理过程中是无法消除的，会明显降低材料的疲劳强度。

2. 加工工艺

1）轴颈圆角过小或加工不良

根据试验和计算，曲轴轴颈的过渡圆角半径若由原设计 3 mm 减至 2 mm，曲轴疲劳寿命则减少一半。曲轴的加工工艺复杂，特别是轴颈有很高的尺寸和形位公差要求，一般按6级精度制造，粗糙度不高于 $Rz2.5$。轴颈表面需要进行热处理，以提高其耐磨性，常用的热处理形式为氮化和高频淬火。曲轴断裂多发生在轴颈同角处，同角处加工粗糙、同弧衔接不好、同弧半径太小均会引起应力集中，导致曲轴早期疲劳断裂。

2）曲轴校直引起的断裂

在加工过程中，为了保证曲轴的平直度，需要进行校直。曲轴的校直是按曲轴的变形程度而定的。校直的方法一般是在油压机的平台上两端支撑中间加载，即三分点弯矩加载校直。这种方法方便且效率高，但由于校直没有标准规程，所以校直力是任意施加的，导致曲轴所承受的最高应力在局部区域可能超出材料容许的范围。校直造成的损坏不是一次加载断裂，而是在曲轴的关键部位造成微小的开裂或导致原有缺陷的扩大。这些微小的裂纹或扩大了的缺陷可能促使曲轴在工作过程中引起疲劳断裂。

3. 装配问题

1）主轴瓦中心线不同心

柴油机修理组装时，曲轴轴瓦的中心线如果不同心，则除了会发生烧瓦抱轴事故外，曲轴还会因受到交变应力的强烈冲击而容易断裂。另外，发生过滚瓦的缸体座孔会受到磨损，从而与其他各道瓦座孔不同心，如果未经修复就组装上轴瓦与曲轴，则柴油机一旦工作就会发生烧瓦抱轴或断轴事故。

2）曲轴装配间隙不合格

若曲轴轴颈与轴瓦配合间隙过大，则柴油机在重负荷工作时，曲轴会受到强烈冲击，油膜也容易破坏，从而发生烧瓦或曲轴断裂事故。

3）飞轮松动

飞轮螺栓必须用扭力扳手按规定顺序和扭矩拧紧，并加以锁紧，才能确保飞轮与曲轴的可靠连接。如果飞轮螺栓松动，高速旋转的曲轴组件就失去原有动平衡而产生很大的惯性力，致使曲轴疲劳，容易在尾端折断。有些曲轴与飞轮采用锥孔配合，若两者贴合面积小于75%，则柴油机工作时飞轮也会松动，从而冲击曲轴，致使与键槽外侧配合的部位出现裂缝折断曲轴。

4）减振器松动

法兰与减振器螺栓松脱，法兰与减振器相对摩擦而产生高温熔化点，引起法兰热膨胀，法兰与曲轴也产生相对运动，使曲轴温度升高且局部产生熔化，强度降低，最终引起旋转疲劳断裂。

4. 使用不当

1）供油时间过早或各缸供油量不均

若供油时间过早，则活塞未到上止点便燃烧爆发，会引起柴油机爆震并使曲轴受到过大的冲击。若各缸供油量不均，则会因各缸爆发力不一致而使曲轴各轴颈受力不均，时间长了就容易损伤曲轴。

2）轴颈润滑不良

当机油泵磨损严重而出油量减少，造成油压下降，或润滑系统脏污堵塞，使润滑油流通不畅，都会造成在曲轴轴颈上不能形成正常的润滑油膜，因而产生摩擦，导致烧瓦、抱轴事故，甚至曲轴断裂。

3）操作不当

车辆起步过猛、油门忽大忽小、紧急制动频繁或长时间超负荷超速运转，都会使曲轴受到过大扭矩或冲击载荷，容易导致其断裂。

4）其他情况

柴油机发生"飞车"、顶气门等事故时，曲轴也会因过度受力而断裂。

7.3.3 发动机连杆疲劳损伤与失效

发动机连杆在运动过程中，连杆小头随活塞做往复直线运动，大头随曲轴的曲柄销做旋转运动，杆身部分做由往复运动和摆动所组成的复合运动，受力情况十分复杂，承受活塞顶部气体压力和惯性力的作用，而这些力的大小和方向都是周期性变化的，因此连杆受到的是压缩、拉伸和弯曲等交变载荷。如果连杆强度不够，就会出现断裂，甚至导致发动机报废；若刚度不足，就会使大头孔变形失圆，大头轴承润滑条件受到破坏，致使轴承发热而烧损。

在连杆杆身的每个截面上都会有弯矩、剪力和交变的拉压载荷。对连杆的分析通常忽略次要载荷而取几种主要载荷，主要载荷有拉压应力、径向弯曲应力和由连杆本身惯性力引起的弯曲应力，连杆截面总应力为三者之和。连杆的设计特点和恶劣的工作环境使其产生高度应力集中，导致连杆容易产生疲劳破坏。目前，连杆的设计趋势是尽可能提高刚度和强度，采用等强度结构和强化工艺。

某连杆断裂位置见图7-2，连杆断口宏观形貌见图7-3，断面呈正常的银灰色新鲜断口。宏观断口上放射状花样显示，裂纹起源于连杆内部的螺栓孔边部（见图中长箭头所

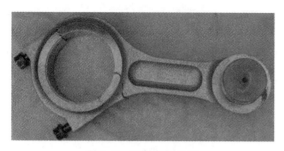

图 7-2 连杆断裂位置

指),裂纹扩展方向见短箭头所指。高倍下观察断口的微观特征(图7-4),发现裂纹起源于螺纹底部线性区域,为螺纹应力集中引发的疲劳断裂,除上侧拉边区外,各区域断口均为穿晶疲劳断口,扩展区有个别沿晶断口,源区断口上未观察到异常材料缺陷。观察螺纹表面,可见螺纹底孔加工表面很粗糙。

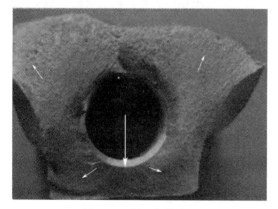

图 7-3 断口宏观形貌

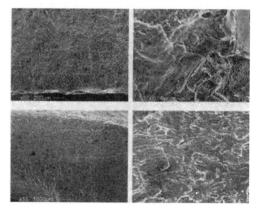

图 7-4 疲劳源附近断口形貌

7.3.4 发动机气缸盖疲劳损伤与失效

气缸盖结构复杂,其上有进/排气门孔、喷油器孔、螺栓孔等,内部有一系列不规则形状的冷却水腔和进/排气道,横向和垂向分别与进/排气管和机身相连接。气缸盖工作条件恶劣,它的底面受燃气的高温、高压和腐蚀作用,水夹层受冷却水的腐蚀,且冷热不均,其他部分也因固紧螺栓而产生机械应力,受力复杂,因此它是一个较易损伤的结构件。其主要损伤形式有气缸盖裂纹、阀座损伤(阀座扭曲、磨损、裂纹等)。

1. 气缸盖底面产生裂纹的原因

气缸盖火力面在发动机工作时直接接触燃气,而周围部分要么接触冷却水,要么通过气缸密封垫与缸体接触。气缸盖的最低温度位于外壁部分,最高温度则在火力面喷油嘴孔与燃烧室附近,这样,热流从纵向和横向向外流出,导致温度梯度从热中心开始向纵向和横向向外逐渐下降。气缸盖底面受热后,因其膨胀受到限制而产生压应力与压缩变形,当这些应力足够高时,就会引起压缩塑性流动,当作用超过一定时间后,就有可能导致压缩蠕变,而且变形速度很快,使材料内部产生热疲劳场并在气缸盖火力面的危险区域出现裂纹。因此,气缸盖底面的裂纹是由金属压缩蠕变与热疲劳造成的。

气缸盖火力面温度可达400~480 ℃,甚至可达500 ℃,而气缸盖铸铁材料在超过350 ℃时,其抗蠕变性将下降。如果在高温下维持一段时间,金属材料便将因蠕变而造成塑性变形产生残余拉应力。这种残余拉应力虽然不能超过发生蠕变时的初始应力,但由于长期受高温、高压作用，材料的弹性极限和疲劳极限都显著下降，在应力长期、反复作用下，材料就会发生疲劳裂纹。这在强化发动机上是一种典型的裂纹扩展形式。

气缸盖冷面（即面向冷却水的一面）偶尔也会发生裂纹，在运行中，当气缸盖底面因膨胀受限制而在热面上产生压应力的同时，冷面上无疑会引起相应的拉应力，当拉应力大到一定程度，冷面就会产生裂纹。

气缸盖外部有时也会产生裂纹，如图 7-5 所示。其基本原因也是热应力过大。但与底面裂纹产生的原因又有所区别，底面受热膨胀，使气缸盖受到很大的拉应力（尤其是在起动时更是如此），当拉应力过大时，则引起气缸盖外部的裂纹。

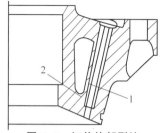

图 7-5　缸盖外部裂纹

1、2—产生裂纹的部位

2. 引起气缸盖底面裂纹的影响因素

1）材料性能的影响

从导热性、抗蠕变性来说，气缸盖应选含碳量高的材料；但从能承受爆发压力、抗磨性方面考虑，则希望含碳量低一点。因此，应综合考虑。

2）加工工艺的影响

气缸盖铸件一定要经过退火处理，以消除铸造应力。

3）装配质量的影响

例如，气缸盖结合面接触不良，紧固不当而造成弯曲应力，产生裂纹。

4）结构设计的影响

在设计时，应减少气缸盖底的厚度（在强度允许范围内），降低温度（特别是降低温度过高区域内的温度）降低材料的热疲劳。

5）使用不当的影响

使用不当将造成热应力过高，而使气缸盖产生裂纹。例如，在冬天起动前未暖缸（特别是在寒冷的地区）；起动后急剧增加负荷，停车时过早中断冷却水循环；喷油不正常，造成雾化不良，燃烧温度过高；冷却水质不良（含油、空气、盐分、泥分较多）；气缸盖冷面生锈、水垢等引起导热不好，造成局部过热；等等。

7.3.5　增压器的疲劳损伤与失效

涡轮增压器是一种高速回转机械，在高速、高温、高压运转工况下，经常出现性能恶化和异常现象。增压器出现故障后，发动机会出现功率下降、冒黑烟、冒蓝烟或机油消耗量明显过多及增压器声音异常等现象，而且增压器一旦出现故障（特别是运动件故障），将导致整个增压器在极短时间内损坏。因此，随着涡轮增压器的压比和转速的不断提高，其可靠性问题越来越引起人们的重视。增压器主要零部件失效形式主要有以下几种。

1. 涡轮增压器两轮叶片损坏

1）异物进入

由于未安装空气滤清器或其功能失效，环境中脏物、粉尘、杂质可直接进入压气机，将压气机叶轮叶片打坏；或者发动机零部件损坏脱落或排气管中的积碳、杂质导致异物进入涡轮端，将涡轮叶轮叶片打坏。

2) 叶轮与壳体剐蹭

主要原因有：其一，压气机叶轮与涡壳吸入油雾过多，使用中造成油垢积聚，并与叶轮圆弧相蹭；其二，轴承损坏，使叶轮外弧与壳体间隙消失，发生摩擦；其三，增压器转子发生不平衡，导致两轮与壳体发生剐蹭。

3) 叶片疲劳断裂

主要原因有：其一，铸造缺陷造成个别叶片疲劳断裂；其二，叶轮超速产生的离心应力增大、倍频比降低，导致叶片疲劳断裂；其三，外加激振频率和叶片的固有频率相等引起共振，导致叶片疲劳断裂。

2. 增压器轴端螺母松脱

(1) 螺母与转轴螺纹部位配合精度差，影响螺母预紧力。

(2) 轴端螺母牙型较差。

(3) 压气机叶轮发生塑性变形（蠕变），轴端螺母无法压紧叶轮，导致松脱。

3. 增压器涡轮转轴断裂

(1) 增压器供油系统不畅，润滑不良，浮动轴承滑动系统过热，严重摩擦卡滞。

(2) 异物进入增压器、发动机排温过高或轴承系统润滑不良等，都有可能导致增压器涡轮转轴断裂。

4. 增压器轴系件磨损

(1) 润滑油供给不足，进油管路阻塞或机油过脏，引起轴承损伤咬死。

(2) 轴向止推力过大造成止推轴承板、止推片等零件严重磨损。

7.4 发动机零部件的磨损失效机理

7.4.1 摩擦磨损基本理论

7.4.1.1 摩擦

1. 摩擦及其分类

两个相互接触的物体在外力作用下发生相对运动时，在接触面之间会产生切向的运动阻力，这种阻力叫作摩擦力，这种现象叫作摩擦。产生摩擦的两个物体叫作摩擦偶件或摩擦副，也称运动副。

摩擦可以从不同的角度进行以下分类：

(1) 按摩擦副的运动状态，可将摩擦分为静摩擦和动摩擦两类。当物体在外力作用下对于另一物体具有相对运动的趋势，并处于静止临界状态时的摩擦叫作静摩擦。当一物体受力的作用，越过静止临界状态而沿另一物体表面发生相对运动时的摩擦叫作动摩擦。

(2) 按摩擦副的运动形式，可将摩擦分为滑动摩擦和滚动摩擦两类。接触表面相对移动时的摩擦叫作滑动摩擦；物体在力矩的作用下接触表面滚动时的摩擦叫作滚动摩擦。活塞在气缸中的往复运动、轴颈在轴承中的回转运动等状态时的摩擦为滑动摩擦，滚珠（或滚柱轴承）中的滚珠（或滚柱）在座圈中的滚动等状态时的摩擦为滚动摩擦，在凸轮机构和齿轮传动中，则兼有滑动摩擦和滚动摩擦。

（3）按照表面的润滑情况，通常可将摩擦分为干摩擦、液体摩擦、边界摩擦和混合摩擦4类。干摩擦是指在摩擦面之间没有加入任何润滑剂下所发生的摩擦，有时也称固体摩擦，这种摩擦会引起摩擦表面严重磨损；液体摩擦是指两个物体的摩擦面被一层连续的液体膜完全隔开时的摩擦；边界摩擦是指在两个摩擦面之间存在一层很薄的所谓边界油层时产生的摩擦；既有液体摩擦又有干摩擦或者上述三种摩擦都存在的摩擦叫作混合摩擦。

（4）根据摩擦发生在同一物体之中或两个物体之间的特征，可将摩擦划分为内摩擦与外摩擦。内摩擦是由同一物体各部分间的相对移动而发生的摩擦；外摩擦则是两个相互接触的物体相对移动而发生的摩擦。

2. 摩擦机理

摩擦的机理是相当复杂的问题，现仍在持续探索中，目前常用"黏着理论"来说明摩擦和磨损的起因。

两个相对运动的接触表面，即便经过精加工后，肉眼看来很光滑的金属表面，若用放大镜来观察也会发现，其表面仍然是凸凹不平的，这种表面凸凹不平的程度叫作表面光洁度，有时也称表面粗糙度。

由于加工后的金属表面实际上是凸凹不平的，当两个金属表面互相接触时，就不可能每个位置都紧密贴合，而是只在一些个别凸起点上发生接触，我们把宏观的表面面积叫作名义接触面积，而把各真实接触部分的微小面积总和叫作真实接触面积。真实接触面积远远小于名义接触面积，其比值因负荷、接触材料的机械性能及接触表面粗糙度等情况的不同，可在 $10^{-5} \sim 10^{-1}$ 的范围内变化。

黏着理论认为：在载荷 W 的作用下，虽然名义表面压力（W/A）很小，但真实接触面积上的压力（W/S）很大，以致超过了金属的弹性极限而发生塑性变形，形成小平面接触，直到接触面积增大到能够承受全部载荷为止。在这种情况下，金属表面将出现牢固的黏着结点，在切向力的作用下，黏着结点被剪断，随即发生滑动。摩擦的过程就是黏着与滑动交替进行的过程，这种过程使运动受到阻力，该阻力等于各黏着点被剪断时阻力的总和，称为摩擦力的剪切项。此外，在摩擦偶件表面粗糙时，硬表面的粗糙凸起会嵌入较软金属的表面，在运动时也会增加一些滑动阻力，称为摩擦力的粗糙度项，在一般情况下，它只占全部摩擦力的百分之几，可以略去不计。

7.4.1.2 磨损

机械零件正常运行的磨损过程一般分为三个阶段，如图7-6所示。

1. 磨合阶段（又称跑合阶段）

新加工的摩擦副零件表面比较粗糙，人们有意地利用磨合阶段（图7-6中的 $O-a$ 段）使之轻微磨损，把粗糙表面逐渐磨平，将真实接触面积逐渐增大，为正常运行时的稳定磨损创造条件。在磨合中可以用特殊的润滑油，必要时还可加入粉状磨料以缩短磨合期。

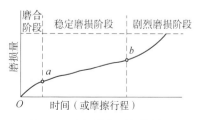

图7-6 磨损量与时间的关系

2. 稳定磨损阶段

这一阶段磨损比较缓慢而且稳定，如图 7-6 中的 a-b 段所示。a-b 线的斜率就是磨损的速度，点 a 与点 b 的横坐标之差就是零件的磨损寿命。

3. 剧烈磨损阶段

在图 7-6 中的点 b 以后，磨损速度急剧增长。这时机械效率下降，产生异常噪声及振动，摩擦副温度迅速升高，最终导致零件损坏。

7.4.2 摩擦磨损失效机理

摩擦磨损失效机理表现为摩擦系统中各要素之间的相互作用，一般分为磨粒磨损、黏着磨损、腐蚀磨损和表面疲劳磨损 4 种。

1. 磨粒磨损机理

磨粒磨损是指摩擦副一方受到另一方（较硬的一方）的表面粗糙微凸体或者中间微粒物质的作用，而发生划伤和微切削的过程。由此可知，两个表面之间在接触的位置发生直接接触，且一个表面比另一个表面硬得多时，才会引起磨粒磨损。它表现为硬表面（微凸体）嵌入软表面，并在微凸体的周围出现软表面的塑性流动，当有切向运动时，硬表面通过微切削将软表面材料除去。

材料的硬度对磨损有着决定性的影响，具体来说，有以下几种情况：

（1）对于退火状态下的纯金属和退火钢，其相对耐磨性与其硬度成正比。

（2）对于非金属硬材料，相对耐磨性和硬度之间呈线性关系。

（3）对于结构钢，淬火、回火热处理可改善钢的抗磨粒磨损能力。

在发动机中，这种磨损是由进气吸入的尘沙、磨损下来的金属屑、燃油和润滑油中的杂质等所引起的，这些坚硬的杂质颗粒嵌入两个滑动面之间时，就会引起像锉刀锉东西似的磨损，造成表面的划痕，俗称"拉缸"。为了减少磨料磨损，可采取两方面措施：一方面，精细地加工摩擦表面，减少表面的粗糙度、降低负荷、减少滑动距离以及增大软材料的硬度等；另一方面，很好地滤掉空气、燃油和润滑油中的杂质，这是减少发动机磨粒磨损的有效措施。

2. 黏着磨损机理

黏着磨损是指摩擦副双方间原子键的形成（显微熔接）和分离的过程。如果摩擦副之间发生如金属与金属直接接触，则在界面上会形成黏着结点；当摩擦副发生相对运动时，这种原子键的联结会脱开，这种脱开并不一定发生在原始微观接触处，而有可能在摩擦副双方表面层附近，其结果使材料从摩擦副一方转移到另一方，这个过程叫作材料转移过程。在这过程中，常常会形成磨粒脱落。

黏着磨损始于材料黏着结点的形成，而这种形成的难易程度主要取决于材料接触时的性质，故这种磨损与一些性质有密切关系，如接触物体表面电子结构（如果一种金属作为电子施主，另一种金属作为电子得主，将会出现很强的黏着现象）、晶体结构（六方体晶体金属的黏着倾向通常比体心立方或面心立方金属的低）、晶体排列方式（高密度低表面能的排列方式黏着倾向较低）等。

发动机在正常运转中，一般不会发生黏着磨损。但是，当发动机的运转条件急剧改变时，即在负荷大、润滑和冷却不良时，就会出现局部油膜破裂，两个滑动面有极微小的金属表面直接接触，摩擦造成局部高温，使之熔融黏着、脱落，逐步扩大就会发生黏着磨损。与磨粒磨损相比，这是一种破坏性更大的异常磨损，有时发生在数分钟之内，一旦发生，就会使滑动面遭到严重损伤，以致零件很快报废。若发生黏着磨损，在气缸和活塞之间就会造成"咬缸"，在轴承和气门导管中就会产生烧损；在齿轮中就有可能使轮齿折断，在凸轮中就会使桃尖磨光等。

避免黏着磨损的基本方法是防止油膜破裂。在发动机运转中，应尽量避免突然增加负荷和转速，并保证充分供油，以便滑动面处于良好的润滑和冷却状态。此外，还要注意摩擦偶件的材料匹配，从使用工况上来看，当发动机在试车或高负荷运转而出现严重窜气现象时，常常发生黏着磨损。

3. 腐蚀磨损机理

所谓腐蚀磨损，是在摩擦作用促进下，摩擦副的一方或双方与中间物质或环境介质中的某些成分发生化学反应的过程。材料表面和环境介质发生反应形成反应物后，在接触过程中，反应物促使表面裂纹形成并引起磨粒磨损，同时造成新的新鲜表面，使上述过程得以重复出现。腐蚀磨损的磨损量一般比黏着磨损的低得多，因此很多场合下宁愿设法以腐蚀磨损为代价，以防止严重的黏着磨损或由黏着引起的咬合现象发生。

发动机的腐蚀分为高温腐蚀和低温腐蚀两种。高温腐蚀是由于重油中含有的钒燃烧后，经 V_2O_3 生成 V_2O_6 所引起的腐蚀，常发生在活塞头部和排气阀及其阀座处。低温腐蚀是由燃料中所含的硫引起的，硫燃烧后生成 SO_2，其中一部分氧化成 SO_3，在露点（40~50℃）以下，SO_3 和气缸套壁面上的水（H_2O）化合生成硫酸（H_2SO_4），对气缸套表面产生酸腐蚀。特别是在劣质燃油中含硫量达 2%~4% 时，在低温下（低温起动、停车之后温度降低时，以及在低负荷运转时）产生的酸腐蚀磨损较为严重。

4. 表面疲劳磨损机理

表面疲劳磨损是指在交变负荷作用下，在摩擦副表面形成裂纹并扩展，直至造成磨屑脱落的过程。这个过程主要是表面层上应力作用的结果，与表面间是否出现直接接触无关。例如，滑动轴承表面能够被一层油膜完全隔开，但仍然可以通过油膜传递应力，使表面发生疲劳磨损。在滑动过程中，微凸体受到循环应力作用而导致裂纹和扩展。

发动机中疲劳磨损常发生在滑动轴承、滚动轴承、齿轮、凸轮等摩擦副表面，防止产生疲劳磨损的措施是降低接触应力。

7.4.3 零部件的磨损失效与分析

7.4.3.1 缸套-活塞组磨损

缸套-活塞组是柴油机的主要摩擦副，其磨损率决定了柴油机的使用寿命，而活塞运行速度快、缸内温度高、压力大、周期性幅度变化大、摩擦表面润滑困难、燃气的腐蚀及磨料的进入等，使缸套-活塞组使用与所处的环境条件异常恶劣。

（1）活塞组运动速度快、变化大。活塞组的运行速度由一阶速度和二阶速度合成，某型坦克柴油机在额定功率转速时活塞的平均速度为12.4 m/s，对应的最高速度为20 m/s，当活塞运行到上下死点时，速度为零，并瞬间改变速度方向，最大加速度达5 058 m/s²。高速滑移是缸套-活塞组磨损的基本原因，速度方向的突变造成润滑油膜破坏，加剧摩擦面的磨损。

（2）压力大、变化快。一般柴油机的最高爆发压力可达6~9 MPa，增压柴油机可高达18 MPa。除气体的作用力外，活塞组还承受惯性力的作用，惯性力与气体作用的合力使活塞承受复杂的交变应力。在这种周期性交变的作用力下，磨损恶化。

（3）温度高。缸套-活塞组直接与燃气接触，工作温度高，某型坦克柴油机额定功率下缸内最高燃气温度为2 500 ℃，使第一环槽下部温度达200~280 ℃，内壁上部温度达160~300 ℃。由于高温下零件表面的硬度与机械强度下降，润滑油黏度下降与润滑油参与燃烧等因素，磨损加剧。

（4）润滑困难。柴油机缸套-活塞组采用的润滑方式为飞溅润滑，只能靠刮油后黏附在气缸壁上的极薄油膜润滑，润滑条件恶劣。特别是在活塞行程的上止点附近，相对滑动速度为零，第一道气环承受着高温、高压及燃烧生成物所产生的化学作用，难以形成连续的润滑油膜，常常处于临界润滑状态，润滑状态更为恶劣。

（5）腐蚀环境。缸套-活塞组与腐蚀介质接触，高温腐蚀和低温腐蚀的情况均存在，对金属表面产生严重的酸腐蚀。

（6）磨料。缸套-活塞组磨料来源于空气滤清器未滤净的尘土和润滑油中未滤净的磨屑。尘土不仅硬度高，而且具有锋利的棱角，随空气进入气缸后被气缸壁润滑油黏住，加剧磨损。

坦克柴油机的工作特点及柴油机缸套-活塞组的工作特点，使缸套-活塞组磨损的根源很难归属于哪一种形式和成因，可能其中某一种或几种作用占主要成分，因此决定缸套-活塞组的磨损量不只是摩托小时的单值函数。

缸套-活塞组中缸套的磨损极不均匀，对某柴油机的缸套磨损统计结果（图7-7）表明，缸套在活塞的上、下死点位置，活塞环对应的缸径明显较大，特别是在第一气环与缸套的接触位置以下2.3 mm处最大，平均达0.071 mm，说明该处磨损最为严重，再往下的位置缸套内径迅速减少，形成明显的凹槽。

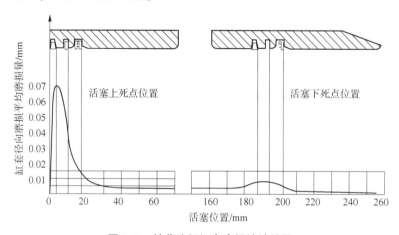

图7-7 某柴油机缸套磨损统计结果

在不同的使用环境和工作状态下，当某些因素明显占主导地位时，缸套的磨损规律明显不同，如图7-8所示。

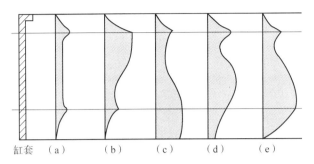

图 7-8 缸套磨损类型

图 7-8(a)所示为正常情况下的磨损。图 7-8(b)所示为由于空气滤清器失效等原因导致大量尘土进入气缸或燃烧不良导致严重积炭后，磨料磨损严重加剧的结果，因为尘土与积炭出现在缸内上部，所以缸套上部磨损严重。图 7-8(c)所示为润滑系统机油滤清器过脏，机油因阻力较大，无法全部通过滤芯直接从机油滤清器旁通阀进入油道，润滑油中含磨屑或含尘量大，且通过飞溅润滑从缸套下方往上甩，加上微粒的重力作用，所以缸套下部磨损严重。图 7-8(d)所示为低温起动频繁或使用高硫柴油所导致。因低温下润滑油黏度大、流动性差，加之起动时转速低、泵油量少，甩到缸套内壁的润滑油少，使磨损加剧，上部的摩擦面情况更恶劣。高硫柴油燃烧产生的腐蚀物使腐蚀磨损加剧，使上死点第一环附近比正常磨损大 1~2 倍，腐蚀磨损的金属剥落微粒直接在气缸壁形成严重的磨料磨损，导致中、下部也比正常磨损大 4~6 倍。图 7-8(e)所示为冷却液温度过低情况下柴油机较长时间工作的结果。由于柴油与润滑油均有一定的含硫量，油料中的硫燃烧后生成 SO_2，与燃烧产生的水反应生成硫酸与亚硫酸，给缸套及活塞环造成大的腐蚀磨损，冷却液温度过低，使缸套下部温度低所引起的腐蚀磨损增大，所以最大磨损部位在下部。

7.4.3.2 活塞环磨损

活塞环分气环和油环。气环的主要功用是密封活塞与气缸之间的间隙，防止燃烧室中的高温、高压燃气窜入曲轴箱，同时将活塞顶部的大部分热量传给气缸壁及冷却介质；油环的主要功用是刮除气缸壁上多余的润滑油，防止润滑油窜入燃烧室，并使润滑油油膜沿气缸壁均布，以减少活塞环与气缸壁间的摩擦阻力及磨损。

活塞环的工作条件极为恶劣，在高温、高压燃气环境中承受弯曲、冲击及燃气的侵蚀，润滑油膜难以建立，处于边界摩擦和半干摩擦状况，容易损伤。活塞环的主要损伤形式为磨损和折断，磨损的结果使气缸密封性下降，柴油机性能恶化，所以活塞环磨损量大小直接决定了柴油机大修周期的长短。

活塞环上承受的力为交变负荷，同时受到气体压力、环的自身弹力、往复运动惯性力、摩擦力等，某型坦克柴油机第一道活塞环为梯形环，第二道环为矩形环，其受力情况如图 7-9 所示。

按照磨损部位的不同，可将活塞环磨损分为外圆面磨损和上、下端面磨损；根据磨损的种类，可将活塞环磨损分为正常磨损、黏着磨损（划伤，擦伤）、磨料磨损和腐蚀磨损。在实际工作中，这些磨损现象不会单独出现，而是同时存在且相互影响。

1. 活塞环外圆面磨损

在活塞环环背间隙中燃气压力的作用下，活塞环与气缸壁面的摩擦会引起活塞环外圆

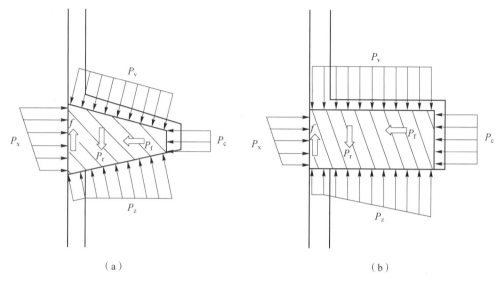

图 7-9 活塞环受力示意图

面磨损。此外，由于加工、装配、热变形以及磨损等原因，缸径尺寸沿轴线发生变化，使活塞环为适应缸径变化而做径向运动，也会造成活塞环外圆面的磨损。外圆面的磨损，一般在活塞环开口附近磨损最大，在开口的对面较小。其原因有两方面：一方面，开口附近漏气，油膜容易遭到破坏；另一方面，活塞环从自由状态装入气缸后，各处弹力不均匀，开口处的弹力较大。

活塞环外圆面最大磨损常出现在气缸上止点位置，因为该处受高温气体作用，破坏了油膜，造成易于熔着的条件，从而加速了活塞环的磨损。通常，所谓的正常磨损实际上包含了轻微的熔着磨损和磨料磨损。各道环外圆面磨损量不一样，某型坦克柴油机第一道气环磨损量最大，第二道环约为第一道的一半，油环的磨损量最小。

2. 活塞环上、下端面磨损

受柴油机转速和气体压力等因素影响，活塞环在行程中以不同的方式周期性地与环槽上、下端面脱离或接触，这种不规则的轴向运动产生的冲击引起活塞环发生自振或谐振，造成活塞环上、下端面磨损。活塞环上、下端面的磨损，在开口对面比在开口附近严重，其原因是上、下端面的压力差在开口对面比在开口附近大，因而环的下端面磨损增加。

一般活塞环外圆工作表面的磨损比上、下端面的磨损大，所以根据外圆表面的磨损量来决定环的更换。根据实践总结，磨损的极限一般为活塞环厚度的 15%~20%，图 7-10（a）所示为正常磨损到期的活塞环。当缸内含尘量很高时，出现活塞的磨损加剧，活塞环上、下端面的磨损使断面呈刀片状，外圆面磨损达 30%，如图 7-10（b）所示。

3. 活塞环开口间隙增大

活塞环的开口间隙可以保证活塞环在工作时有足够的受热膨胀余地，同时可以使活塞环在正常工作时有一定的周向运动。若活塞环开口间隙过小，就会使活塞环在工作时的热膨胀受到限制而使开口处产生挤压，从而容易发生环的折断，同时加大对气缸壁的压力，严重时会产生熔着磨损，即"拉缸"；若活塞环开口间隙过大，则工作时环的膨胀不能使开口处良好闭合，导致燃气泄漏破坏油膜，加剧磨损。

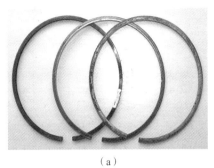 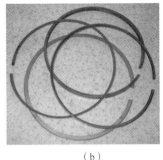

（a） （b）

图 7-10 活塞环正常磨损与异常磨损

（a）正常磨损；（b）异常磨损

随着柴油机摩托小时的增长，活塞环和气缸套在运行中产生的磨损量逐渐增加，缸套径向尺寸变大，活塞环随缸套径向扩张，弹力减小。由于活塞环在径向受到环自身的弹力和气体作用在环背的压力（图 7-11），因此随摩托小时的增长，活塞环的开口间隙会逐渐增大，活塞环开口间隙是衡量活塞环劣化程度的一个重要参数。

某型装甲车辆发动机 12 缸活塞环测量数据见表 7-1，第一道活塞环的平均径向磨损在 0.3~0.6 mm 范围内，环与槽的配合间隙由 0.11~0.15 mm 增加到 0.3 mm 以上，磨去的重量为 2~3 g，相当于其他各环磨损总质量的 2~3 倍；第二道环的工作条件优于前者，磨损量为前者的 1/3~1/5。活塞环的径向磨损使环的开口间隙增大，大修中检测时，装入标准缸体的活塞环开口间隙（图 7-12）将增大到 2.8 mm 左右（不包括缸体的径向磨损），这就使气缸密封性大大下降。

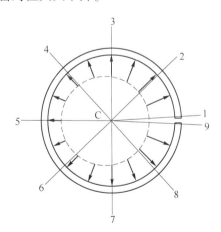 

图 7-11 活塞环受力图　　　　图 7-12 活塞环开口间隙冷态测量

表 7-1 活塞环测量数据

序号	左1	左2	左3	左4	左5	左6	右1	右2	右3	右4	右5	右6
梯形环开口间隙	1.08	0.94	1.07	1.08	1.00	1.07	1.08	1.13	1.09	1.10	1.07	1.12
梯形环宽度位置1	5.42	5.44	5.42	5.42	5.48	5.46	5.42	5.42	5.48	5.44	5.48	5.48
梯形环宽度位置2	5.52	5.54	5.52	5.52	5.50	5.54	5.50	5.52	5.52	5.50	5.48	5.52

续表

序号	左1	左2	左3	左4	左5	左6	右1	右2	右3	右4	右5	右6
梯形环宽度位置3	5.48	5.50	5.48	5.48	5.52	5.56	5.50	5.50	5.52	5.48	5.52	5.50
梯形环宽度位置4	5.46	5.48	5.48	5.52	5.52	5.54	5.48	5.50	5.50	5.50	5.56	5.50
梯形环宽度位置5	5.50	5.52	5.46	5.54	5.54	5.56	5.48	5.48	5.50	5.54	5.54	5.54
梯形环宽度位置6	5.46	5.56	5.48	5.48	5.46	5.54	5.50	5.54	5.48	5.52	5.52	5.48
梯形环宽度位置7	5.52	5.54	5.46	5.46	5.50	5.52	5.48	5.48	5.48	5.50	5.52	5.50
梯形环宽度位置8	5.54	5.50	5.50	5.50	5.52	5.54	5.48	5.46	5.50	5.50	5.52	5.52
梯形环宽度位置9	5.36	5.38	5.44	5.38	5.52	5.52	5.40	5.44	5.40	5.44	5.46	5.48
矩形环开口间隙	1.02	0.95	0.93	0.90	0.95	0.92	0.90	0.97	0.93	0.86	0.93	0.95
矩形环宽度位置1	5.10	5.10	5.14	5.08	5.10	5.08	5.16	5.14	5.08	5.24	5.08	5.16
矩形环宽度位置2	5.24	5.22	5.22	5.22	5.22	5.12	5.24	5.22	5.22	5.26	5.20	5.20
矩形环宽度位置3	5.22	5.20	5.20	5.18	5.18	5.14	5.24	5.24	5.26	5.18	5.20	5.20
矩形环宽度位置4	5.28	5.20	5.18	5.20	5.16	5.14	5.22	5.22	5.24	5.26	5.16	5.22
矩形环宽度位置5	5.20	5.24	5.22	5.22	5.18	5.14	5.20	5.18	5.24	5.16	5.16	5.20
矩形环宽度位置6	5.24	5.22	5.22	5.24	5.24	5.16	5.24	5.22	5.20	5.20	5.20	5.14
矩形环宽度位置7	5.22	5.18	5.20	5.28	5.22	5.16	5.28	5.22	5.14	5.26	5.16	5.18
矩形环宽度位置8	5.20	5.20	5.24	5.30	5.20	5.14	5.28	5.26	5.18	5.26	5.14	5.20
矩形环宽度位置9	5.12	5.12	5.12	5.10	5.10	5.08	5.18	5.12	5.14	5.24	5.14	5.08

7.4.3.3 活塞磨损

活塞磨损包括活塞环槽、活塞外圆面与活塞销座孔的磨损。活塞磨损中影响气缸密封性的主要是活塞环槽的磨损。

活塞环槽的磨损与活塞环的运动和环槽的受力状况有关。活塞环在槽内沿气缸中线做轴线运动，沿横向做径向运动，并绕中线做旋转运动。在气体压力和惯性力等作用下，活塞环和环槽之间有法向力和相应的摩擦力作用，并且环在环槽内上下运动，产生冲击，造成活塞环槽磨损。活塞环槽通常的磨损形式有黏着磨损、磨粒磨损、腐蚀磨损等。

黏着磨损主要是环和槽发生黏着后，在径向运动和周向运动的作用下强制分开的结果。磨粒磨损是柴油机工作时活塞环槽内存在的高温燃气，以及可能进入的微粒、积碳等引起的磨损。腐蚀磨损是燃料和润滑油燃烧而生成的硫酸对活塞环槽产生腐蚀作用而引起的磨损。

活塞环槽磨损后会呈梯形或出现磨台，主要导致的后果是缸内密封性劣化，漏气增加，燃油消耗率上升，柴油机功率下降。

7.4.3.4 柴油机其他关键部件的磨损与失效

柴油机中除气缸-活塞组外，还有影响气缸密封性的气门与气门座的磨损，曲轴与轴承、凸轮、气缸盖等部件发生的磨损、疲劳、腐蚀等，每一处部件的过度劣化均将导致柴油机性能大幅下降。

1. 气门和气门座

气门和气门座是柴油机中工作条件十分恶劣的摩擦副之一。在柴油机运转过程中，气门承受着冲击性交变载荷，载荷的大小与气门的结构形式以及气门运动的惯性力大小有关，特别是当气门出现跳动或气门间隙增大时，这种载荷将显著增加。在高机械载荷的作用下，容易造成气门杆及气门头部的变形、气门配合锥面的变形及严重磨损。排气门除承受大的机械载荷外，还承受着很高的热负荷，在排气开始阶段废气以很高的流速冲蚀气门。因此，气门和气门座的主要磨损形式为疲劳磨损和腐蚀磨损，将导致柴油机燃烧室的气缸密封性劣化、漏气损失增加。

2. 曲轴和轴承

曲轴是柴油机的关键部件之一，工作时，曲轴与轴承承受着由活塞连杆组传来的燃气爆发压力、活塞连杆往复运动的惯性载荷、曲轴不平衡质量的惯性载荷及离心载荷。曲轴轴颈和轴承之间不能处于完全的流体动力润滑状况，存在一定程度的混合摩擦状况。实践表明，轴承发生的各种损坏以轴承合金的疲劳剥落占有的比例较大。合金层的剥落造成配合间隙增大，润滑油压力下降和工作冲击，使轴承丧失工作能力。影响轴承合金层剥落的主要因素是润滑油膜的最高压力和压力的波动。

轴承的磨损主要取决于运转中形成的油膜厚度能否保证液体摩擦，而轴颈表面的粗糙度以及轴承间隙是否恰当对轴颈表面油膜的建立影响较大。油膜厚度为微米级，如果粗糙度过大，则会使混合摩擦的概率增加。当曲轴主轴颈与轴承的几何尺寸偏差、形状位置误差较大时，也将造成曲轴与轴承配合间隙的变化，从而引起油膜压力的波动。柴油机的台架试验表明，若连杆轴颈圆柱度误差为 0.012 mm，柴油机工作 25 h 后轴承就开始出现疲劳剥落；当圆柱度误差降低为 0.006 mm 后，柴油机工作 200 h 后轴承尚未出现剥落现象。

在装甲车辆柴油机制造过程中，为了保证尺寸和位置精度，常将轴瓦安装在曲轴箱体上再进行精镗，从而保证柴油机主要零件的制造精度与装配精度。曲轴颈及轴承的分析检测结果表明，除主轴颈的正常磨损外，无其他如裂纹、断裂、变形和扭曲等严重的零件失效。

3. 气缸盖

气缸盖结构复杂，其上有进/排气门孔、喷油器孔等，内部有一系列不规则形状的冷却水腔和进/排气道，底面受燃气的高温、高压和腐蚀作用，水夹层也受着冷却水的腐蚀，且冷热不均，受力复杂。与高温燃气直接接触的气缸盖火力面长期承受着由工作循环引起的高频加热及发动机工况变化引起的低频加热；随着进气-压缩-做功-排气过程，气缸内燃气压力也周期性波动，使气缸盖的受力更为严酷，这些动态热负荷及机械负荷的耦合作用是导致气缸盖疲劳失效的重要原因，其劣化形式主要为气缸盖裂纹。

第8章
装甲车辆发动机整机载荷谱

自20世纪80年代以来，航空发动机载荷谱研究已经取得一定的成果，对发动机结构寿命及可靠性研究起到积极的推动作用。然而，装甲车辆发动机不同于一般的航空发动机，它是一种往复动力机械，其工况、载荷变化更为复杂，现有的载荷谱编制方法还不能有效解决装甲车辆发动机工况多变、载荷多维的问题。因此，本章从装甲车辆发动机载荷维度分析入手，对其载荷-时间历程进行统计分析，选取发动机基准载荷参数，对峰谷值计数方法进行改进，以适应发动机多维载荷循环计数的要求，并介绍一种"时间维度与载荷循环相结合、多参数载荷计数与载荷矩阵装配相结合"的编谱方法。

8.1 多维载荷谱矩阵装配法

8.1.1 载荷维度分析

进行装甲车辆发动机载荷谱编制前，要进行载荷维度分析，以便进行载荷计数处理。根据前文所述，各种用途的发动机运行工况差别很大，有点工况、线工况和面工况。从发动机所受载荷维度来说，可将载荷分为以下三类：

（1）零维载荷：对于点工况的发动机，其运行工况始终保持不变，发动机整机载荷维度是零维。

（2）一维载荷：对于线工况类型的发动机，只需要一个参数就可以描述发动机的运行工况，其载荷属于一维载荷。

（3）二维载荷：装甲车辆发动机为面工况，其功率和转速都独立地在很大范围内变化，它们之间没有特定的函数关系。需要转速和扭矩两个参数才可以准确描述这类发动机的运行工况，这种面工况类型的发动机载荷属于二维载荷。

8.1.2 载荷时间矩阵装配法

装甲车辆发动机及其零部件同时承受着由工作循环所引起的高频载荷和工况变化所引起的低频载荷。低频载荷循环可以通过对发动机工况历程载荷循环进行计数处理，而高频载荷循环不仅与当前发动机的转速、扭矩相关，更与其运行时间有着直接联系。因此，在编制发动机整机载荷谱时，要兼顾高频载荷和低频载荷的共同作用，这就有必要将时间维度引入载荷谱的编制过程中，本章提出一种适用于装甲车辆发动机整机载荷谱编制的载荷时间矩阵装配法，其基本流程如图8-1所示。主要工作有：

(1) 选取装甲车辆发动机载荷基准参数与非基准参数。

(2) 对整机载荷历程进行载荷循环计数和载荷时间统计，分别得到载荷循环矩阵和载荷分配时间矩阵。

(3) 根据发动机载荷循环的载荷起始/达到级、载荷变程，分别确定对应的载荷持续时间矩阵和载荷过渡时间矩阵，并按照发动机使用规律进行装配。

(4) 对装配后的载荷谱进行校核，确保载荷循环次数、时间分配与原载荷循环矩阵、载荷分配时间矩阵一致。

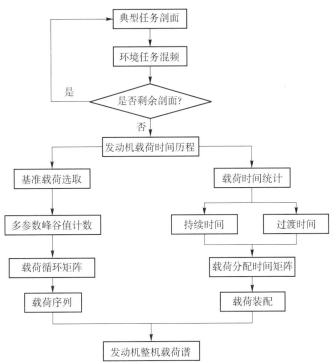

图 8-1　发动机整机载荷谱编制流程

8.2　载荷历程统计

8.2.1　环境任务混频

环境混频是指对发动机载荷有影响的各种环境要素的组合，通常包括使用地区的海拔高度、大气温度等因素；任务混频是指车辆执行各种任务（含训练与维护）的比例，以各种任务行驶里程和分配比例的形式给出。环境任务混频以《装甲车辆试验规程——耐久性试验》（GJB 59.62—1996）为基准，通过对车辆使用记录和驾驶员操作的调研、统计，确定车辆任务、环境混频。

1. 环境混频

对于装备废气涡轮增压柴油机的装甲车辆，环境条件对废气涡轮增压柴油机的运转性能有着较大影响。环境条件的改变将使柴油机的进气量、燃烧、排气温度、输出功率、比油耗和涡轮增压器的特性等均发生变化。例如，环境压力、温度对增压器运转性能有较大影响：当海拔高度上升时，涡轮背压下降，膨胀比增加，增压器转速提高；在发动机转速和环境压力不变的情况下，增压压比随着环境温度的上升而降低，使涡轮的做功能力减小，增压器转速下降。可见，车辆、发动机环境混频需给出试验地区大气压力和温度。车辆耐久性考核阶段环境混频见表8-1。

表8-1 车辆耐久性考核阶段环境混频

路面	里程/km	海拔/m	平均温度/℃
铺面路	2 000	92	17.6
砂石路	1 500	104	26.4
热区起伏土路	2 000	30	35.2
温区起伏土路	2 000	514	23.6
冰雪路	1 000	357	-27.8

2. 任务混频

任务混频是指装甲车辆在耐久性考核试验中的基本任务，包括试验路面的类型和分布比例，发动机转速、车辆速度、挡位及液力机械工况的切换等。以单位小时内车辆由起步到最后停车作为一个典型任务循环，其中包括车辆在相应路面条件下的平均速度、常用挡位及驾驶员根据地形、地面性质和车速作出的换挡操作频率，车辆在各种试验路面的典型任务循环均可归结为上述形式。表8-2所示为车辆在各种路面条件下的平均速度；表8-3~表8-8分别是各种路面条件下单位小时常用挡位及挡位操作混频统计。

表8-2 车辆在各种路面条件下的平均速度　　　　　　　　　　　km/h

路面	铺面路	砂石路	温区起伏路	冰雪路	热区起伏路
平均速度	48.8	37.5	46.5	42.5	29.6

表8-3 铺面路单位小时挡位混频　　　　　　　　　　　　　　%

挡位	分布比例	液力比例	机械比例
VI	60	50	50
V	40	40	60

表8-4 砂石路单位小时挡位混频　　　　　　　　　　　　　　%

挡位	分布比例	液力比例	机械比例
VI	30	80	20
V	50	50	50
IV	20	100	0

表8-5 热区起伏路单位小时挡位混频　　　　　　　　　　　　　　　%

挡位	分布比例	液力比例	机械比例
V	25	50	50
Ⅳ	45	40	60
Ⅲ	30	100	0

表8-6 温区起伏路单位小时挡位混频　　　　　　　　　　　　　　　%

挡位	分布比例	液力比例	机械比例
Ⅵ	40	50	50
V	40	40	60
Ⅳ	20	100	0

表8-7 冰雪路单位小时挡位混频　　　　　　　　　　　　　　　　%

挡位	分布比例	液力比例	机械比例
Ⅵ	30	70	30
V	50	50	50
Ⅳ	20	100	0

表8-8 各种路面单位小时换挡操作混频

路面	每小时换挡频次											
	0-Ⅰ	Ⅰ-Ⅱ	Ⅱ-Ⅲ	Ⅲ-Ⅳ	Ⅳ-V	V-Ⅵ	Ⅵ-V	V-Ⅳ	Ⅳ-Ⅲ	Ⅲ-Ⅱ	Ⅱ-Ⅰ	Ⅰ-0
铺面路	1	1	1	1	1	10	10	1	1	1	1	1
砂石路	1	1	1	1	10	10	10	10	1	1	1	1
温区起伏路	1	1	1	1	1	21	21	1	1	1	1	1
冰雪路	1	1	1	1	45	5	5	45	1	1	1	1
热区起伏路	1	1	1	70	70	7	7	70	70	1	1	1

8.2.2 载荷历程统计谱

根据环境任务混频，对装甲车辆发动机在冰雪路、铺面路、砂石路、温区起伏路和热区起伏路的载荷历程进行统计分析，为方便发动机整机试验载荷谱的编制，选取发动机转速和扭矩（平均有效压力）作为载荷参数。各典型任务下发动机载荷历程与载荷统计谱如图8-2~图8-6所示。

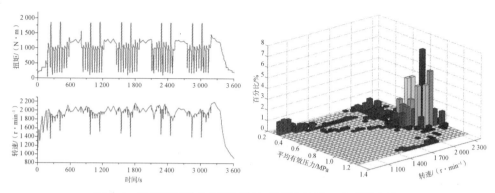

图 8-2 冰雪路发动机载荷历程与载荷统计谱（书后附彩插）

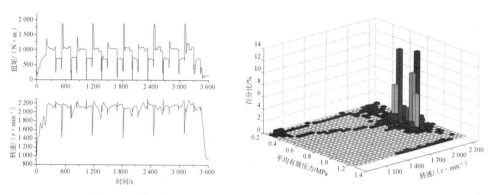

图 8-3 铺面路发动机载荷历程与载荷统计谱（书后附彩插）

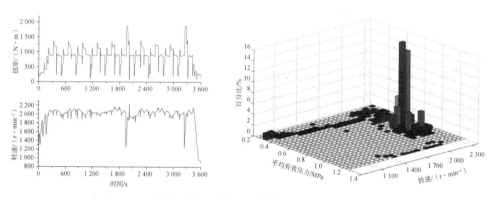

图 8-4 砂石路发动机载荷历程与载荷统计谱（书后附彩插）

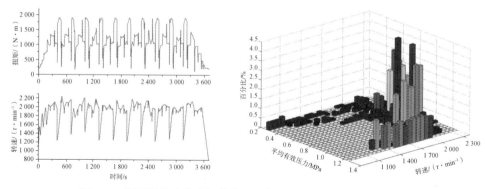

图 8-5 温区起伏路发动机载荷历程与载荷统计谱（书后附彩插）

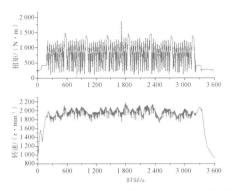
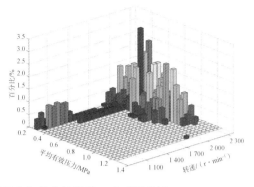

图 8-6　热区起伏路发动机载荷历程与载荷统计谱（书后附彩插）

从上述载荷统计谱可以看出，它只能反映发动机工况运行的分配比例，却遗漏了发动机工况变化的次数。例如从这种谱图中看不出下面这两种工作情况有什么不同：

（1）发动机从全负荷到空负荷不断变换地运行。
（2）发动机一段时间全负荷和一段时间空负荷（一次变换，各占 50% 时间）。

从统计谱的角度来看，这两种情况发动机各工况运行时间的比例是相同的，但有些零部件的载荷状况却截然不同。例如，增压器在第二种工作情况中转速只有一次变化，而在第一种工作情况中却频繁发生变化。因此，还必须从发动机的载荷时间历程中深入挖掘载荷变化频率的信息，充分反映发动机及其零部件的真实载荷状况，这样编制出来的发动机载荷谱才有可能准确地反映发动机及其零部件的使用寿命。

8.3　多参数载荷谱计数方法

8.3.1　基准参数选取

由于发动机载荷谱由两个参数组成，因此对其进行载荷编谱必须从中选定一个参数为基准载荷作为主计数参数，则另一个参数为非基准载荷作为辅助计数参数。通常将与发动机关重件载荷相关系数强的确定为基准载荷，相关系数弱的确定为非基准载荷。

两个随机序列 $x(n)$ 与 $y(n)$ 的相关系数矩阵估计为

$$\hat{\rho} = \begin{bmatrix} \hat{\rho}_x & \hat{\rho}_{xy} \\ \hat{\rho}_{yx} & \hat{\rho}_y \end{bmatrix} \tag{8-1}$$

式中，$\hat{\rho}_x, \hat{\rho}_y$——序列 $x(n)$ 与 $y(n)$ 的自相关系数，其值为 1；

$\hat{\rho}_{xy}, \hat{\rho}_{yx}$——序列 $x(n)$ 与 $y(n)$ 的互相关系数，定义如下：

$$\hat{\rho}_{xy} = \sum_{n=0}^{N-1} y(n) x^*(n) \bigg/ \left[\sum_{n=0}^{N-1} |x(n)|^2 \sum_{n=0}^{N-1} |y(n)|^2 \right]^{1/2} \tag{8-2}$$

$$\hat{\rho}_{yx} = \sum_{n=0}^{N-1} x(n) y^*(n) \bigg/ \left[\sum_{n=0}^{N-1} |x(n)|^2 \sum_{n=0}^{N-1} |y(n)|^2 \right]^{1/2} \tag{8-3}$$

由于发动机及其零部件所承受的载荷大小与发动机缸内气体爆发压力有关，因此选取某一任务剖面下的发动机气缸爆发压力分别与转速、扭矩进行分析，从发动机转速和扭矩中选取基准载荷作为主计数参数，将发动机转速和扭矩设为自变量、将气缸爆发压力设为因变量进行相关性分析。

气缸爆发压力与发动机转速和扭矩的相关性分别如图 8-7、图 8-8 所示，从图中所有散点的分布是否集中以及分布趋势可以大致了解变量之间的相关性及相关程度。由图可以看出，气缸爆发压力与发动机转速相关性的散点图分布较为分散，相关程度较弱，但气缸爆发压力与发动机扭矩相关性的散点图分布较为集中，相关程度很强。根据式（8-1）计算得到气缸爆发压力与转速的相关系数为 0.413 1，与扭矩的相关系数为 0.983 4，后者为强正相关，即发动机扭矩越大则气缸爆发压力越大。因此，选取发动机扭矩作为基准载荷，将发动机转速作为非基准载荷。

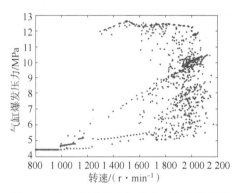 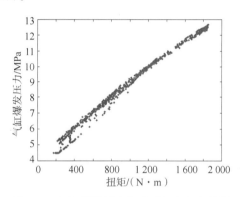

图 8-7　气缸爆发压力与发动机转速相关性　　　图 8-8　气缸爆发压力与发动机扭矩相关性

8.3.2　峰谷值检测

峰谷值检测就是判断记录的载荷时间历程数据点是否为峰值点或谷值点，若是就保留，否则去除，因为只有峰值点和谷值点才对循环计数判断有用。数据的峰谷值点检测可采用三点法进行判断，读取三个相邻的数据点 $P_V(i-1)$、$P_V(i)$、$P_V(i+1)$，若这三点满足如下条件：

$$\begin{cases} [P_V(i)-P_V(i-1)][P_V(i+1)-P_V(i)] \leqslant 0 \\ P_V(i)-P_V(i-1) \neq 0 \end{cases} \tag{8-4}$$

则数据点 $P_V(i)$ 是峰值点或谷值点。

对于多参数计数而言，因为存在多个计数参数，在峰谷值检测后得到简化的载荷时间历程数据点不一定是绝对峰谷值点，所以在对所有计数参数完成峰谷值检测后还要对主计数参数进行二次峰谷值检测，使其数据点为绝对峰谷值点。发动机扭矩-时间历程峰谷值检测如图 8-9 所示。

8.3.3　小载荷去除

小载荷去除又称无效载荷去除。在实际工作中，构件除了受一些主要载荷循环外，还经常受一些随机小循环作用。这些小循环幅值较小，对构件疲劳寿命损伤可以忽略不计。在工

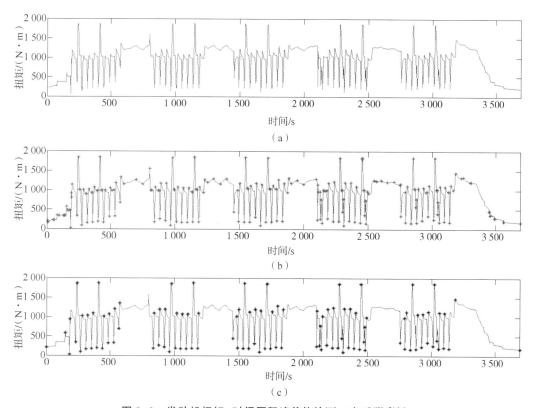

图 8-9 发动机扭矩-时间历程峰谷值检测（书后附彩插）
(a) 发动机扭矩时间历程；(b) 峰谷值检测；(c) 二次峰谷值检测

程上，为减少数据处理量，提高数据处理效率，往往去除这些构成小循环的峰谷值，使有效峰谷点大大减少。

去除小载荷的方法有很多种，一般可按一定标准规定一个小载荷幅值的门槛值，小于该门槛值的幅值则为小幅载荷，可去除。其表达式如下：

$$D_{min} = (PV_{max} - PV_{min})\Delta\% \tag{8-5}$$

式中，D_{min}——小载荷幅值门槛值；

PV_{max}——载荷历程的最大值；

PV_{min}——载荷历程的最小值；

$\Delta\%$——小载荷门槛值系数。

计数参数都要进行小载荷去除，若计数参数在两个以上，则在去除前要进行判断。只有当某时刻所有计数参数都是小幅载荷，或某一计数参数为小幅载荷而其他参数不是峰谷值时，才可去除。若在某时刻某一计数参数为小幅载荷，但其他计数参数为峰谷值，则该时刻的计数参数不可当作小幅载荷去除，这是为了防止有效的峰谷值被忽略。

为便于计数，将峰谷值检测后发动机的扭矩和转速根据载荷分级的思想，按照 0~20%、20%~40%、40%~60%、60%~80%、80%~100%分为 1、2、3、4、5 五个等级，这样发动机的面工况离散为一个 5×5 的矩阵，如图 8-10 所示。

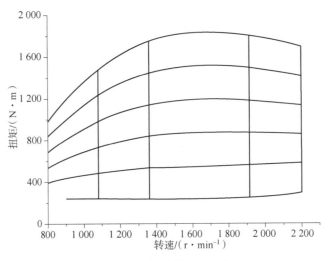

图 8-10 发动机工况离散

8.3.4 多参数峰谷值计数

由于装甲车辆发动机的载荷谱通常由两个参数组成，因此需采用多参数峰谷值计数法。其基本思想是用峰谷值计数的方法先对主计数参数 P 计数，然后用主计数参数的循环来确定对应循环内辅助计数参数 S 的值。多参数峰谷值计数流程如图 8-11 所示。

载荷循环矩阵是由载荷循环大小和出现的频次组成的矩阵，每种载荷参数矩阵对应一定的构件损伤。发动机在某一特定环境、任务条件下的载荷参数矩阵称为任务剖面载荷参数矩阵，各种环境任务剖面下载荷参数矩阵的集合称为全任务剖面载荷参数矩阵。全任务载荷参数矩阵是由任务剖面载荷参数矩阵经过任务混频后得到的。

对于多任务剖面的车用发动机，在求出各类型任务剖面下的载荷循环矩阵后，可根据各任务剖面加权系数求得全任务剖面下的载荷循环矩阵。

假定车辆在 m 种任务剖面下行驶，各任务剖面下行驶的里程占总寿命里程的百分比为 $P_1, P_2, \cdots, P_m$，各典型任务剖面下的试验里程分别为 $S_1, S_2, \cdots, S_m$，各试验任务剖面下发动机载荷循环数分别为 $n_1, n_2, \cdots, n_m$，则第 i 任务剖面载荷循环发生的频率 V_i 如下：

$$V_i = \frac{n_i}{S_i}, \quad i = 1, 2, \cdots, m \tag{8-6}$$

若车辆的总任务剖面里程为 S，则第 i 任务剖面下行驶里程为 $P_i S$，该任务剖面出现的载荷循环次数 N_i 如下：

$$N_i = P_i S V_i = P_i S n_i / S_i \tag{8-7}$$

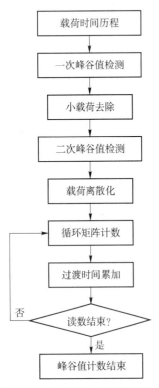

图 8-11 多参数峰谷值计数流程

则所有任务剖面下发动机载荷循环总次数 N 如下：

$$N = \sum_{i=1}^{m} N_i = \sum_{i=1}^{m} P_i S n_i / S_i \qquad (8-8)$$

故第 i 任务剖面的权系数 β_i 如下：

$$\beta_i = \frac{N_i}{N} = \frac{P_i S n_i / S_i}{\sum_{i=1}^{m} P_i S n_i / S_i} \qquad (8-9)$$

则全任务剖面下的发动机载荷矩阵按下式计算：

$$M(x,y) = \sum_{i=1}^{m} \frac{P_i S n_i / S_i}{\sum_{i=1}^{m} P_i S n_i / S_i} M(x_i, y_i) = \sum_{i=1}^{m} \beta_i M_i(x, y) \qquad (8-10)$$

经过峰谷值计数后，各任务剖面下的基准载荷参数——扭矩循环矩阵如图 8-12(a)~(e)所示；根据车辆任务混频计算全任务剖面下的载荷循环矩阵，如图 8-12(f)所示。

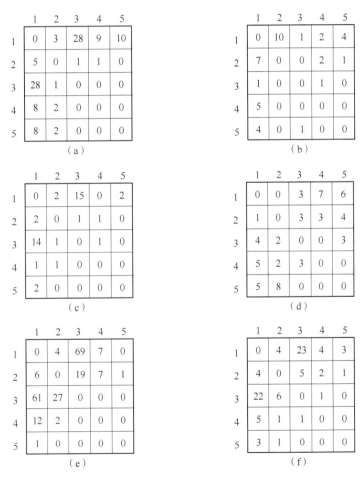

图 8-12　发动机各任务剖面基准载荷循环矩阵

（a）冰雪路载荷循环矩阵；（b）铺面路载荷循环矩阵；（c）砂石路载荷循环矩阵；
（d）温区起伏路载荷循环矩阵；（e）热区起伏路载荷循环矩阵；（f）总载荷循环矩阵

8.4 整机载荷谱编制

8.4.1 载荷序列

要编制整机载荷谱，就需要载荷序列，可将发动机载荷循环矩阵按照峰谷值计数进行逆推，来生成载荷序列。首先进行初始化处理，选取扭矩载荷起始级 i、转速载荷起始级 m 及载荷级变程 D 的初值均为 1。根据起始载荷级随机生成到达载荷级编号 j，满足 $D(i-j)<0$，以保证当前生成的载荷与前一次的载荷变程方向相反，这样可以使载荷序列按照"谷-峰-谷"的顺序依次排列。当基准载荷参数扭矩的峰-谷（或谷-峰）载荷步生成后，按照相同的方法根据转速载荷矩阵生成转速载荷步，这样就生成了一个发动机双参数载荷序列步。

当一个载荷序列步生成后，与之对应的载荷循环矩阵元素值减 1。对载荷循环矩阵 M 中的元素 M_{ij} 进行判断：若 $M_{ij}>0$，则将当前载荷达到级 j 作为下一个载荷步的载荷起始 i 级，继续进行载荷步编制；若 $M_{ij}=0$，则说明当前载荷级 i-j 所有循环次数已编制完毕，需对达到载荷步集合 A_i 中的 j 元素删除，避免再次出现载荷级 i-j 的序列。当基准载荷矩阵的所有元素均为 0 时，说明所有载荷循环均已编入载荷序列，发动机多参数载荷序列程序结束。其程序流程如图 8-13 所示。

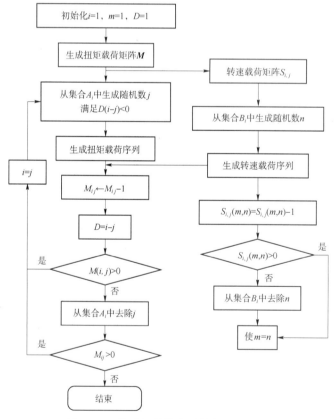

图 8-13 发动机载荷序列编制程序流程

将总载荷循环矩阵按照图 8-13 所示的流程进行序列编制,发动机载荷序列如图 8-14 所示。

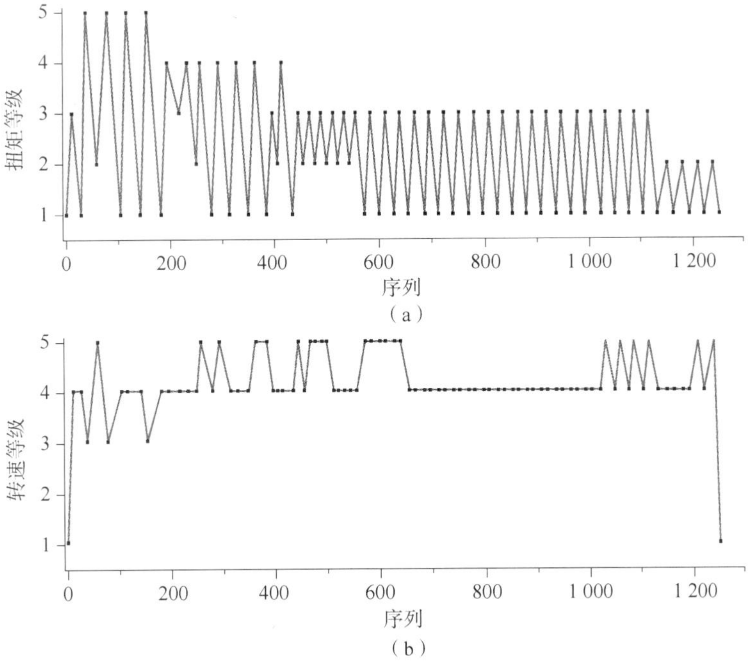

图 8-14 发动机载荷序列
(a) 扭矩载荷序列;(b) 转速等级载荷序列

8.4.2 载荷过渡时间矩阵

参数相关时间矩阵,主要给出发动机两个(或两个以上)参数在实际使用中的联合分布,常用的有转速/扭矩或转速/平均有效压力相关时间矩阵。载荷参数相关时间矩阵由载荷参数剖面统计得到,以一个二维数组表示,数组内的元素为各参数对应组合区间的累积工作时间。

负荷、路况、交通状况、环境(地理、气候)等条件使车用发动机从一种稳定工况变为另一种稳定工况,如车辆加减速、车辆上下坡、转弯等导致发动机负荷与转速的变化,导致载荷过渡时间在参数时间矩阵中占有很大部分,不能忽略,必须对发动机载荷参数时间历程进行统计分析,计算车用发动机各工况之间过渡时间矩阵。

根据发动机载荷时间历程统计二维载荷时间矩阵,包括总载荷分配时间矩阵(表 8-9) 总过渡时间矩阵(表 8-10)。

表 8-9 载荷分配时间矩阵

扭矩 \ 转速	0~20	20~40	40~60	60~80	80~100
0~20	161	78	38	124	91
20~40	0	17	39	326	376
40~60	0	0	3	604	1 168
60~80	0	1	3	133	279
80~100	0	32	64	59	6

表 8-10 载荷过渡时间矩阵

扭矩 \ 转速	0~20	20~40	40~60	60~80	80~100
0~20	3	4	0	190	24
20~40	0	3	4	311	82
40~60	0	0	11	300	157
60~80	0	0	18	90	27
80~100	0	0	22	6	0

8.4.3 载荷持续时间矩阵

由于装甲车辆发动机的工况为一个二维面工况，因此编制的发动机载荷谱各二维载荷条件下的时间分配必须与原载荷历程时间分配一致，这样编制的载荷谱才能真正反映发动机的实际使用情况。

因此应用下式计算载荷持续时间矩阵：

$$T_{\text{holding}} = \frac{T_{\text{distribution}} - T_{\text{transition}}}{N} \tag{8-11}$$

式中，T_{holding}——载荷持续时间矩阵；
$T_{\text{distribution}}$——载荷分配时间矩阵；
$T_{\text{transition}}$——载荷过渡时间矩阵；
N——载荷峰谷值频次矩阵。

载荷峰谷值频次矩阵见表 8-11，载荷持续时间矩阵见表 8-12。

表 8-11 载荷峰谷值频次矩阵

扭矩 \ 转速	0~20	20~40	40~60	60~80	80~100
0~20	2	0	0	29	4
20~40	0	0	0	7	5
40~60	0	0	0	19	10
60~80	0	0	0	4	3
80~100	0	0	3	1	0

表 8-12 载荷持续时间矩阵

扭矩 \ 转速	0~20	20~40	40~60	60~80	80~100
0~20	79	0	0	2	17
20~40	0	0	0	4	59
40~60	0	0	0	16	101
60~80	0	0	0	11	86
80~100	0	0	29	53	0

8.4.4 整机载荷谱

各种参数矩阵组成的整机载荷谱,在发动机寿命研究中主要用于编制发动机模拟任务试车谱和零部件载荷谱。

模拟任务试车谱是将发动机使用载荷信息进行压缩处理,通过剖面典型化,由载荷参数矩阵进行重组。这种对载荷剖面高度集成化的过程可以按特殊的处理规则——载荷参数矩阵装配法进行。

发动机载荷序列只能反映发动机载荷参数的变化信息,是一个一维序列,无法反映各载荷参数持续的时间,不能用于发动机耐久性考核试验。因此,还需要应用载荷时间矩阵装配法将时间变量装配到发动机序列中,生成一个可用于试验的二维载荷谱。装配法是将发动机载荷序列按照载荷循环起始、到达级不同,确定载荷过渡时间,根据载荷峰谷值确定载荷保持时间,形成以时间为变量的载荷序列即发动机载荷时间谱,如图 8-15 所示,纵坐标为按照图 8-10 离散后的发动机转速、扭矩等级。

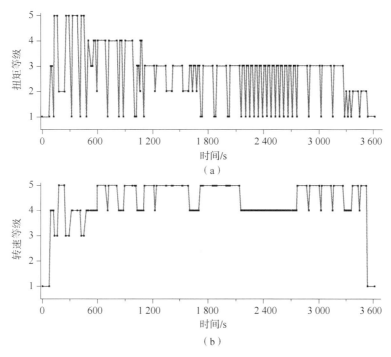

图 8-15 发动机载荷时间谱

第9章
典型零部件载荷谱——曲轴与连杆疲劳载荷谱

曲柄连杆机构是往复活塞式发动机中能量转换的核心机构，其主要作用是把活塞的往复运动转换为曲轴的旋转运动从而输出扭矩。在发动机工作过程中，曲柄连杆机构受力十分复杂，例如周期性变化的气体压力、活塞与连杆的往复惯性力、曲轴的旋转离心力等。传统的曲轴和连杆疲劳试验规范一般是对其最大压缩和最大拉伸工况下的载荷乘以一个安全系数来确定试验载荷，而最大压缩和最大拉伸载荷幅值是恒定不变的；在实际使用中，受路面状况、驾驶员操作等因素影响，发动机绝大部分时间是变工况运行，因此根据稳定载荷幅值进行的疲劳寿命试验不能真实反映曲轴和连杆在实车使用中的疲劳寿命。本章以发动机曲柄连杆机构为研究对象，研究曲轴与连杆的载荷规律，介绍一种基于刚柔耦合模型和试验相结合的装甲车辆发动机零部件的载荷谱编制方法。

9.1 曲柄连杆机构载荷分析

曲柄连杆机构的机械负荷来自燃气压力和惯性力两部分。一般发动机的最高爆发压力可达 6~9 MPa，增压发动机可高达 21 MPa。惯性力包括往复运动惯性力和旋转运动惯性力，往复惯性力是活塞在气缸内往复直线运动时速度变化所产生的，旋转惯性力是曲轴旋转时曲柄质量不平衡所产生的离心力。由于车用发动机的转速很高，汽油机的标定转速为 4 000~8 000 r/min，柴油机为 1 500~4 250 r/min，活塞的平均速度是 7.5~15.2 m/s，使最大惯性力可达其本身运动质量的 1 000~2 000 倍（汽油机）和 300~600 倍（柴油机）。

9.1.1 曲柄连杆机构运动分析

车用发动机曲柄连杆机构的结构形式主要有中心曲柄连杆机构、偏心曲柄连杆机构和主副连杆机构。

中心曲柄连杆机构的气缸中心线通过曲轴的旋转中心，并垂直于曲轴的回转轴线，在车用发动机中应用得最为广泛。一般直列式发动机、采用并列连杆与叉形连杆的 V 型发动机都属于这种类型，如图 9-1 所示。

在主副连杆机构的 V 型发动机中，其主缸结构为中心曲柄连杆机构，副缸的连杆（副连杆）下端不是直接连接在曲柄销上，而是通过副连杆销安装在主缸的主连杆上，形成关节式的运动。这种结构可使发动机长度缩短、结构紧凑。

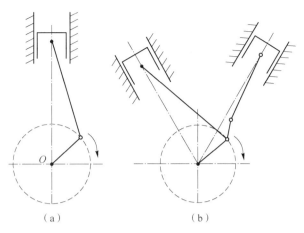

图 9-1 直列式曲柄连杆机构与主副连杆机构

中心曲柄连杆机构运动简图如图 9-2 所示。机构工作时，活塞 A 做往复直线运动，点 A 表示活塞销中心位置，曲柄 $\overline{OB}$ 做旋转运动，点 O 为曲轴旋转中心，点 B 为曲柄销中心。连杆 $\overline{AB}$ 的长度为 L，曲柄 $\overline{OB}$ 的旋转半径为 R，令 $\lambda = R/L$，称为连杆比。α 为曲轴转角，从气缸轴线顺着曲柄旋转方向度量。当 $\alpha = 0°$ 时，对应的点 A_1 表示活塞在上止点位置；当 $\alpha = 180°$ 时，对应的点 A_2 表示活塞在下止点位置。β 为连杆轴线偏离气缸轴线的角度，称为连杆摆角，逆时针为正，顺时针为负。

通常可认为发动机的曲柄做匀速转动，这样曲轴转角（rad）为

$$a = \frac{2\pi n}{60} t = \frac{\pi n}{30} t$$

式中，t——时间，s；

n——发动机转速，r/min；

曲柄角速度（rad/s）为

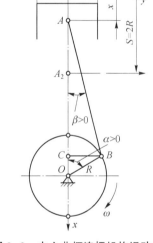

图 9-2 中心曲柄连杆机构运动简图

$$\omega = \frac{da}{dt} = \frac{\pi n}{30}$$

下面分析活塞的运动规律。

1. 活塞位移

由图 9-2 可知，活塞位移为

$$\begin{aligned} x &= \overline{A_1 A} = \overline{A_1 O} - \overline{AO} \\ &= (R+L) - (R\cos\alpha + L\cos\beta) \\ &= R(1-\cos\alpha) + L(1-\cos\beta) \end{aligned} \quad (9-1)$$

由 △ABO 中可知，$L\sin\beta = R\sin\alpha$

$$\sin\beta = \frac{R}{L}\sin\alpha = \lambda\sin\alpha$$

$$\cos\beta = \sqrt{1-\sin^2\beta} = (1-\lambda^2\sin^2\alpha)^{\frac{1}{2}}$$
$$= 1-\frac{1}{2}\lambda^2\sin^2\alpha - \frac{1}{2\times4}\lambda^4\sin^4\alpha - \cdots$$

对于一般发动机，λ 在 1/3.5~1/4.5 之间，λ^4 以上各项数值很小，取

$$\cos\beta = 1-\frac{1}{2}\lambda^2\sin^2\alpha$$

代入式（9-1）并整理，可得活塞位移公式：

$$x = R(1-\cos\alpha) + \frac{1}{4}\lambda R[1-\cos(2\alpha)] \tag{9-2}$$

式（9-2）也可写为

$$x = x_1 + x_2$$

式中，x_1——一阶位移，$x_1 = R(1-\cos\alpha)$；

x_2——二阶位移，$x_2 = \frac{1}{4}\lambda R[1-\cos(2\alpha)]$。

活塞位移 x 及 x_1 和 x_2 随曲轴转角的变化规律如图 9-3 所示。从图中可看出，活塞位移可认为由两个简谐运动组成，x_1 是由于曲轴的旋转使活塞产生的位移，在 2π 的范围内变化一个周期；x_2 则是由于连杆的摆动产生的附加位移，在 π 范围内变化一个周期。

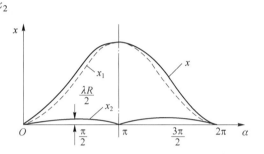

图 9-3 活塞位移曲线

2. 活塞速度

将式（9-2）对时间求导数，可得出活塞速度 v 与曲轴转角 α 的关系式：

$$v = \frac{dx}{dt} = \frac{dx}{d\alpha} \cdot \frac{d\alpha}{dt} = \omega\frac{d}{d\alpha}\left\{R(1-\cos\alpha) + \frac{\lambda R}{4}[1-\cos(2\alpha)]\right\}$$
$$= R\omega\sin\alpha + \frac{1}{2}\lambda R\omega\sin(2\alpha) \tag{9-3}$$

式（9-3）即活塞速度公式，也可写为

$$v = v_1 + v_2$$

式中，v_1——一阶速度，$v_1 = R\omega\sin\alpha$；

v_2——二阶速度，$v_2 = \frac{1}{2}\lambda R\omega\sin(2\alpha)$。

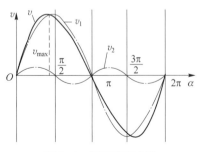

图 9-4 活塞速度曲线

为了便于研究，规定活塞向曲轴中心点 O 运动时为正。活塞速度 v 及 v_1 和 v_2 随曲轴转角的变化规律如图 9-4 所示。从图 9-4 和式（9-3）可看出，活塞速度也可看成由两个简谐运动组成，v_1 是因曲轴的旋转而产生的速度，变化周期为 2π；v_2 是因连杆的摆动产生的附加速度，变化周期为 π；v 的变化周期为 2π，在 $\alpha=0$ 和 $\alpha=\pi$ 时，即当活塞在上、下止点时，活塞速度等于零。

受二阶速度的影响，活塞最高速度 v_{max} 不在 $\alpha = \frac{\pi}{2}$ 时，而是移向上止点方向。在实际应用中，评定活塞速度不采用 v_{max}，而是采用活塞的平均速度 C_m：

$$C_m = \frac{Sn}{30} \tag{9-4}$$

式中，S——活塞行程，m；

n——发动机转速，r/min；

C_m 的大小受发动机工作可靠性的限制，一般车用发动机的 C_m 为 $8 \sim 15$ m/s。

3. 活塞加速度

将式（9-3）对时间求导数，可得出活塞加速度 j 与曲轴转角 α 的关系式：

$$\begin{aligned} j &= \frac{dv}{dt} = \frac{dv}{d\alpha} \cdot \frac{d\alpha}{dt} = \omega \frac{d}{d\alpha}\left[R\omega\sin\alpha + \frac{\lambda R}{2}\omega\sin(2\alpha)\right] \\ &= R\omega^2\cos\alpha + \lambda R\omega^2\cos(2\alpha) \end{aligned} \tag{9-5}$$

式（9-5）即活塞加速度公式，也可写为

$$j = j_1 + j_2$$

式中，j_1——一阶加速度，$j_1 = R\omega^2\cos\alpha$；

j_2——二阶加速度，$j_2 = \lambda R\omega^2\cos(2\alpha)$。

与活塞速度一样，规定加速度方向指向曲轴中心点 O 时为正。活塞加速度 j 及 j_1 和 j_2 随曲轴转角的变化规律如图9-5所示。由图9-5和式（9-5）可看出，一阶加速度 j_1 的变化周期为 2π；二阶加速度 j_2 的变化周期为 π；j 的变化周期为 2π，在 $\alpha = 0$ 时，加速度达到最大值，此时，$j_{max} = R\omega^2(1+\lambda)$。

一般高速发动机的最大加速度：汽油机为 $(500 \sim 1\ 500)g$，柴油机为 $(200 \sim 800)g$，g 为重力加速度。

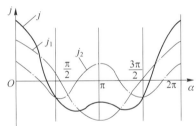

图9-5 活塞加速度曲线

9.1.2 曲柄连杆机构的受力分析

作用在曲柄连杆机构上的机械负荷包括气体作用力和惯性力，此外还有运动件之间的摩擦力、运动件与空气的摩擦力、物体自重等，但这些力与气体作用力和惯性力相比很小，在受力分析中不予考虑。下面对单缸发动机曲柄连杆机构进行受力分析。

1. 气体作用力

作用在活塞上的气体作用力 P_g 是发动机对外做功的动力，P_g 随活塞行程 x 或曲轴转角 α 的变化关系为 $P_g = f(x)$ 或 $P_g = f(\alpha)$，可根据发动机示功图决定，也可取计算值。P_g 表示为

$$P_g = \frac{\pi D^2}{4}(p - p') \tag{9-6}$$

式中，p——气缸中气体压力，MPa；

p'——活塞背面压力，即曲轴箱的气体压力，MPa；

D——气缸直径，mm。

由式（9-6）可以看出，当发动机结构确定后，作用在活塞上的气体作用力 P_g 大小取

决于活塞顶上的气体压力 P_g。

气缸盖上的气体作用力 P_{g1} 与 P_g 大小相等，方向相反，即 $P_{g1}=-P_g$。

作用在活塞上的气体作用力 P_g 集中在活塞销中心，大小随曲轴转角 α 而变化（图 9-6），方向沿气缸中心线，习惯上作用力指向曲轴中心为正。

2. 惯性力

作用在曲柄连杆机构上的惯性力由往复惯性力和旋转惯性力组成。往复惯性力由活塞等往复运动质量所产生；旋转惯性力由旋转质量所产生；又称离心力。惯性力的大小及变化规律与曲柄连杆机构的运动规律及运动质量的大小有关。曲柄连杆机构的运动质量，可根据等效原则，将其换算到活塞销中心和曲柄销中心，前者称往复运动质量 m_j，后者称旋转运动质量 m_r，如图 9-7 所示。

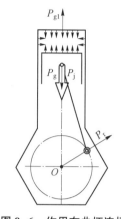

图 9-6 作用在曲柄连杆机构上的力

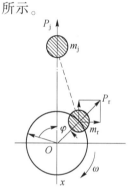

图 9-7 运动部分质量

往复惯性力的大小与往复运动质量及加速度成正比，方向与加速度方向相反，即

$$P_j = -m_j \cdot j$$

将式（9-5）代入，可得

$$P_j = -m_j R\omega^2 \cos\alpha - m_j \lambda R\omega^2 \cos(2\alpha) \tag{9-7}$$

式中，m_j——往复运动质量，kg；

R——曲柄半径，m；

ω——曲轴旋转角速度，1/s。

式（9-6）也可写为

$$P_j = P_{j1} + P_{j2}$$

式中，P_{j1}——一阶往复惯性力，$P_{j1} = -m_j R\omega^2 \cos\alpha$；

P_{j2}——二阶往复惯性力，$P_{j2} = -m_j \lambda R\omega^2 \cos(2\alpha)$。

往复惯性力始终沿气缸中心线作用于活塞销中心处，当方向指向曲轴旋转中心时为正。

旋转惯性力 P_r 是旋转运动质量做圆周运动而产生的离心力，大小为

$$P_r = -m_r R\omega^2 \tag{9-8}$$

式中，m_r——旋转运动质量，kg。

P_r 的作用方向总是沿曲柄向外。

3. 作用力的分解与传递

作用在活塞销处的总作用力 P_Σ 为

$$P_\Sigma = P_g + P_j \tag{9-9}$$

P_Σ 随曲轴转角 α 变化的关系如图 9-8 所示，周期为 4π。

作用力 P_Σ 可分解成沿连杆方向的作用力 K 和垂直于气缸壁的侧压力 N（图9-9）：

$$N = P_\Sigma \tan\beta \tag{9-10}$$

$$K = P_\Sigma / \cos\beta \tag{9-11}$$

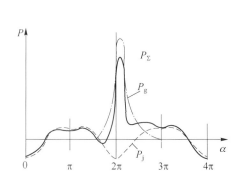

图9-8　作用力 P_Σ 随曲轴转角 α 变化的关系

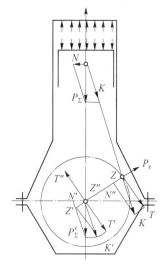

图9-9　力的传递与分解

侧压力 N 随着曲轴转角 α 的变化，其大小和方向都在频繁地变化，规定 N 所形成的反扭矩与曲轴旋转方向相反时为正值，反之为负。N 能使缸套内壁两侧磨损，若活塞与气缸的间隙过大，就会使活塞敲击气缸，产生"敲缸"响声，并加剧缸套与活塞的磨损。连杆力 K 使连杆受到压缩与拉伸，规定连杆受压为正，连杆受拉为负。K 的大小和方向也随曲轴转角而变化。连杆力 K 沿连杆传递到曲柄销，将其分解为垂直于曲柄的切向力 T 和沿曲柄半径的径向力 Z，公式如下：

$$T = K\sin(\alpha+\beta) = P_\Sigma \frac{\sin(\alpha+\beta)}{\cos\beta} \tag{9-12}$$

$$Z = K\cos(\alpha+\beta) = P_\Sigma \frac{\cos(\alpha+\beta)}{\cos\beta} \tag{9-13}$$

在曲轴中心加上三对大小相等、方向相反的力 T'、T''（$T' = T'' = T$）与 N'、N''（$N' = N'' = N$）及 Z'、Z''（$Z' = Z'' = Z$）。其中，T、T'' 形成的力偶 M 就是发动机一个气缸所发出的指示扭矩，其大小为

$$M = TR = P_\Sigma R \frac{\sin(\alpha+\beta)}{\cos\beta} \tag{9-14}$$

另一对力 N、N'' 所形成的力偶 M' 与 M 大小相等，方向相反（证明略），称为反扭矩。指示扭矩 M 使发动机曲轴克服外界阻力矩旋转，反扭矩 M' 通过发动机机体传递到支架上。

作用在曲轴中心处的力 T'、Z'、N' 形成合力 P'_Σ，P'_Σ 由作用在主轴承上的气体作用力 P'_g 和往复惯性力 P'_j 组成：$P'_\Sigma = P'_g + P'_j$。其中，$P'_g = P_g$，$P'_j = P_j$，所以，$P'_\Sigma = P_\Sigma$。

作用在气缸盖上的气体作用力 P_{g1} 与主轴承上承受的气体作用力 P'_g 大小相等、方向相反。这两个力的作用结果在机体上互相抵消，使缸体拉伸或压缩，不传出发动机外。主轴承上的往复惯性力 P'_j 以自由力的形式出现，通过轴承传至机体作用在发动机支架上。旋转惯性力 P_r 也作用在主轴承上，传至机体作用在发动机支架上。

9.1.3 发动机的平衡

发动机工作时，曲柄连杆机构产生的惯性力与反扭矩都是曲轴转角的函数，其大小和方向都周期性变化。它们作用在机体上，并通过机体传给支架，使机体和支架产生振动。振动会使固定螺栓、管路接头等松动，导致发动机支架开焊，乘车人员疲劳，影响仪表读数等后果。因此，设计发动机时，要尽可能降低发动机的振动，使发动机具有良好的平衡性。

反扭矩是输出扭矩的反力矩，这一力矩无法消除，因此研究发动机的平衡性时不包括这一力矩。除反扭矩外，作用在发动机机体和支架上的自由力有往复惯性力和离心力，对于多缸发动机，这些力在某一参考平面内会形成一系列作用在机体上的力矩。

对某一类型的发动机，如果作用在机体上的自由力及自由力形成的力矩的总和为零，那么这一类型的发动机就消除了自由力和力矩所引起的振动，称为完全平衡；否则，便是不平衡或不完全平衡。对一具体的发动机，如果满足以下 6 个条件，则发动机是完全平衡的：

(1) $\sum P_{j1}=0$，即各缸作用在机体上的一阶惯性力的合力等于 0。
(2) $\sum P_{j2}=0$，即各缸作用在机体上的二阶惯性力的合力等于 0。
(3) $\sum P_r=0$，即各缸作用在机体上的离心力的合力等于 0。
(4) $\sum M_{j1}=0$，即各缸作用在机体上的一阶惯性力形成的力矩和等于 0。
(5) $\sum M_{j2}=0$，即各缸作用在机体上的二阶惯性力形成的力矩和等于 0。
(6) $\sum M_r=0$，即各缸作用在机体上的离心力形成的力矩和等于 0。

多缸发动机的平衡性与气缸数目、曲轴形状及 V 型发动机的缸排夹角等有关。某些发动机（如四行程 6 缸发动机），其各缸作用在机体上的自由力和自由力形成的力矩可以相互抵消而达到完全平衡。某些发动机则不能互相抵消，可采取设置平衡机构的方法加以平衡或任其存在。

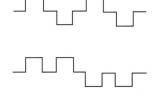

图 9-10 四行程直列 4 缸发动机的曲轴形状（a、b、c）

下面以四行程直列 4 缸发动机为例，分析它的平衡性。

根据发动机工作均匀性的要求，4 缸发动机的曲柄夹角为 $4\pi/4=\pi$，满足曲柄夹角 π 的曲轴形状可以有多种形式。但从满足平衡性的要求来说，曲轴前后镜面对称最好。图 9-10 所示为四行程直列 4 缸发动机曲柄夹角为 π 的三种不同形状的曲轴，其平衡分析如图 9-11 所示。

由曲柄连杆机构受力分析可知，往复惯性力 P_j 如下：

$$P_j = P_{j1} + P_{j2}$$

式中，P_{j1}——一阶惯性力，$P_{j1}=-m_j R\omega^2\cos\alpha$；
P_{j2}——二阶惯性力，$P_{j2}=-m_j\lambda R\omega^2\cos(2\alpha)$。

离心力为 $P_r = -m_r R\omega^2$。

所以，三种曲轴一阶惯性力的合力如下：

$$\sum P_{j1} = (P_{j1})_1 + (P_{j1})_2 + (P_{j1})_3 + (P_{j1})_4$$
$$= -m_j R\omega^2 [\cos\alpha + \cos(\alpha+\pi) + \cos(\alpha+2\pi) + \cos(\alpha+3\pi)] = 0$$

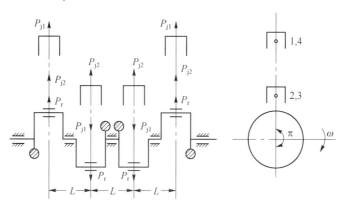

图 9-11　四行程直列 4 缸发动机的平衡

二阶惯性力的合力为

$$\sum P_{j2} = -m_j \lambda R\omega^2 \{\cos(2\alpha) + \cos[2(\alpha+\pi)] + \cos[2(\alpha+2\pi)] + \cos[2(\alpha+3\pi)]\}$$
$$= -4\lambda m_j R\omega^2 \cos(2\alpha)$$

离心力的合力为

$$\sum P_r = 0$$

从惯性力的平衡情况看，三种曲轴的结果是相同的。但从惯性力矩的平衡情况看就有较大差别。曲轴 a 的一阶惯性力矩和为

$$\sum M_{j1}^a = -m_j R\omega^2 [1.5L\cos\alpha + 0.5L\cos(\alpha+\pi) - 0.5L\cos(\alpha+2\pi) - 1.5L\cos(\alpha+3\pi)]$$
$$= -2Lm_j R\omega^2 \cos\alpha$$

式中，L——缸心距。

曲轴 b 的一阶惯性力矩和为

$$\sum M_{j1}^b = -m_j R\omega^2 [1.5L\cos\alpha + 0.5L\cos(\alpha+2\pi) - 0.5L\cos(\alpha+\pi) - 1.5L\cos(\alpha+3\pi)]$$
$$= -4Lm_j R\omega^2 \cos\alpha$$

曲轴 c 的一阶惯性力矩和为

$$\sum M_{j1}^c = -m_j R\omega^2 [1.5L\cos\alpha + 0.5L\cos(\alpha+\pi) - 0.5L\cos(\alpha+3\pi) - 1.5L\cos(\alpha+2\pi)] = 0$$

同样，三种曲轴离心力形成的力矩和分别为

$$\sum M_r^a = -2Lm_r R\omega^2, \quad \sum M_r^b = -4Lm_r R\omega^2, \quad \sum M_r^c = 0$$

曲轴 a 的二阶惯性力矩和为

$$\sum M_{j2}^a = -\lambda m_j R\omega^2 \{1.5L\cos(2\alpha) + 0.5L\cos[2(\alpha+\pi)] - 0.5L\cos[2(\alpha+2\pi)] - 1.5L\cos[2(\alpha+3\pi)]\} = 0$$

同理，可求得曲轴 b、c 的二阶惯性力矩和为零。

根据上述分析，对于四行程直列 4 缸的曲轴，从惯性力与惯性力矩的平衡来看，以曲轴 c 为最好。因此，四行程直列 4 缸发动机都采用像曲轴 c 这样前后镜面对称的曲轴。

用相同的方法，可以分析各种多缸发动机的平衡情况，V 型发动机的分析不仅要考虑两列气缸的作用总和，还要考虑气缸夹角对平衡的影响。

分析了发动机的平衡情况后，就应该采取相应的平衡措施，以避免（或减少）不平衡的力与力矩传出机体。一般多缸发动机曲轴只要曲轴夹角相等，它的离心力与一阶惯性力都能达到平衡，无须采用平衡措施。

平衡措施有平衡重与平衡轴两种。

平衡重是在曲柄臂沿曲柄销相反的方向或与曲柄成一定的夹角方向上加上具有一定质量的重块，主要用来平衡离心力（或力矩）和一阶惯性力（或力矩）。平衡轴是在采用一级（或二级）传动的轴上加上具有一定质量的重块，主要用来平衡一阶、二阶惯性力矩及二阶惯性力。由于二阶惯性力及二阶惯性力矩的数值相对较小，而且平衡轴的结构十分复杂，因此除了5缸发动机因二阶惯性力矩数值相对较大而利用平衡轴来平衡外，其他多缸发动机的二阶惯性力及惯性力矩在一般情况不采取平衡措施。

有些发动机其惯性力及力矩已达到平衡，但曲轴上仍有平衡重，这主要是为了减轻主轴承的负荷。

9.1.4 曲轴的扭转振动

任何弹性系统在外力（或力矩）的作用下都会产生振动。图9-12所示为单质量的弹性系统，一个有质量无弹性的圆盘3固定在一根有弹性而无质量的轴1上，轴的一端被固定。在圆盘上作用一个扭矩，使圆盘转过θ角后放开，在轴的弹性和圆盘的转动惯量作用下，圆盘恢复到原始位置并继续反方向转动θ角。如果没有阻尼，圆盘会在θ角与$-\theta$角之间来回转动直至永远，这就是轴的扭转振动。由于没有外界干扰力矩，因此将这种扭转振动称为自由扭转振动。其偏离原始位置的最大角度即振幅，其每分钟振动的次数即自振频率（或固有频率）。当轴系加上干扰力矩时，这种振动就称为强迫扭转振动。

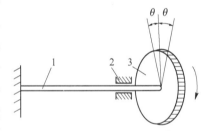

图9-12 单质量弹性系统
1—轴；2—支承；3—盘

曲轴连同与其相连的活塞组、连杆组及飞轮等构成一个多质量的弹性系统，由于对其精确计算极其困难，因此一般采用简化系统来代替。直列6缸发动机既可以简化成7质量的当量系统，也可将其再合并简化为3质量的当量系统。在将曲轴系转换成当量系统时，应保证转换后的自振频率和振动型式与原系统相同。因此，当发动机的活塞、连杆、曲轴和飞轮的结构尺寸与材料确定后，这个弹性系统就有完全确定的自振频率，由于是多质量系统，因此具有多个自振频率。

作用于曲轴系统的干扰力矩是作用在曲柄销上的切向力引起的扭矩，这个扭矩是一个复杂的周期函数曲线，四行程发动机的周期为4π，二行程发动机的周期为3π。由受力分析可知，发动机一个气缸所发出的指示扭矩的大小为

$$M = P_\Sigma R \frac{\sin(\alpha+\beta)}{\cos\beta} \tag{9-15}$$

式中，P_Σ——作用在活塞销处的合力；

R——曲柄半径。

由于直接用此复杂的周期曲线来研究它对曲轴系统的干扰很困难，因此必须对它进行分解。根据傅里叶定律，可将复杂的周期函数分解成若干个简谐曲线。因此，把发动机扭矩展开为扭矩的平均值和一系列具有不同振幅、不同频率和不同初相位的简谐扭矩之和，如图 9-13 所示。

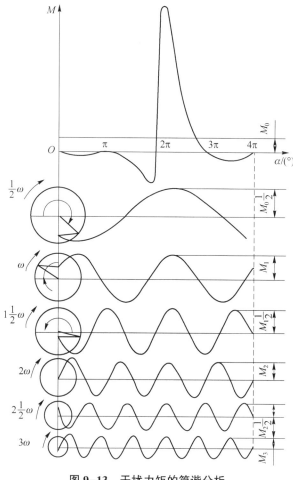

图 9-13 干扰力矩的简谐分析

对四行程发动机，数学表达式如下：

$$M = M_0 + \sum_{K=0.5}^{\infty} M_K \sin(K\omega t + \delta_K) \tag{9-16}$$

式中，M_0——一个气缸的平均扭矩；

M_K——K 次简谐扭矩的振幅；

ω——发动机曲轴的角速度；

δ_K——K 次简谐扭矩的初相位；

K——简谐扭矩阶数。

由于四行程发动机曲轴转两周完成一个工作循环，所以 M 的变化周期为 4π，故 K 的取值为 $0.5, 1, 1.5, 2, 2.5, 3, \cdots$

式 (9-16) 说明，在周期性变化的扭矩 M 作用下，曲轴由两种运动组成：一种是在平均

扭矩 M_0 的作用下以角速度 ω 的匀速旋转运动，它是对外输出扭矩；另一种是在简谐扭矩作用下所产生的不同频率（$K\omega$）的简谐运动，它们就是扭振振动。在实际工作中，高阶的干扰力矩振幅很小，对轴系影响极小，一般情况下，将 K 计算到 12 为止，个别情况下计算到 18。

发动机工作时，当简谐扭矩的频率 $K\omega$ 与曲轴系中的某个自振频率相等或是它的整数倍时，曲轴系统便产生共振。产生共振时的曲轴转速就是发动机的临界转速。

产生共振时，曲轴将产生强烈的扭振振动，出现发动机的转速大幅度波动、工作不稳定、噪声大、功率下降、发动机抖动等不正常的现象。当扭转振动对曲轴所产生的附加应力超过允许限度时，曲轴有可能断裂而造成重大事故。

9.2 刚柔耦合模型

9.2.1 系统动力学理论

系统动力学基于经典力学理论，由多刚体系统动力学与多柔体系统动力学组成。多刚体系统动力学的研究对象是由有限数量的刚体组成的系统，刚体之间以某种形式的约束连接，然后根据各运动件的约束关系建立线性或非线性运动方程、能量方程等进行多刚体系统运动学和动力学分析，并寻求高效稳定的数值求解方法。多柔体系统动力学可以看作多刚体系统动力学的自然延伸，根据柔性体的特点，一般以多刚体系统动力学为研究基础，对系统中的柔性体进行不同的处理，在机械领域常用的处理方法有离散法、模态分析法、形函数法和有限单元法。将柔性体的分析结果与多刚体系统的研究方法相结合，最终得到系统的动力学方程。

9.2.1.1 多刚体系统动力学理论

根据多刚体系统动力学的基本理论，一个刚体的位置可由 6 个坐标来确定。刚体节点的空间位置用笛卡儿坐标 x、y 和 z 表示，即 $\boldsymbol{p} = [x \quad y \quad z]^T$，刚体的方位用三个欧拉角（$\psi, \varphi, \theta$）表示，即 $\boldsymbol{\alpha} = [\psi \quad \phi \quad \theta]^T$，或者使用整体坐标来确定物体位置，即 $\boldsymbol{q} = [\boldsymbol{p} \quad \boldsymbol{\alpha}]^T$。基于这种整体坐标的选择，物体的线速度和角速度的表示如下：

$$\begin{cases} \boldsymbol{u} = \dot{\boldsymbol{q}} \\ \boldsymbol{\omega} = \boldsymbol{J}\dot{\boldsymbol{\alpha}} \end{cases} \quad (9-17)$$

式中，

$$\boldsymbol{J} = \begin{bmatrix} \sin\varphi\sin\theta & 0 & \cos\varphi \\ \cos\varphi\sin\theta & 0 & -\sin\varphi \\ \cos\theta & 1 & 0 \end{bmatrix} \quad (9-18)$$

刚体动能包括平动动能和转动动能，平动动能 K_t 为

$$\boldsymbol{K}_t = \frac{1}{2}m\boldsymbol{V}^2 = \frac{1}{2}\{V_x, V_y, V_z\} m \begin{Bmatrix} V_x \\ V_y \\ V_z \end{Bmatrix}$$

$$= \frac{1}{2}m(\dot{x}^2 + \dot{y}^2 + \dot{z}^2) = \frac{1}{2}m\dot{r}^2 \quad (9-19)$$

式中，m——刚体质量；

r——刚体重心矢径；

V_x, V_y, V_z——刚体在 x、y 和 z 轴上的速度分量。

刚体的转动动能 K_r 定义如下：

$$K_r = \frac{1}{2}mV^2 = \frac{1}{2}\{\omega_x, \omega_y, \omega_z\}\begin{bmatrix} I_{xx} & & \\ & I_{yy} & \\ & & I_{zz} \end{bmatrix}\begin{Bmatrix} \omega_x \\ \omega_y \\ \omega_z \end{Bmatrix}$$

$$= \frac{1}{2}(I_{xx}\omega_x^2 + I_{yy}\omega_y^2 + I_{zz}\omega_z^2) \tag{9-20}$$

式中，$\omega_x, \omega_y, \omega_z$——刚体绕 x、y、z 轴转动的角速度；

I_{xx}, I_{yy}, I_{zz}——刚体绕 x、y、z 轴转动的惯量。

总动能 K 为

$$K = K_t + K_r \tag{9-21}$$

应用拉格朗日待定乘子法，得到系统的动力学方程：

$$\begin{cases} \dfrac{\mathrm{d}}{\mathrm{d}t}\left(\dfrac{\partial T}{\partial \dot{q}}\right)^{\mathrm{T}} - \left(\dfrac{\partial T}{\partial q}\right)^{\mathrm{T}} + \boldsymbol{\varphi}_{\dot{q}}^{\mathrm{T}} p + \boldsymbol{\theta}_{\dot{q}}^{\mathrm{T}} u - Q = 0 \\ \boldsymbol{\varphi}(q, t) = 0 \\ \boldsymbol{\theta}(q, \dot{q}, t) = 0 \end{cases} \tag{9-22}$$

式中，$\boldsymbol{\varphi}(q, t) = 0$——完整约束方程；

$\boldsymbol{\theta}(q, \dot{q}, t) = 0$——非完整约束方程；

T——系统能量；

q——广义坐标列阵；

Q——广义力列阵；

p——对应于完整约束的拉氏乘子列阵；

u——对应于非完整约束的拉氏乘子列阵。

多刚体系统动力学的建模可以归纳为三大类：

（1）利用动量及动量矩定理的矢量力学方法，即直接从矢量形式的牛顿力学基本原理出发建立牛顿-欧拉动力学方程。矢量力学具有几何直观性强的优点，但在处理受约束的质点系时因约束力的出现而显得十分烦琐。

（2）利用 D'Alembert 原理的分析力学方法，即分析力学纯粹解析的方法，它特别适合处理约束质点系。

（3）利用高斯原理的变分方法。

对于这三种建模形式，目前已形成几种各具特色的研究方法，如 Roberson-Wittenberg 方法、Kane 方法、旋量方法和变分方法等。

9.2.1.2 多柔体系统动力学理论

由于刚性体在受到力的作用时不会产生变形，因此在分析构件变形、研究构件在外加载荷作用下结构内部应力的大小和分布情况时，需要把模型的关键构件当成可以产生变形的柔性体来处理。在柴油机的设计过程中，需要研究关键部件（如曲轴和连杆等）在动载荷作用下其结构内部的应力和应变,并由此校核零部件的强度和疲劳寿命,必须将这些零部件作为柔性体考虑。

柔性体上任一点的坐标值可以相对惯性坐标系进行一定范围内的移动和转动,因此需要建立一组坐标来描述柔性体上各点相对动坐标的变形,这组坐标称为弹性坐标。这样柔性体上任一点的运动就是动坐标的刚性运动与弹性变形的合成运动。柔性体上各点之间存在着相对运动,需选取浮动坐标系。选取浮动坐标系的原则是:尽量减小物体刚体运动与变形运动的耦合,以便动力学方程的建立和求解。

多柔体系统动力学方程的建立,一般采用分析力学方法。对第 i 个柔性体,根据第二类拉格朗日方程,有

$$\begin{cases} \dfrac{\mathrm{d}}{\mathrm{d}t}\left(\dfrac{\partial L}{\partial \boldsymbol{q}^i}\right) - \dfrac{\partial L}{\partial \boldsymbol{q}^i} + \dfrac{\partial \varGamma}{\partial \boldsymbol{q}^i} + \left[\dfrac{\partial \boldsymbol{C}_q^i}{\partial \boldsymbol{q}^i}\right]^{\mathrm{T}} \boldsymbol{\lambda} = \boldsymbol{Q}^i \\ \boldsymbol{C}_q^i = \boldsymbol{0} \end{cases} \tag{9-23}$$

式中,$\boldsymbol{Q}^i$——作用在第 i 个柔性体上的广义力;

$\boldsymbol{\lambda}$——拉格朗日乘子;

$\boldsymbol{C}_q^i$——约束方程;

L——拉格朗日函数,定义为 $L = T - V$,T 和 V 分别表示柔体的动能和势能;

$\varGamma$——能量耗损系数。

用式(9-23)建立多柔体动力学方程,必须求解式中的各项,柔性体的动能可表示为

$$T = \frac{1}{2}\int_V \rho \dot{\boldsymbol{r}}_{\mathrm{P}}^{\mathrm{T}} \dot{\boldsymbol{r}}_{\mathrm{P}} \mathrm{d}V \tag{9-24}$$

代入方程:

$$\dot{\boldsymbol{r}}_{\mathrm{P}} = \begin{bmatrix} \boldsymbol{I} & \boldsymbol{B} & \boldsymbol{A}\boldsymbol{\varPhi} \end{bmatrix} \begin{bmatrix} \dot{\boldsymbol{r}} \\ \boldsymbol{\omega} \\ \dot{\boldsymbol{q}}_{\mathrm{f}} \end{bmatrix} = \boldsymbol{L}_0 \dot{\boldsymbol{q}} \tag{9-25}$$

有

$$T = \frac{1}{2}\int_V \rho \dot{\boldsymbol{q}}^{\mathrm{T}} \boldsymbol{L}_0^{\mathrm{T}} \boldsymbol{L}_0 \dot{\boldsymbol{q}} \mathrm{d}V \tag{9-26}$$

式中,$\boldsymbol{A},\boldsymbol{B}$——转换矩阵;

$\boldsymbol{\varPhi}$——模态矩阵;

$\dot{\boldsymbol{r}}$——柔性体的重心矢径;

$\boldsymbol{\omega}$——柔性体的旋转角速度矢量;

$\dot{\boldsymbol{q}}_{\mathrm{f}}$——变形广义坐标;

ρ——柔性体的质量密度;

V——柔性体的体积。

将 $\dot{\boldsymbol{q}}^{\mathrm{T}}$ 和 $\dot{\boldsymbol{q}}$ 提到积分号以外,可将式(9-26)写成紧缩形式:

$$T = \frac{1}{2}\dot{\boldsymbol{q}}^{\mathrm{T}} \boldsymbol{M} \dot{\boldsymbol{q}} \tag{9-27}$$

式中,$\boldsymbol{M}$——柔性体的质量矩阵,

$$\boldsymbol{M} = \int_V \rho \boldsymbol{L}_0^{\mathrm{T}} \boldsymbol{L}_0 \mathrm{d}V \tag{9-28}$$

柔性体的势能一般分为重力势能和弹性势能两部分,可用下列二项式来表示:

$$V = V_{\mathrm{g}}(\boldsymbol{q}) + \frac{1}{2}\boldsymbol{q}^{\mathrm{T}} \boldsymbol{K} \boldsymbol{q} \tag{9-29}$$

式中，$V_g(q)$——重力势能；
　　　K——对应于广义坐标 q 的柔体广义刚度矩阵。

因为阻尼力依赖于广义速度，因此能量损耗函数 $\varGamma$ 可表示为

$$\varGamma = \frac{1}{2}\dot{q}^{\mathrm{T}} D \dot{q} \tag{9-30}$$

式（9-30）称为 Rayleigh 能量损耗函数，其中阻尼矩阵 D 包含阻尼系数 d_{ij}，为常数对称矩阵。

在多柔体系统中，各构件之间由各种铰链连接在一起，构成对多柔体系统的约束，这种约束可用约束方程来表示。在多柔体动力学分析中，形式是非线性方程组：

$$C(q,t) = 0 \tag{9-31}$$

式中，$q = [(q^1)^{\mathrm{T}}, (q^2)^{\mathrm{T}}, \cdots, (q^n)^{\mathrm{T}}]^{\mathrm{T}}$ 为系统全部广义坐标，n 为广义坐标数。

经过推导，可得到多柔体系动力学控制方程的最终形式：

$$M\ddot{q} + \dot{M}\dot{q} - \frac{1}{2}\left[\frac{\partial M}{\partial q}\dot{q}\right]^{\mathrm{T}} + Kq + f_g + D\dot{q} + \left[\frac{\partial C}{\partial q}\right]^{\mathrm{T}} \lambda = Q_F \tag{9-32}$$

式中，$q,\dot{q},\ddot{q}$——柔性体广义坐标及其对时间的一、二阶导数；
　　　$M,\dot{M}$——柔性体的质量矩阵及其对时间的导数；
　　　K——模态刚度矩阵；
　　　f_g——广义重力；
　　　D——模态阻尼矩阵；
　　　λ——拉格朗日乘子；
　　　Q_F——外部施加的载荷。

9.2.2　三维实体模型

曲轴和连杆比较复杂，如果实体建模时把各种小的倒角和圆角，以及螺栓孔、油孔都考虑进去，在后续工作中进行曲轴和连杆的有限元模型网格划分时，会产生许多奇异单元，同时会增加模型的单元、节点数目，不仅会使模型的结构应力计算量增加，而且会引起求解累计误差增大，降低求解精度。所以在建模时做了一些适当的简化，这些简化以不影响曲轴和连杆的动力学特性为前提，在建模时忽略了半径小于 5 mm 的圆角和直径小于 12 mm 的油道。曲轴和连杆的三维实体模型如图 9-14 所示。

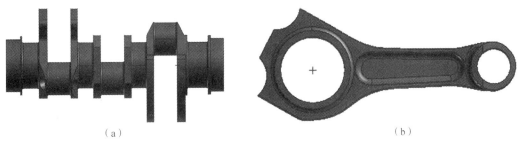

图 9-14　三维实体模型
(a) 曲轴三维实体模型；(b) 连杆三维实体模型

依次建立活塞和缸套等零部件的三维实体模型,以曲轴转角为基准,将各缸运动件按照运动相位导入整体坐标系,实体装配模型如图9-15所示。

图9-15 曲轴连杆机构装配模型

9.2.3 有限元模型

采用四面体单元对曲轴和连杆进行网格划分,四面体网格的生成方法主要为推进波前法,它首先离散待剖分域的边界。待剖分域的边界离散后是拓扑相容的三角形面片的集合,这种离散后的域边界称为前沿。从前沿开始,依次插入一个节点,并连接生成一个新的单元,更新前沿,这样前沿就可以向待剖分域的内部推进,这种插入节点、生成新单元、更新前沿的过程循环进行,当前沿为空时表明整个域剖分结束。

由于在后续的处理计算中,考虑到曲轴和连杆进行柔性化处理后要对模型进行自由模态分析,因此在建立有限元模型时,划分网格要尽可能大小均匀,同时考虑到要对危险截面(如过渡圆角处)进行强度计算,因此在曲柄销、主轴颈与曲柄臂的过渡圆角处需要对网格进行加密,所以要考虑对节点位置的优化配置。对于用四面体单元划分完成后的构件模型,应对其网格质量加以评估。

在刚柔耦合模型中,载荷的传递必须经过外接节点单元,所以在建立柔性体有限元模型时必须采用特定的自由度连接关系,应用多点约束(Multi-Point Constraints,MPC)来实现载荷的传递。MPC是用于描述多个位移自由度之间相互关系的线性方程,在有限元计算中应用很广泛,它允许计算模型在不同的自由度之间强加约束。简单来说,MPC定义的是一种节点自由度的耦合关系,即以一个节点的某几个自由度为标准值,令其他指定节点的某几个自由度与这个标准值建立某种关系。多点约束常用于表征一些特定的物理现象,如刚性连接、铰接、滑动等,也用于不相容单元间的载荷传递。

在曲轴的连杆轴颈、主轴颈和飞轮连接处建立外接节点单元,节点单元在刚-柔性体运动连接处为柔性体提供刚性支撑,其位置与曲轴各运动副的标记点位置完全一致。对曲轴进行自由网格划分并进行质量检查和网格优化,得到曲轴有限元模型如图9-16所示,共有48 210个节点、30 800个单元和11个外接点单元。

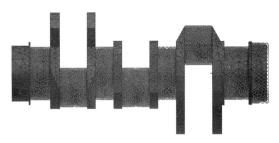

图 9-16 曲轴有限元模型（书后附彩插）

在连杆的大头和小头连接处建立外接点单元，连杆的有限元模型如图 9-17 所示，有 10 370 个节点、5 898 个单元和 2 个外接点单元。

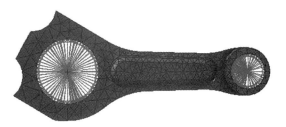

图 9-17 连杆有限元模型（书后附彩插）

1. 有限元模态分析

模态分析的理论过程是指以线性振动理论为基础，研究激励、系统、响应三者的关系。它是研究结构动力特性的一种近代方法，是系统辨别方法在工程振动领域中的应用。模态是机械结构的固有振动特性，每一个模态具有特定的固有频率、阻尼比和模态振型。这些模态参数可以由计算或试验分析取得，这样的一个计算或试验分析过程称为模态分析。根据振动理论及有限元理论，具有有限个自由度的弹性系统的振动微分方程为

$$M\ddot{X} + C\dot{X} + KX = F(t) \tag{9-33}$$

式中，M, C, K——结构总质量矩阵、结构总阻尼矩阵、结构总刚度矩阵；

$\ddot{X}, \dot{X}, X$——结构的加速度向量、速度向量和位移向量；

$F(t)$——结构的激振力向量。

离散为有限元三维实体单元，分别求出每个单元的刚度矩阵为

$$K_{ij}^e = \int_v B_i^T D B_j dv \tag{9-34}$$

式中，D——弹性矩阵；

B_i, B_j——应力、应变关系矩阵。

曲轴的各阶自由模态振型在低阶频率下，以弯曲模态为主，并且弯曲变形的最大部位出现在主轴颈和曲柄销与曲柄臂和平衡块的结合处。随着模态频率进一步提高，出现各部分不同步的弯曲、扭转或弯扭组合振动以及复杂的局部振动。曲轴的裂纹一般是由弯曲力矩疲劳破坏产生的，因此研究曲轴的低阶模态在外加载荷作用下的动态应变，对曲轴的强度分析具有十分重要的意义。连杆的各阶自由模态振型在低阶频率下，以弯曲模态为主，随着模态频率的提高，扭转模态振型趋于明显，随着模态频率进一步提高，出现各部分不同步的弯曲、扭转或弯扭组合振动以及复杂的局部振动。

2. 模型降阶

复杂结构动力学分析经常使用自由度非常庞大的模型，其振动模态数目多且密集，导致计算效率低下，为了提高动力学计算的效率，人们提出了许多模型降阶的方法。根据实际计算经验，通常模态的贡献量随着频率的增加而减小，即结构体系中只有少数较低的模态容易被激发，而高阶模态不易被激发。因此，缩减模型规模的一个简单方法是直接对结构的模态进行截断，舍弃高阶模态，只将自振频率低的几个模态进行叠加来表达结构的振动状态。对于具体问题，模态截断阶数的选取还需结合具体的结构和动荷载，采用适当的判据进行分析判断。如果不能对各阶模态在系统响应中的贡献量进行较好的分析而任意截断高阶模态，就可能导致模态丢失，对模型造成影响。将系统各阶模态的"DC 增益"作为模态截断的判断指标，对振动模态进行排序，以确定各阶模态对系统响应贡献量的大小，建立系统模态选取的判据。

3. 约束边界条件施加

曲柄连杆机构的各零部件是按照一定的运动关系组合在一起的，根据零部件之间的实际运动关系将其简化成理想约束，组装成一个完整的机构。设定气缸套与地面、活塞与活塞销、曲轴和飞轮之间为固定副；活塞沿气缸中心线做直线往复运动，为移动副；活塞销与连杆、曲轴销与连杆、曲轴与地面之间为转动副。各零部件之间的运动约束关系如图 9-18 所示。

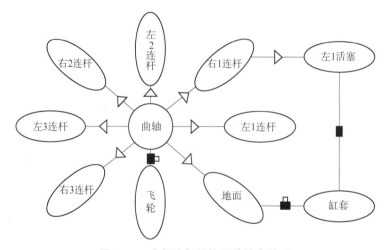

图 9-18　曲柄连杆机构运动约束关系

4. 载荷边界条件施加

根据发动机台架试验测得的数据，对活塞顶上作用的各缸气体爆发压力建立气体压力样条曲线。在多体动力学模型中，6 个气缸都按照一定的相位关系，以曲轴转角为自变量分别调用各缸气体作用力数据文件。图 9-19 所示为转速为 2 200 r/min 时一个工作循环内各缸气体作用力曲线。

测量曲轴转角 α 和连杆摆角 β，并以此为自变量，计算发动机的输出扭矩：

$$M = P_\Sigma R \frac{\sin(\alpha+\beta)}{\cos\beta} \tag{9-35}$$

式中，P_Σ——作用在活塞销中心处的合力；
　　　R——曲轴旋转半径。

将此扭矩作为阻力矩施加在曲轴输出端，使发动机运转保持平稳。

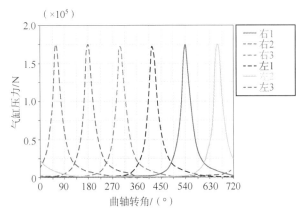

图 9-19 各缸气体作用力曲线（书后附彩插）

将模态分析后得到的模态中性文件替换原刚性构件，得到包含柔性体的刚柔耦合动力学模型。调整柔性体的位置，使其重心与原刚体构件的重心对齐，这样柔性体的位置与原刚性体的位置就完全重合了。替换后，原刚体上的运动副、载荷等会自动转移到柔性体上，运动副作用中心会自动转移到柔性体距离该作用中心最近的节点上，也就是建立的外接节点。原刚体的质量、重心等固有属性均转移至柔性体上，新的柔性体将集成原来刚体的一些特征，如初始速度、模态位移等。针对研究对象的不同，将刚体动力学模型中的曲轴和连杆分别替换为柔性体，得到曲轴为柔性体和连杆为柔性体的刚柔耦合模型，如图 9-20 所示。

图 9-20 曲柄连杆机构刚柔耦合模型（书后附彩插）
（a）曲轴为柔性体；（b）连杆为柔性体

9.3　曲轴连杆动应力分析

9.3.1　曲轴的动应力分析

曲轴受到周期性变化的气体压力以及惯性力的作用。将曲轴进行柔性化处理后，在活塞顶部加载发动机额定工况的气体爆发压力，设定曲轴转速为 2 200 r/min，进行动力学仿真，仿真时间为一个发动机工作循环，曲轴的范式等效应力（Von Mises Stress）云图如图 9-21 所示。

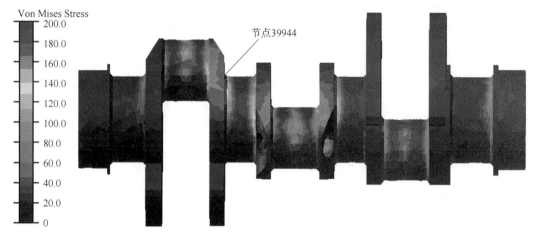

图 9-21 曲轴的范式等效应力云图（书后附彩插）

可以看出，曲柄销与曲柄臂过渡圆角处为曲轴应力集中最严重的部位，其应力峰值在 160~200 MPa 之间，最大应力点为节点 39944，最大应力值为 181.36 MPa。曲轴的前 10 个最大应力点受力情况如表 9-1 所示。

表 9-1 曲轴前 10 个最大应力点和应力值

序号	节点	最大应力值/MPa	序号	节点	最大应力值/MPa
1	39944	181.36	6	40782	167.948
2	42648	178.952	7	40320	166.832
3	40778	171.32	8	39396	165.289
4	2266	171.099	9	2265	164.715
5	42644	168.432	10	40784	164.326

对曲轴危险截面最大应力点（节点 39944）进行动应力分析，得到一个工作循环的范式等效应力曲线，如图 9-22 所示。

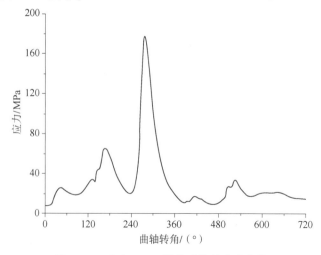

图 9-22 节点 39944 的范式等效应力曲线

从图中可以看出，节点 39944 的范式等效应力最大峰值为 181.36 MPa，第二峰值为 67 MPa。

9.3.2 连杆的动应力分析

连杆受到周期性变化的气缸爆发压力和曲轴、活塞惯性力的作用，每个工作循环各缸爆发一次，并经历一个做功冲程。将连杆进行柔性化处理后，用同样的方法进行仿真，连杆的范式等效应力云图如图 9-23 所示。

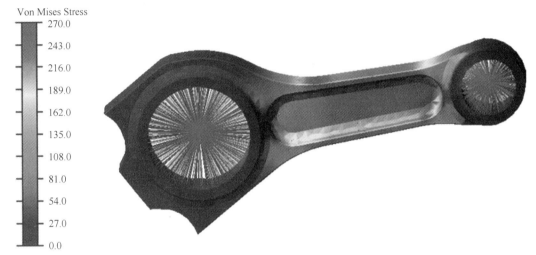

图 9-23　连杆的范式等效应力云图（书后附彩插）

可以看出，连杆小头与杆身的过渡圆角处为应力集中最严重部位，其应力峰值在 240~270 MPa 之间，最大应力点为节点 1754，最大应力值为 268.4 MPa，前 10 个最大应力点受力情况如表 9-2 所示。

表 9-2　连杆前 10 个最大应力点和应力值

序号	节点	最大应力值/MPa	序号	节点	最大应力值/MPa
1	1754	-268.4	6	1409	-251.124
2	9088	-266.005	7	9096	-249.575
3	9085	-255.916	8	1464	-247.735
4	1766	-255.853	9	9094	-246.889
5	9417	-252.898	10	1460	-246.396

对连杆危险截面最大应力点节点 1754 进行三个工况下的动应力分析，得到一个工作循环的范式等效应力曲线如图 9-24 所示。

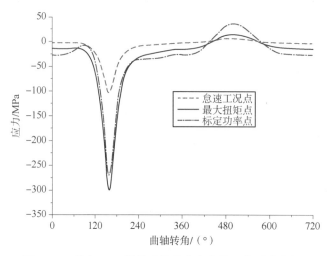

图 9-24　节点 1754 的范式等效应力曲线（书后附彩插）

从图中可以看出，在最大扭矩点的连杆压应力最大为 -300.8 MPa，在标定功率点时拉应力最大值为 35.8 MPa。

9.4　曲轴与连杆应力试验

9.4.1　曲轴应力试验

对曲轴的弯曲应力进行测试，了解曲轴关键部位（曲柄销圆角）的应力状态，可为验证和调整动力学仿真模型提供可靠数据。

曲轴电测现场如图 9-25 所示，其布片位置如图 9-26 所示，应变片间隔角度为 10°。应变片布置在曲轴第三曲拐处，曲轴电测布片实物如图 9-27 所示。

图 9-25　曲轴电测现场

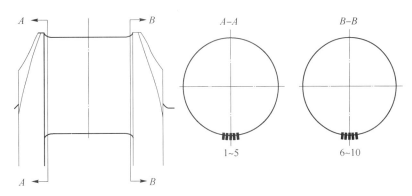

图 9-26 曲轴电测布片位置示意图

图 9-27 曲轴电测布片实物

9.4.2 连杆应力试验

对连杆的拉伸和压缩应力进行测试，测得连杆危险部位的应力数据，可为验证和调整曲轴和连杆动力学仿真模型提供可靠数据。连杆试件与应力测量试验现场如图 9-28 所示。

图 9-28 连杆电测试验

结合连杆应力测量及有限元分析结果，连杆高应力区一般为连杆小头、大小头圆弧过渡处及连杆身部位等部位，具体布片位置如图 9-29 所示。侧面的应变片贴片方向均沿杆身方向布置在连杆中线上，其中由于大小头过渡圆角处应力变化比较明显，在 4 个位置布置了四联片。

在四立柱加载系统上对连杆进行动态加载，同时测试并保存测点动态应力数据。选取最大功率点和最大扭矩点两个典型工况进行分析。

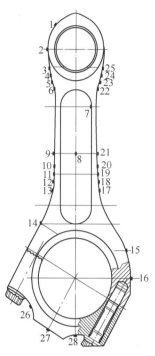

图 9-29 连杆电测布片位置

结合曲轴连杆应力试验数据对刚柔耦合模型进行校核,对曲轴连杆在不同环境任务剖面下的载荷进行计算,为载荷谱的编制提供数据支撑。

9.5 曲轴连杆疲劳载荷谱编制

刚柔耦合模型校核后,计算分析发动机曲轴连杆在复杂变工况下的载荷情况,根据发动机关重件载荷历程进行统计分析编制曲轴连杆疲劳载荷谱。

对曲轴连杆危险节点在典型任务剖面下的载荷-时间历程进行雨流计数,结果如图9-30~图9-34所示。

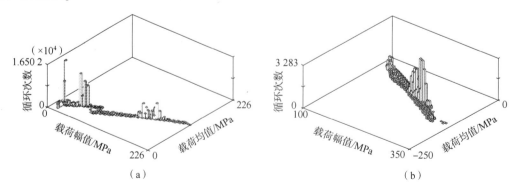

图 9-30 冰雪路曲轴连杆危险节点载荷雨流计数
(a) 曲轴载荷雨流计数;(b) 连杆载荷雨流计数

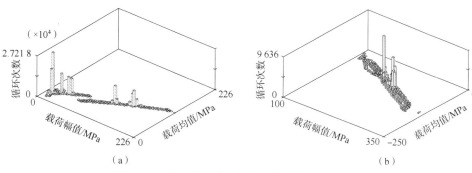

图 9-31 铺面路曲轴连杆危险节点载荷雨流计数

(a) 曲轴载荷雨流计数；(b) 连杆载荷雨流计数

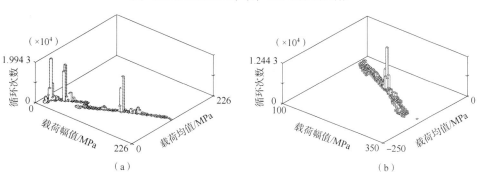

图 9-32 砂石路曲轴连杆危险节点载荷雨流计数

(a) 曲轴载荷雨流计数；(b) 连杆载荷雨流计数

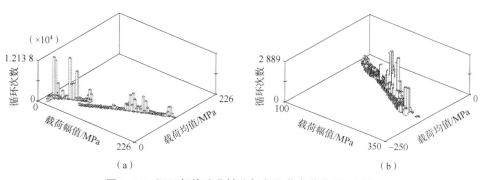

图 9-33 温区起伏路曲轴连杆危险节点载荷雨流计数

(a) 曲轴载荷雨流计数；(b) 连杆载荷雨流计数

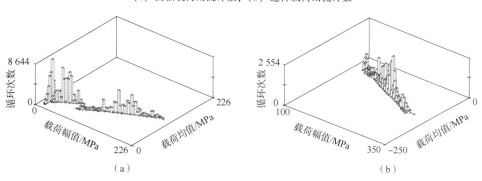

图 9-34 热区起伏路曲轴连杆危险节点载荷雨流计数

(a) 曲轴载荷雨流计数；(b) 连杆载荷雨流计数

9.5.1 程序块载荷谱编制

程序块载荷谱是利用数理统计的方法把载荷谱处理成若干个幅值不同的等幅载荷，按一定顺序加载来模拟实际载荷，利用程序加载疲劳试验机来模拟零件在实际工作过程中的载荷谱。其基本编制步骤如下：

第 1 步，对发动机零部件载荷时间历程进行计数处理，得到零部件载荷累计频次曲线。

第 2 步，对于连续的载荷累计频次曲线进行分级，用阶梯折线来代替原累计频次曲线。通常用 8 级阶梯曲线来实现分级，可用等间隔法与非等间隔法划分，目前常用的非等间隔分级幅值水平为

$$S_j = \beta_j \cdot S_{\max}, \quad j = 1, 2, \cdots, 8 \tag{9-36}$$

式中，S_j——各级幅值水平；

β_j——比例系数，其值为 1, 0.95, 0.85, 0.725, 0.575, 0.425, 0.275, 0.125；

$S_{\max}$——最大应力幅值。

第 3 步，确定加载顺序与加载方式。通常按照波动中心法，先加载均值作为波动中心，然后将幅值叠加在波动中心上。在加载过程中，一般采用低-高、高-低或低-高-低等载荷加载顺序。

对发动机连杆各任务剖面下的雨流矩阵进行外推和叠加，得到发动机连杆全任务剖面下的连杆危险点应力累积频次曲线，通常也称为目标载荷谱，如图 9-35 所示。

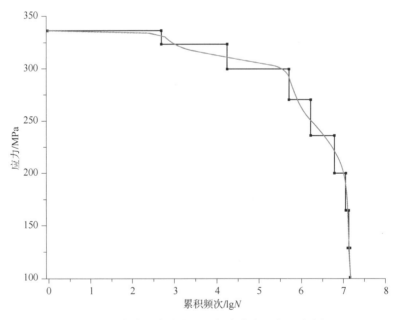

图 9-35　连杆危险点应力累积频次曲线（书后附彩插）

根据式（9-36）计算得到发动机连杆八级载荷谱，其载荷幅值及加载频次如表 9-3 所示。

表 9-3 连杆疲劳载荷谱

载荷幅值/MPa	加载频次	累积频次
336	239	239
324	721	960
300	325 360	326 320
271	443 480	769 800
236	2 797 300	3 567 100
200	6 437 900	10 005 000
165	2 175 000	12 180 000
129	1 854 000	14 034 000

发动机工作时工况不断变化,连杆是在变应力条件下工作的。因此进行连杆疲劳寿命试验首先要获得连杆全任务剖面下的目标载荷谱,再根据载荷分级的方法编制连杆疲劳寿命八级谱,以此为依据进行连杆疲劳寿命试验,可以更加准确地反映发动机连杆在实车使用中的疲劳寿命。用同样的方法得到曲轴疲劳载荷谱如表 9-4 所示。

表 9-4 曲轴疲劳载荷谱

载荷幅值/MPa	加载频次	累积频次
222	239	239
211	233 827	234 066
189	411 884	645 950
161	2 053 798	2 699 748
128	7 632 751	10 332 499
95	2 290 001	12 622 500
61	1 945 000	14 567 500
28	10 257 499	24 824 998

9.5.2 随机载荷谱编制

程序块载荷谱较等幅谱有了很大改进,曾得到广泛的应用。然而,发动机及其零部件在实际使用过程中,各种载荷是随机发生的,并不按载荷水平和循环次数组成小块,各小块再排列成程序块。随着计算机控制技术和疲劳试验机的发展,目前在设计和试验时已可以对试验零件实现随机加载,这种方法比起等幅谱和程序块载荷谱更加准确,是目前最接近实际载荷的加载方法。因此,为了使载荷谱能够更进一步反映零部件的随机载荷,有必要编制零部件随机载荷谱。

9.5.2.1 随机数产生

目前应用最广泛的随机数产生方法是利用计算机对数字直接进行算术运算和逻辑运算,

通过选取一个适当的算法产生随机数。这种随机数通常是由计算机以某种数学方法产生，这些随机数列实质上是完全确定的，但可以满足一定的统计特征，故也称为伪随机数。伪随机数可以用加同余法、乘同余法、混合同余法等数学算法产生。通过大量的试验发现，通过适当选择算法中的各常量，采用混合同余法产生随机数，其分布特性一般容易通过统计检验，因此在随机载荷谱编制过程中通常采用混合同余法产生抽取应力峰谷值的随机数，其基本算法如下：

$$X_{i+1} = (X_i a + b) - M\left[\text{Interger}\left(\frac{X_i a + b}{M}\right)\right] \quad (9-37)$$

式中，X_i——i 次随机数；

M——随机数序列周期；

a——乘子；

b——增量。

令 N 为产生随机数列的位数，则

$$M = 2^N \quad (9-38)$$

$$k = \text{Interger}\left(\frac{N}{2}\right) \quad (9-39)$$

$$a = 2^c + 1 \quad (9-40)$$

$$b = 2^k + 1 \quad (9-41)$$

式中，c——大于或等于 k 的最小奇数。

9.5.2.2 随机数检验

伪均匀随机数的有效性在于它们与真正的 $[0,1]$ 区间上均匀随机数的性质是否有显著差异，若二者有显著差异，则这种通过随机数发生器产生的随机变量样本就不能够反映该随机变量的性质，从而无法得到可靠的随机模拟结果。

1. 参数检验

均匀随机数的参数检验是检验由某个发生器产生的随机数序列 $\{r_i\}$ 的均值、方差和各阶矩与均匀分布的理论值是否有显著差异。

若随机变量 $R \sim U(0,1)$，则 $E(R) = \frac{1}{2}$，$\text{Var}(R) = \frac{1}{12}$，$E(R^2) = \frac{1}{3}$，若 $R_1, R_2, \cdots, R_n$ 是均匀总体 R 的简单随机样本，即 $R_1, R_2, \cdots, R_n$ 相互独立服从 $U(0,1)$ 分布，记

$$\bar{R} = \frac{1}{n}\sum_{i=1}^{n} R_i, \quad \bar{R^2} = \frac{1}{n}\sum_{i=1}^{n} R_i^2, \quad s^2 = \frac{1}{n}\sum_{i=1}^{n}\left(R_i - \frac{1}{2}\right)^2 \quad (9-42)$$

则有

$$E(\bar{R}) = \frac{1}{2}, \text{Var}(\bar{R}) = \frac{1}{12n}; \quad E(\bar{R^2}) = \frac{1}{3}, \text{Var}(\bar{R^2}) = \frac{4}{45n}; \quad E(s^2) = \frac{1}{12}, \text{Var}(s^2) = \frac{1}{180n}$$

2. 均匀性检验

随机数的均匀检验又称为频率检验，它用来检验由某个发生器产生的随机数序列 $\{r_i\}$ 是否均匀地分布在 $[0,1]$ 区间，也就是检验经验频率与理论频率的差异是否显著，目前常用的方法是 χ^2 检验。

χ^2 检验的理论依据是：如果从一个随机变量 R 中随机抽取若干观察样本，这些观察样

本落在 R 的 m 个互不相交的子集中的频数服从一个多项分布,这个多项分布在 m 趋向于无穷时近似服从卡方分布。

设 $r_1, r_2, \cdots, r_n$ 是待检验的一组随机数,假设 $H_0: r_1, r_2, \cdots, r_n$ 为均匀总体的简单样本。将 $[0,1]$ 区间分为 m 个小区间,以 $\left(\dfrac{i-1}{m}, \dfrac{i}{m}\right)(i=1,2,\cdots,m)$ 表示第 i 个小区间,设 $\{r_j\}(j=1,2,\cdots,n)$ 落入第 i 个小区间的数目为 $n_i(i=1,2,\cdots,m)$。根据均匀性假设,r_j 落入每个小区间的概率为 $\dfrac{1}{m}$,第 i 个小区间的理论频数 $\mu_i = \dfrac{n}{m}(i=1,2,\cdots,m)$,统计量 $V = \sum\limits_{i=1}^{m} \dfrac{(n_i - \mu_i)^2}{\mu_i} = \dfrac{m}{n}\sum\limits_{i=1}^{m}\left(n_i - \dfrac{n}{m}\right)^2$ 渐进服从 $\chi^2(m-1)$。

给定显著性水平 α,查 χ^2 分布表得临界值后,即可对经验频率与理论频率的差异作显著性检验。若 χ^2 的概率 P 值小于显著性水平 α,则应拒绝原假设,认为样本来自的总体分布与期望分布或某一理论分布存在显著差异;反之,则不能拒绝原假设,可以认为样本来自的总体分布与期望分布或某一理论分布不存在显著差异。

3. 独立性检验

独立性检验主要检验随机数序列 $r_1, r_2, \cdots, r_n$ 之间的统计相关性是否显著。两个随机变量的相关系数反映它们之间的线性相关程度,若两个随机变量独立,则它们的相关系数为零,故可以利用相关系数检验随机数的独立性。

设 $r_1, r_2, \cdots, r_n$ 是待检验的一组随机数,原假设 H_0:相关系数 $\rho = 0$。考虑样本的 j 阶自相关系数:

$$\rho(j) = \dfrac{\dfrac{1}{n-j}\sum\limits_{i=1}^{n-j}(r_i - \bar{r})(r_{i+j} - \bar{r})}{\dfrac{1}{n}\sum\limits_{i=1}^{n}(r_i - \bar{r})^2}, \quad j=1,2,\cdots,m \tag{9-43}$$

相关系数范围为:$-1 \leq \rho \leq 1$,当 $|\rho| < 0.3$ 时,表示变量的线性相关性较弱。计算自相关系数及标准误差概率 P 值:若检验统计量的概率 P 值小于给定的显著性水平 α,则应拒绝原假设,认为变量存在线性相关性;若相反,则不应拒绝原假设,认为变量间不存在线性相关性。

当 $n-j$ 充分大,且 $\rho = 0$ 成立时,$u_j = \rho(j)\sqrt{n-j}$ 渐进服从 $N(0,1)$ 分布 $(j=1,2,\cdots,m)$,可以利用统计量 u_j 进行相关性检验。

9.5.2.3 随机载荷谱编制步骤

随机载荷谱编制步骤如下:

第 1 步,把连续的应力累计频数离散化,得到各级应力水平所有任务段出现的频数 $\Delta f(S_j)$:

$$\Delta f(S_j) = f(S_j) - f(S_{j+1}) \tag{9-44}$$

式中,$f(S_j)$, $f(S_{j+1})$——第 j 级和第 $j+1$ 级应力水平累计频数。

第 2 步,计算各级极大应力和极小应力每单位小时至少出现一次的频数 $\Delta \bar{f}(S_j)$,即

$$\Delta \bar{f}(S_j) = \text{Integer}\left[\dfrac{\Delta f(S_j)}{n}\right] \tag{9-45}$$

式中,n——全任务段工作小时。

第3步，计算各级极大应力和极小应力每单位小时少于一次的频数 $\Delta f'$，并生成剩余数表，即

$$\Delta f' = \Delta f(S_j) - \Delta \bar{f}(S_j) \tag{9-46}$$

第4步，计算每级应力水平的位置索引 PI，并生成位置索引表，即

$$\mathrm{PI}_j = \mathrm{Interger}\left[\frac{n}{\Delta f'(j)}\right] \tag{9-47}$$

每隔 PI_j 次单位小时就加上第 j 级应力水平，直到加完所有的剩余数。

第5步，根据所产生的随机数，随机排列各级应力水平 $S_{\max}$。在随机排列时，要根据位置索引 PI 随机加剩余数 $\Delta f'$ 中的频数。

第6步，将极小应力 $S_{\min}$ 像极大应力那样排列。

第7步，将生成的极大应力随机排列与极小应力随机排列组合，生成随机应力谱。

以得到的整机载荷谱为单位任务剖面，发动机连杆共有 57 992 个载荷循环，首先应用随机数发生器对 1~57 992 个自然数进行随机排列。为使生成的随机变量便于检验，将所有随机数除以数据总长度 L，即可使生成的随机数列 $R \sim U(0,1)$。经计算，该随机数列的 $E(R)$ 为 0.5，$\mathrm{Var}(\bar{R})$ 为 0.083 3，$E(R^2)$ 为 0.333 3，$\mathrm{Var}(\bar{R}^2)$ 为 0.088 9，则认为生成的随机数与均匀分布的检验值之间无显著差异。

对生成的随机数进行 χ^2 检验，取 $\alpha = 0.05$，则 $\chi^2_{0.05}(9) = 16.919$，将随机数的取值范围均匀分为 10 个区间，经计算得 $\chi^2_n = 3.621\ 3 \times 10^{-4} < \chi^2_{0.05}(9)$，说明产生的随机数列符合均匀性检验。

按照随机载荷谱的编制步骤，对发动机连杆应力时间历程进行统计分析，以每小时为单位任务剖面进行编谱，首先生成极大应力随机序列，然后生成极小应力随机序列，最后进行组合生成随机应力谱，共计 57 992 个载荷循环，连杆随机载荷谱序列（部分）如图 9-36 所示。

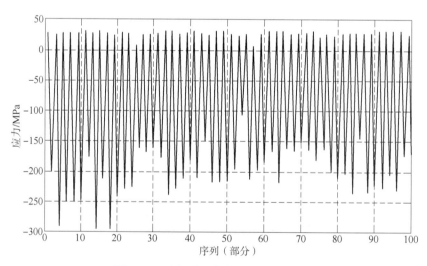

图 9-36　连杆随机载荷谱序列（部分）

第 10 章
典型零部件载荷谱——气缸盖疲劳载荷谱

气缸盖是发动机结构最为复杂的零部件之一，工作过程中气缸盖承受着多种动态载荷作用，深入开展气缸盖载荷谱编制理论和方法的研究，对进一步提高发动机的可靠性与耐久性具有重要意义。本章将介绍一种基于多物理场耦合仿真的气缸盖载荷分析和载荷谱编制方法。

10.1 气缸盖载荷特点

气缸盖主要承受的载荷既有机械载荷（如预紧力、燃气压力），也有热载荷。这些载荷有些是固定不变的（如螺栓预紧力），有些是动态变化的（如缸内气体压力）。对于气缸盖所受热载荷，通常认为发动机稳定运转时其温度场是稳定的，而当发动机在起、停或变负荷运转时缸内温度不断变化，燃烧室壁面上会有明显的温度波动，相应地产生波动热应力。严格来说，发动机作为一种常用的往复动力机械，即使稳定工作在某一工况下，由于缸内燃烧及活塞的往复运动，气缸盖受到的载荷也是不稳定的，承受着由发动机工作循环产生的高频气体压力和燃气加热。

因此，气缸盖一方面长期承受着以发动机工作循环为周期的高频载荷，另一方面还承受着以"起动-运行-停车"为周期的低频载荷，高频载荷与低频载荷共同作用，产生复杂的耦合应力。气缸盖所受到的几种主要载荷及其应力见表10-1。

表 10-1 气缸盖受到的主要载荷及其应力

载荷类型		频率特性	应力类型
温度	工作循环引起	高频	高频热应力
	工况变化引起	低频	低频热应力
燃气压力		高频	高频机械应力
螺栓预紧力		恒定	恒定机械应力

气缸盖等承受高温、高负荷的典型受热零部件，其载荷谱研究要比曲轴、连杆等零部件困难很多，其主要原因可归纳为以下几方面：

（1）承受的载荷要更加复杂，除了承受机械载荷，还要承受非常高的热载荷，而且通常热疲劳是导致构件损伤的最主要因素。

（2）高温条件下，结构疲劳损伤的机理发生变化。高温零部件的损伤大多属于低循环疲劳（或应变疲劳），温度过高还会导致蠕变损伤，必要时还需考虑疲劳与蠕变的交互作用,其交互作用机理目前还不十分清楚。

(3) 受测试技术和测量手段的限制,很多与发动机温度直接相关的参数(如零部件在稳态和过渡状态下的温度变化等)均不能在实车上直接获取,因此在得到基本的任务剖面后,还需要进行流场计算、温度场分析和台架补充测试等,以完善与温度密切相关的发动机载荷数据。

10.2 气缸盖多场耦合模型

早期气缸盖强度及可靠性的研究主要采用实物疲劳试验方法,其结构改进也很大程度依赖于实际经验。随着数值模拟技术的发展,热机耦合仿真模拟方法愈加受到重视,能够大幅缩短试验时间、节省试验经费,同时可以对气缸盖流场、温度场、应力场等微观细节进行深入研究,极大促进了气缸盖可靠性设计的发展。

气缸盖内部流动与传热相互耦合,在其冷却与散热过程中同时存在多种传热形式,如导热、对流与辐射换热等。分析气缸盖传热规律,建立发动机整机流动与传热问题CFD仿真模型,可以为气缸盖热分析和热机耦合研究提供边界条件和初始条件。

10.2.1 整机流固耦合模型

10.2.1.1 控制方程

1. 流体域控制方程

质量守恒方程:

$$\frac{\partial}{\partial x_i}(\rho u_i) = 0 \tag{10-1}$$

式中,ρ——空气密度,kg/m^3;

u_i——i坐标方向上的时均速度,m/s;

x_i——直角坐标系坐标;

i——表示直角坐标系的三个方向,$i=1,2,3$。

动量守恒方程:

$$\frac{\partial}{\partial x_i}(\rho u_i u_j) = \frac{\partial}{\partial x_i}\left[(\mu+\mu_t)\frac{\partial u_j}{\partial x_i}\right] + \frac{\partial}{\partial x_j}\left[(\mu+\mu_t)\frac{\partial u_i}{\partial x_j}\right] - \frac{\partial}{\partial x_i}\left[p+\frac{2}{3}\rho k\right] \tag{10-2}$$

式中,p——压力,Pa;

u_j——速度在直角坐标系上的三个分量,m/s;

μ——动力黏度,$Pa \cdot s$;

μ_t——湍流动力黏度,$Pa \cdot s$。

能量守恒方程:

$$\frac{\partial}{\partial x_i}(\rho u_i T) = \frac{\partial}{\partial x_i}\left[\left(\frac{\mu}{Pr}+\frac{\mu_t}{\sigma_T}\right)\frac{\partial T}{\partial x_i}\right] \tag{10-3}$$

式中，σ_T——湍流普朗特数；

T——温度，K；

Pr——普朗特数。

2. 固体域控制方程

固体域的控制方程：

$$\frac{\partial}{\partial t}(\rho h)+\frac{\partial}{\partial x_i}(\rho u_i h)=\frac{\partial}{\partial x_i}\left(k\frac{\partial T}{\partial x_i}\right)+\dot{q}''' \tag{10-4}$$

式中，ρ——密度；

h——焓；

k——传导系数；

T——温度；

$\dot{q}'''$——体积热源。

3. 湍流模型

对柴油机内流场进行湍流描述时多采用标准 $\kappa\text{-}\varepsilon$ 模型，它是典型的两方程模型，以 κ 方程描述湍流动能，以 ε 方程描述湍流动能耗散率。

湍流动能方程（κ 方程）：

$$\frac{\partial}{\partial x_i}(\rho k u_i)=\frac{\partial}{\partial x_i}\left[\left(\mu+\frac{\mu_t}{\sigma_k}\right)\frac{\partial k}{\partial x_i}\right]+G_k-\rho\varepsilon \tag{10-5}$$

式中，k——单位质量流体湍流脉动动能；

ε——k 的耗散率；

σ_k——对 k 的湍流普朗特数；

G_k——由时均速度梯度引起的 k 的增量。

湍流动能耗散率方程（ε 方程）：

$$\frac{\partial}{\partial x_i}(\rho\varepsilon u_i)=\frac{\partial}{\partial x_i}\left(\left(\mu+\frac{\mu_t}{\sigma_\varepsilon}\right)\frac{\partial\varepsilon}{\partial x_i}\right)+c_{1\varepsilon}\frac{\varepsilon}{k}G_k-c_{2\varepsilon}\rho\frac{\varepsilon^2}{k} \tag{10-6}$$

式中，$c_{1\varepsilon}$，$c_{2\varepsilon}$——常系数；

σ_ε——对 ε 的湍流普朗特数。

应用 $\kappa\text{-}\varepsilon$ 两方程模型描述湍流流动的前提条件是流场的雷诺数要高，意味着湍流必须发展得很充分。对于水腔近壁面的流体流动来说，通常该 $\kappa\text{-}\varepsilon$ 两方程模型并不适用。这是因为，近壁面流场流速低，雷诺数也很低，不是充分发展的湍流流动；在紧贴壁面的底层区域内，流体流动很有可能处于层流状态，此时分子的黏性影响更为显著。为解决冷却水腔近壁面低雷诺数的流动计算问题，通常采用壁面函数法或者低雷诺数的 $\kappa\text{-}\varepsilon$ 模型。

10.2.1.2 流固耦合模型

以某六缸柴油机为研究对象，建立气缸盖、气缸体、气缸套以及整体冷却水套各部件几何模型，如图 10-1、图 10-2 所示。

对气缸盖、气缸套、气缸体及冷却水进行网格划分，使流体域与固体域交界面达到完全耦合。耦合系统有限元模型如图 10-3 所示。

图 10-1　气缸盖、气缸体、气缸套几何模型

  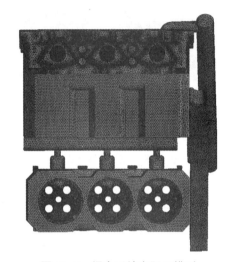

图 10-2　整体冷却水几何模型　　　图 10-3　耦合系统有限元模型

10.2.1.3　流固耦合系统边界条件

1. 气缸盖热边界条件

1）气缸盖火力面

采用"时间积分求平均值"的方法获得气缸内燃气的平均等效温度和平均换热系数，公式如下：

$$\overline{T_g} = \frac{\int_0^{4\pi} h_g T_g \mathrm{d}\theta}{\int_0^{4\pi} h_g \mathrm{d}\theta} \tag{10-7}$$

$$\overline{h_g} = \frac{1}{4\pi} \int_0^{4\pi} h_g \mathrm{d}\theta \tag{10-8}$$

式中，θ——曲轴转角；

$\overline{T_g}$——平均等效燃气温度；

$\overline{h_g}$——平均换热系数；

T_g——缸内瞬时燃气温度；

h_g——缸内瞬时燃气换热系数。

缸内瞬时燃气温度和瞬时换热系数既可以由试验测得,也可以由动力装置仿真模型计算得到。

2) 进排气道壁面

气缸盖进气道壁面处的换热系数可以根据经验值给定,一般在 200~500 W/(m²·K) 的范围内,排气道表面的传热系数以及排气道内环境温度在不同发动机工况下是不同的,需要根据不同的情况单独定义。

3) 进排气门导管内壁面

排气门附近受高温燃气加热作用仍然比较明显,该处燃气温度和换热系数都较大,尤其是气门导管靠近燃烧室的部分,因此必须考虑换热系数的影响。但是排气门导管上部的温度及换热系数较低,考虑到空间分布的不均匀性,将排气门导管分为两部分,分别给定不同的温度及换热系数值,同时需要根据不同工况单独设置。

2. 气缸套及气缸体壁面边界条件

气缸套换热边界的施加比较困难,最主要的原因是受到活塞往复运动的影响,可以对气缸套内表面分区施加不同的换热边界:一是在活塞顶以上,不受活塞往复运动影响的区域;二是位于活塞行程以下,同样不受往复运动影响的区域;三是与往复运动活塞动态接触的区域。位于活塞顶以上的区域受到高温燃气直接加热,温度和换热系数都很高,其壁面边界条件可以采用与火力面相同的平均等效燃气温度和平均换热系数作为稳态计算边界条件;位于活塞行程以下的壁面,几乎不受气缸内高温燃气的影响,温度和换热系数都较低;位于气缸套中间部位与活塞动态接触的部位,其温度和换热系数随着活塞往复运动一直在改变,与活塞行程、发动机转速、有效功率、气缸直径等因素有关,计算公式如下:

$$h(l) = h(0) \cdot f(l) \tag{10-9}$$

$$\text{s.t.} \quad h(0) = 1.8 \cdot p_e^{0.7} \cdot n^{\frac{1}{3}} \cdot D_e^{-0.2} \cdot (1+\sqrt{D/s}) \tag{10-10}$$

$$f(l) = [1+0.573(s/D)^{0.24}(l/s)] e^{-\sqrt[3]{l/s}} \tag{10-11}$$

$$D_e = \frac{2 \cdot D \cdot s}{2D+s} \tag{10-12}$$

$$T(l) = \overline{T_g} \times (1+0.8272l/s) e^{-\sqrt{\frac{l}{s}}} \tag{10-13}$$

式中,$h(l)$——换热系数;

$T(l)$——燃气温度;

$\overline{T_g}$——平均等效燃气温度;

s——活塞冲程;

l——距缸套顶面的坐标高度;

n——柴油机转速;

p_e——柴油机有效功率;

D——气缸直径。

3. 流体进出口边界条件

气缸体与气缸盖内的流体区域以及其他部位流体区域,是作为一个整体进行网格划分的。由于流体区域的边界只有一个进口和一个出口,因而流动边界条件的确定相对简单。入口边界需要定义冷却水流速、温度、湍流强度及湍流特征长度等,进口处湍动能 K_∞、湍动

能耗散率 ε_∞ 由进口的来流速度 u_∞ 确定：

$$K_\infty = \frac{3}{2}(0.05u_\infty)^2 \tag{10-14}$$

$$\varepsilon_\infty = C_\mu K_\infty^{3/2}/L \tag{10-15}$$

式中，L——湍流特征长度；

C_μ——经验系数，取 0.09。

4. 耦合壁面边界条件

耦合壁面既包括流-固交界面，也包括固-固交界面。对于气缸盖-气缸体-气缸套-冷却水耦合系统，固-液交界面（包括气缸体-冷却水、气缸套-冷却水、气缸盖-冷却水）、固-固交界面（包括气缸套-气缸体、气缸体-气缸盖）均可以视为内部边界。

流固耦合计算时，固体域是作为热传导介质而存在的，通过给定固体材料导热系数、比热容等属性（表10-2），以及给定壁面厚度、热生成速度就能够确定壁面热阻，由此即可实现固体与流体之间流动与传热问题的耦合计算。

表 10-2 材料属性

部件	材料	密度/(kg·m^{-3})	导热系数/[W·(m·K)$^{-1}$]	比热容/[J·(kg·K)$^{-1}$]
气缸体	铝硅合金	2 660	162	871
气缸套	合金钢	7 840	49.8	465
气缸盖	铝硅合金	2 700	162	871

10.2.2 气缸盖热机耦合模型

10.2.2.1 弹性理论

在进行热机耦合计算时，其基本理论为弹性理论，主要研究物体受到外力作用后，其内部会产生的应力、应变和位移情况。但是除了外力作用，物体温度的改变同样能够使材料内部产生应力、应变，热弹性理论就是研究这种由温度改变而引起的在物体弹性范围内的应力、应变和位移。物体温度改变时，局部膨胀变形受到限制，导致热应力产生，当物体同时受到外力以及温度作用时，根据线性热应力理论，综合应力由两部分叠加而成：一部分与温度变化成比例，另一部分认为是温度不变而仅由外力作用产生的应力。热机耦合计算时，可以将结构的温度场以体载荷加载到有限元模型上。

热机耦合计算的有限元方程如下：

$$\begin{pmatrix} M & 0 \\ 0 & 0 \end{pmatrix} \begin{Bmatrix} \ddot{u} \\ \ddot{T} \end{Bmatrix} \begin{pmatrix} C & 0 \\ 0 & C^t \end{pmatrix} \begin{Bmatrix} \dot{u} \\ \dot{T} \end{Bmatrix} + \begin{pmatrix} K & 0 \\ 0 & K^t \end{pmatrix} \begin{Bmatrix} u \\ T \end{Bmatrix} = \begin{Bmatrix} F \\ Q \end{Bmatrix} \tag{10-16}$$

式中，M——质量矩阵；

C——结构阻尼矩阵；

C^t——比热矩阵；

K——结构刚度矩阵;

K^t——热传导矩阵;

F——总等效节点力矩阵;

Q——总等效节点热流率向量。

10.2.2.2 建模及网格划分

某型装甲车辆柴油机的气缸盖为3缸连体式,各缸的结构基本相同,通过8个主螺栓和8个副螺栓与气缸体相连接,实现气缸盖的密封和固定。每个主螺栓上施加的预紧力都相同,副螺栓预紧力也相同,螺栓安装位置对称,建立的气缸盖和气缸体装配几何模型和有限元模型,如图10-4、图10-5所示。

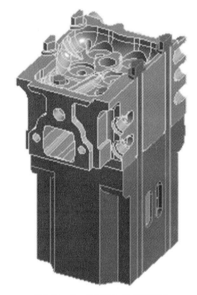 

图 10-4 装配体几何模型　　　　　　图 10-5 装配体有限元模型

网格划分后,需要进一步在模型上施加正确的边界条件,边界条件施加得合理与否对计算结果的准确性有很大影响。对该模型主要的边界条件有约束边界、接触边界以及载荷边界三类,其中约束边界包括位移约束和对称约束两种。

10.2.2.3 边界条件

位移边界条件的施加,能够约束刚体的位移,消除总体刚度矩阵的奇异性,这样有限元方程组才可以有解。引入边界条件的原则就是既能消除刚体位移,又能避免解失真。固定约束是位移约束的一种,它限定节点各个方向的位移为零,模型施加的固定约束如图10-6所示。

气缸盖结构复杂,若对其进行网格划分及有限元计算,将耗费大量的计算时间和计算资源。为简化计算,可选取其中一缸气缸盖进行后续分析,但这就需要在该模型左右两侧设置相应的对称(Symmetry)边界条件。对称边界条件施加在气缸盖、气缸体、螺栓的截面位置,如图10-7所示。

气缸盖在正常运行时受到的机械载荷主要是螺栓预紧力和燃气压力。螺栓预紧力是集中力且保持不变,而燃气压力是均匀分布的面力,且随工作循环周期性波动。

图 10-6　固定约束

A—固定约束-螺栓底面；B—固定约束-气缸体底面；C—固定约束-气缸套底面

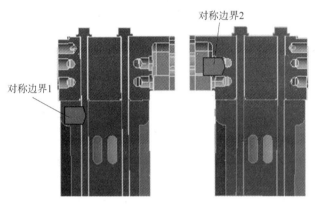

图 10-7　对称约束

1. 螺栓预紧力

气缸盖通过螺栓与气缸体相连接，在装配过程中会产生很大的预紧力。在仿真计算时，通过在螺栓上施加预紧载荷来模拟螺栓的紧固力。预紧力的大小可以通过螺栓伸长量来计算，计算公式为

$$P = \frac{\Delta l}{l_T} E_T A_T \tag{10-17}$$

式中，P——螺栓预紧力；

Δl——螺栓伸长量；

E_T——螺栓材料杨氏弹性模量；

A_T——螺栓有效横截面积；

l_T——螺栓有效长度。

如果螺栓伸长量未知，那么可以通过安装扭矩来计算螺栓预紧力大小，计算公式为

$$P = \frac{2T}{d_1 \tan(\rho + \lambda) + 0.667 f_c \frac{D^3 - d^3}{D^2 - d^2}} \tag{10-18}$$

式中，T——拧紧力矩；

D——螺栓孔直径；

d——螺栓的螺纹直径；
f_c——螺母与支撑面间的摩擦系数，一般计算中为0.15；
ρ——螺纹升角；
λ——螺纹副当量摩擦角。

2. 燃气压力

气缸盖强度分析时，通常在火力面直接施加稳定工况下缸内燃气爆发压力进行计算。将燃气压力均匀作用在气缸盖火力面上，如图10-8所示。

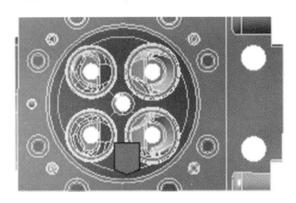

图10-8 火力面燃气压力

3. 接触边界条件

若模型中存在多个部件，则在分析时需要确定部件之间的相互关系，建立各部件之间接触边界条件，包括：气缸盖与气缸体、气缸盖与气缸套、气缸盖与螺栓、气缸体与气缸套的面面接触边界。其中，气缸盖与气缸体、螺栓的接触如图10-9所示。

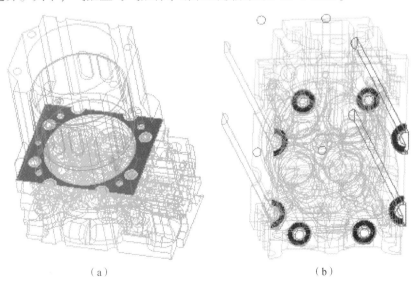

图10-9 接触定义

（a）气缸盖与气缸体接触；（b）气缸盖与螺栓接触

10.3 气缸盖载荷分析

10.3.1 燃气压力作用下气缸盖瞬态变形

施加螺栓预紧力,气缸盖稳态温度场通过流固耦合模型计算获得,然后以体载荷的方式导入结构分析模块,且计算过程中温度场保持不变,瞬态燃气压力数据则通过发动机缸内工作过程仿真获得。

以额定工况作为计算工况点,缸内燃气压力随时间变化曲线如图 10-10 所示。

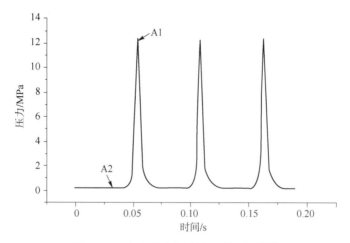

图 10-10 缸内燃气压力随时间变化曲线

图 10-11、图 10-12 所示为 A1、A2 两个时刻的火力面"鼻梁区"应力分布,燃气压力波动造成两个时刻最大应力相差 5.92 MPa,最大应力均位于进排气门之间"鼻梁区"靠近排气门侧。

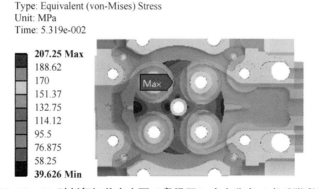

图 10-11 A1 时刻气缸盖火力面"鼻梁区"应力分布(书后附彩插)

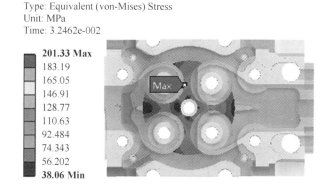

图 10-12　A2 时刻气缸盖火力面"鼻梁区"应力分布（书后附彩插）

10.3.2　气缸盖周期性瞬态温度场

气缸盖高频变化的瞬态温度场是以额定工况下的稳态温度场为初始条件，对气缸盖周期性瞬态传热进行数值仿真分析。瞬时燃气温度及换热系数可由动力装置仿真模型计算得到，如图 10-13、图 10-14 所示；气缸盖的瞬态温度场分布如图 10-15 所示。

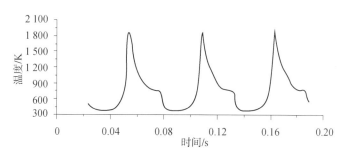

图 10-13　循环瞬时燃气温度

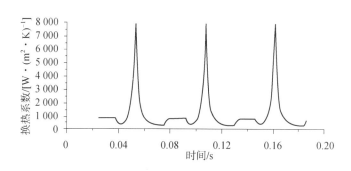

图 10-14　循环瞬时换热系数

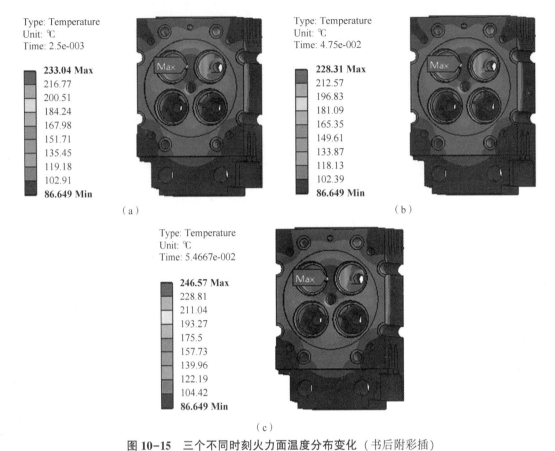

图 10-15 三个不同时刻火力面温度分布变化（书后附彩插）

(a) B1 时刻气缸盖温度分布；(b) B2 时刻气缸盖温度分布；(c) B3 时刻气缸盖温度分布

10.3.3 高频热冲击作用下气缸盖应力

保持螺栓预紧力不变，考虑燃气压力周期性波动，同时考虑周期性瞬态变化的气缸盖温度场，研究这两种高频载荷共同作用时气缸盖应力和变形的变化规律。

为了更准确地研究气缸盖火力面的应力情况，在气缸盖底面"鼻梁区"选取 4 个具有代表性的考察点进行分析，如图 10-16 所示。

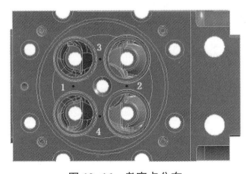

图 10-16 考察点分布

四个考察点的应力时间历程如图 10-17 所示,其应力峰谷值及波动幅值统计如图 10-18 所示。可以看出,考察点 1 的应力最低,峰值应力约为 93.73 MPa;其余三个考察点的应力大小十分接近,峰值应力在 170 MPa 左右,与最大应力相比要小很多。此外,四个考察点的波动幅值接近,最大应力的波动幅值略大,为 25.95 MPa;其次为考察点 1,波动幅值为 23.59 MPa;其余考察点应力的波动幅值约为 20 MPa。

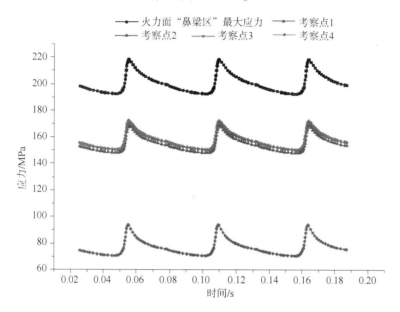

图 10-17 不同考察点应力时间历程(书后附彩插)

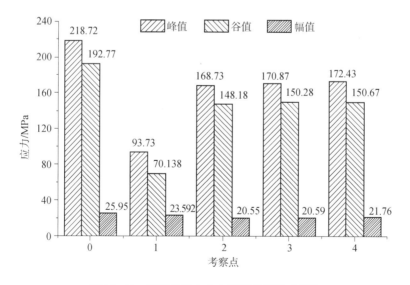

图 10-18 不同考察点应力峰谷值及波动幅值

10.4 气缸盖载荷谱编制

气缸盖载荷谱编制的主要步骤：分析发动机及其零部件的主要载荷参数，以及零部件载荷谱与发动机载荷谱之间的关系，确定发动机基准载荷参数和基准循环；依据发动机整机转速谱和扭矩谱，编制发动机有效功率谱；依据发动机有效功率谱确定发动机工况变化，计算过渡工况气缸盖的温度-时间历程，编制气缸盖温度谱；同时考虑气缸盖受到的热载荷与机械载荷，编制气缸盖温载谱；进行"谱工况"下的气缸盖热机耦合应力计算，编制气缸盖热机耦合应力谱；为方便对温度峰谷值数据进行修正以及在试验时根据需要设计多种波形的温度谱，编制气缸盖温度序列谱。

发动机有效功率谱能够反映发动机工况变化情况，还能反映缸内燃气热状态及气缸盖工作环境的变化，可以作为编制气缸盖温度谱和温载谱的任务剖面。

10.4.1 温度谱编制方法

发动机有效功率谱是一个序列谱，任一功率点与相邻下一个功率点之间都对应一个过渡工况过程，将发动机有效功率谱对应的不断变化的工况称为"谱工况"。需要进一步对该"谱工况"下气缸盖的温度场进行计算，作为编制气缸盖温度谱的数据来源。假定过渡工况的起、止工况点都达到并处于稳定工况，那么就可以按照过渡工况气缸盖温度场的仿真计算方法来计算"谱工况"对应的气缸盖温度-时间历程。

需要注意的是，有效功率谱的功率点可能对应多个工况点，首先需要做的工作是将功率点等级转化为相应工况点（发动机转速及扭矩）。可以参照发动机转速谱和扭矩谱来确定原始的工况点，如图10-19所示。

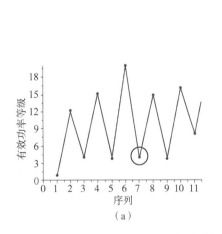
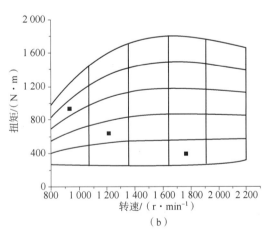

图 10-19 功率点对应的工况点

(a) 有效功率序列；(b) 工况离散

对删除小载荷循环后的有效功率谱进行过渡工况计算，得到相应的温度时间历程，如图10-20所示。对该温度谱进行峰谷值检测和雨流计数，得到温度变化的幅值统计图，如

图 10-21 所示。

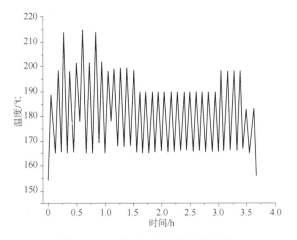

图 10-20 发动机运行阶段温度谱

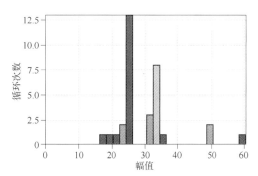

图 10-21 发动机运行阶段温度变化幅值统计
（书后附彩插）

发动机整机载荷谱统计的是运行阶段的转速和扭矩变化，因而以上计算得到的也是发动机运行阶段的温度历程，并没有包含起动和停车过程的温度过程。需要在上述温度谱的基础上增加这两个过渡过程的温度历程，构成一次完整的起动-运行-停车过程的气缸盖温度谱如图 10-22 所示，对温度变化的幅值统计如图 10-23 所示。

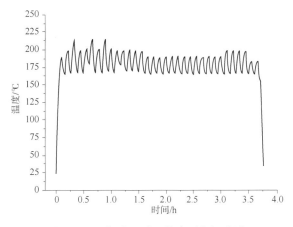

图 10-22 起动-运行-停车过程温度谱

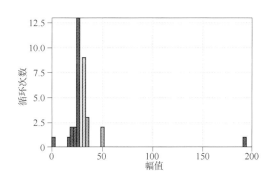

图 10-23 起动-运行-停车过程温度幅值变化
（书后附彩插）

10.4.2 温度谱加重方法

发动机工况频繁变化，气缸盖温度随发动机工况变化也不断改变。小的工况变化造成的气缸盖温度变化以及对气缸盖损伤的影响很小，但在运行阶段的占比一般较高，试验或者仿真计算时会耗费大量时间，对载荷谱进行简化或加重处理是一种缩短试验周期和计算时间的有效方法。加重的方法即利用典型的对气缸盖损伤较大的载荷循环来取代这些小的工况变化产生的载荷循环。按照对结构损伤的影响程度，载荷循环通常可以分为主循环和次循环两种。

主循环（又称基准循环）是用来衡量疲劳损伤的一个度量单位，是人为选定的。主循环的选定原则：从疲劳损伤的角度，选择使用中经常出现的疲劳损伤较大的代表循环；从累计损伤的角度来看，这种循环的总损伤在各种任务剖面的总损伤中或寿命总消耗中占主导地位。通常选择零-最大应力（应变）-零循环为主循环，对发动机而言即起动-额定工况-停车的过程。次循环是造成损伤相对较小的循环，对应发动机运行中的变负荷或变转速等过渡工况过程，其中，怠速工况-额定工况-怠速工况的载荷循环属于最大次循环。

主循环的峰值大小以及最大次循环的峰值大小和频次是要首先考虑的。在此，对气缸盖温度谱加重时，只考虑主循环和最大次循环，对其他幅值较小的次循环不予考虑。通过设定适当的阈值来过滤较小的载荷循环，将较大的载荷循环所对应的频次作为最大次循环的频次。这样既可以起到载荷谱的加重作用，又可以有效缩短载荷谱的总循环次数或总时长。滤除小的载荷循环后得到相应的有效功率谱如图 10-24 所示，其雨流计数结果如图 10-25、图 10-26 所示。

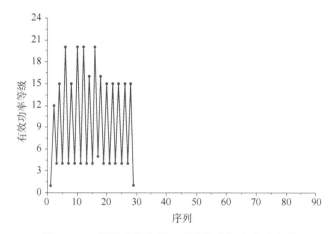

图 10-24　滤除小载荷循环后的发动机有效功率谱

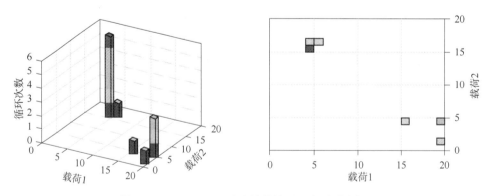

图 10-25　From-To 形式计数结果（书后附彩插）

通过雨流计数得到滤除小载荷循环后保留的较大载荷循环次数为 13 次，该发动机一次起动-运行-停车全过程的气缸盖温度谱如图 10-27 所示。

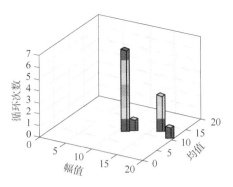
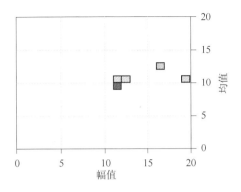

图 10-26 Range-Mean 形式计数结果（书后附彩插）

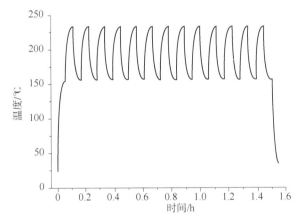

图 10-27 加重后的气缸盖温度谱

对温度谱进行加重后，一个完整"起-运-停"循环所需的时间至少缩短了一半。在此基础上，进一步编制可以用于台架试验或者可靠性设计研究的温载谱，以更加全面地反映气缸盖的受载情况。

10.4.3 气缸盖温载谱

发动机零部件载荷谱通常由其受到的主要载荷参数组成，例如气缸盖温度谱是载荷类型为温度的载荷谱。对于气缸盖，除了热载荷之外还承受着机械载荷的作用，气缸盖温载谱是在气缸盖温度谱的基础上，与其他载荷参数组合构成的多参数载荷谱。气缸盖温度谱和气缸盖温载谱均属于发动机零部件载荷谱的范畴。

编制气缸盖温载谱时，主要考虑温度和螺栓预紧力两种载荷参数。按照载荷参数各自的幅值变化和组成形式，可以将温载谱分为恒载变温谱、变载恒温谱和变载变温谱。由于不考虑瞬态燃气压力变化，螺栓预紧力基本不随时间变化，为恒定值，所以气缸盖的温载谱属于恒载变温谱。

气缸盖主螺栓的预紧力为 98 kN，副螺栓预紧力为 49 kN，与原始温度谱或者加重后的温度谱进行装配，即得到气缸盖的温载谱，如图 10-28、图 10-29 所示。

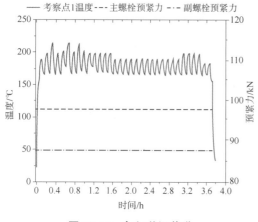

图 10-28 气缸盖温载谱

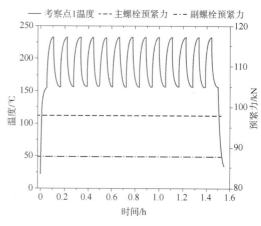

图 10-29 加重后的气缸盖温载谱

在得到气缸盖的温载谱后,就可以进一步通过热机耦合仿真计算获得气缸盖在该谱载下的应力。以加重后的气缸盖温载谱为例,进行热机耦合仿真计算,得到气缸盖的热机耦合应力谱,如图 10-30 所示。

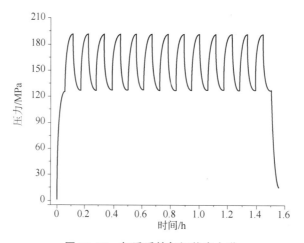

图 10-30 加重后的气缸盖应力谱

10.4.4 气缸盖温度序列谱

气缸盖温度谱描述的是其温度变化的时间历程曲线,曲线上的峰谷值点代表温度波动的最大值和最小值,在该最大值和最小值处会对应产生气缸盖应力波动的峰谷值。所谓气缸盖温度序列谱,是指将气缸盖温度波动的峰值和谷值提取出来,而不考虑温度变化的时间历程。

根据疲劳损伤理论,对结构造成损伤的是其应力构成的载荷循环,而根据过渡工况气缸盖温度场和热机耦合应力场的仿真结果可知,除了起动工况初期存在应力释放外,在其余运行阶段的工况过渡过程中温度与应力之间存在一个规律:气缸盖温度达到最高时;气缸盖的热机耦合应力达到最高,气缸盖温度降到最低时,气缸盖的热机耦合应力也下降到最低。所以热机耦合应力载荷循环的峰谷值是由气缸盖温度的最高值与最低值相对应的,对于气缸盖的温度谱来说，就可以忽略温度变化的过程，而只考虑其峰谷值点，编制气缸盖的温度序列谱。对加重后的气缸盖温度谱进行峰谷值检测，只保留峰谷值点，编制相应的气缸盖温度序列谱，如图10-31所示。

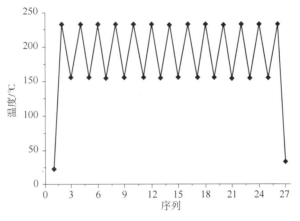

图10-31　气缸盖温度序列谱

温度序列谱适用于采用温度控制模式的热冲击试验。所谓温度控制模式，就是在集成化软件上设置监控点（如火力面"鼻梁区"）的最高温度和最低温度。当监测点温度达到设置的最高温度时，集成化软件负责关闭加热系统（目前常用的有高频感应加热、电加热、红外加热等加热方式），同时开启冷却系统；当监测点温度降到设置最低的温度时，集成化软件开启加热系统，关闭冷却系统，使监测点温度达到预先设定的温度。

温度序列谱的优势在于两方面。一方面，它可以方便地对温度峰谷值数据进行修正。例如，可以考虑燃气周期性瞬态热冲击的影响，对最大次循环（怠速-额定-怠速）的温度峰谷值修正。通过气缸盖周期性瞬态温度场计算，对于峰值点来说，额定工况时缸内燃气周期性加热作用造成的温度波动峰值比稳态计算结果高出约13.53 ℃；对于谷值点，怠速工况时燃气周期性加热作用造成的温度波动谷值比稳态计算结果低约1.42 ℃。考虑燃气周期性瞬态热冲击时最大次循环的温度变化幅值将增加14.95 ℃，如图10-32所示。

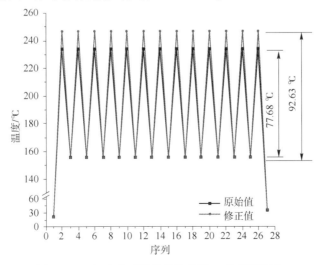

图10-32　温度序列谱峰谷值修正（书后附彩插）

另一方面，在试验时根据需要将温度序列谱设计为多种波形的温度谱。例如，在研究蠕变问题时，可以考虑温度保持时间，将温度序列谱改为梯形温度谱，如图 10-33 所示，图中的 Δt_1、Δt_2 分别为温度上升段和下降的段持续时间，Δt_3、Δt_4 分别为峰值温度、谷值温度的保持时间；又如，可以考虑由工作循环造成的高频瞬态热冲击的影响，在梯形谱的基础上叠加锯齿波进行峰谷值修正，如图 10-34 所示。

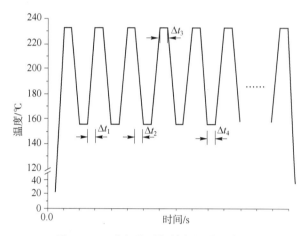

图 10-33　含保载时间的气缸盖温度谱

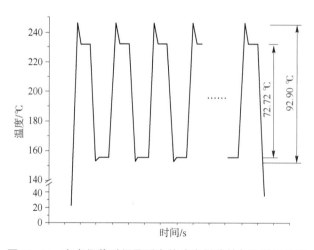

图 10-34　考虑保载时间及瞬态热冲击影响的气缸盖温度谱

第 11 章
典型零部件载荷谱——缸套磨损载荷谱

缸套活塞环摩擦副作为发动机中最重要、最关键的摩擦副之一，工作时受到极大的燃气压力、惯性力、侧向力以及摩擦力的复合作用，其磨损和失效机理已在第 7 章进行了分析。大量研究表明，在发动机众多磨损部件中，缸套活塞环部件磨损的影响作用最为明显，其磨损程度是发动机性能变化的主要评价指标，也是发动机寿命水平阶段判断的主要依据。通过试验分析缸套的磨损状况，不但耗费时间长、参数测试难度高，而且不能反映缸套磨损和受载的动态变化，载荷谱编制困难，因此本章介绍一种基于仿真计算的缸套磨损载荷谱编谱方法。

11.1 缸套活塞环摩擦副润滑状况

缸套活塞环之间的润滑状态是影响缸套磨损的最重要因素。润滑状态的判断依据是 Stribeck 曲线。在 Stribeck 曲线中，使用了一个可以表征润滑状态的量划分各区域，即膜厚比 Δ：

$$\Delta = \frac{h_{\min}}{\sqrt{\sigma_1^2 + \sigma_2^2}} \tag{11-1}$$

式中，$h_{\min}$——摩擦表面之间的最小油膜厚度；

σ_1, σ_2——两个接触表面间的粗糙度，即距中心线的均值或均方根。

缸套活塞环的磨损机理是非常复杂的，这种复杂性首先体现在其润滑方式的多样性上。滑动摩擦副润滑状况依据摩擦系数划分为干摩擦、流体润滑、边界润滑、混合润滑。

干摩擦：两个摩擦表面之间无任何润滑剂时，两个物体表面的微小凸起部分直接接触，这种摩擦状态称为干摩擦。虽然金属间的干摩擦系数很大，但在工程实践中并不存在真正的干摩擦，因为暴露在大气中任何零件的表面，不仅会因氧化而形成氧化膜，而且会受到其他润滑剂的污染。在机械设计中，通常把未有经过人为润滑的摩擦状态当作干摩擦处理。

流体润滑：在这种润滑状态下，润滑油膜厚度 h 和表面综合粗糙度 σ 的比值在 3~5 以上，摩擦表面完全被连续的润滑油膜分开，因此一般不会发生磨损。流体润滑通常分为流体动压润滑、流体静压润滑和弹性流体动力润滑。

边界润滑：在不能获得流体动压膜和弹流润滑膜的条件下，润滑油在摩擦副表面之间的粗糙缝里形成极薄的表面膜。

混合润滑：这是在接触面之间同时存在流体润滑和微凸体接触的一种润滑状态。

对缸套而言，各区域润滑状态划分是：中下部以流体润滑为主，上止点附近以边界润滑和混合润滑为主。

根据可压缩流体动力润滑理论，油膜厚度主要取决于润滑油的黏度、相对滑动速度和载荷。也就是说，黏度越高、相对滑动速度越高或载荷越小，其油膜就越厚，摩擦系数也随之越小，而流体润滑阶段随膜厚比增加、摩擦系数增加的原因在于油膜厚度的增加带来内摩擦力的增加。

11.2　载荷变化对缸套磨损的影响

若载荷大小、速度不随工作循环而变化，则为稳定载荷条件。若随着发动机工作循环，载荷大小、速度等发生变化，则为动载荷条件。根据活塞式内燃机的缸套活塞环工作特点，每隔一个工作循环，对应于缸套某点位置来讲，载荷、速度的大小和方向都可能发生变化。

从装甲车辆发动机的实际使用情况来看，发动机功率指标在其大部分寿命时间里得不到充分利用，统计数据显示，在车辆使用过程中，出现概率最高的负荷工况仅是其最大工况的30%~60%，且负荷在大部分工作时间里不稳定，即变工况工作条件。对于发动机主要失效部件而言，变工况过程引起摩擦副间的载荷、速度等条件的动态变化是其主要原因。

1. 载荷变化对磨损的影响

动载荷对发动机零件寿命有重要影响。特别是对缸套活塞环部件而言，许多功能部件（如缸套、活塞裙、各道环及环槽）在工作中更易受到动载荷作用，材料磨损往往要比稳定载荷工况下的磨损高1~4倍。其原因在于，变工况工作过程中，缸套材料经常处于复杂应力、变速度状态，受到脉动热流、活性废气介质、振动等作用，摩擦副表面发生不同于稳态过程的更加复杂和频繁的物理化学过程，造成材料摩擦磨损性能的强烈变化，引起磨损加剧。

在对磨损后试样摩擦表面的宏观结构所进行的金相分析表明，当负荷不高且变化强度不大时，材料表面形貌和轮廓特点具有稳定的变化，磨损表面显示出条纹，其结构呈现定向排挤的特点，表面结构为细散性和紧密性且与基础金属的结构不同，这证明在摩擦区域引起了物理化学过程。当摩擦表面负荷增加，就会引起强烈的破坏过程，这种破坏会打乱稳态磨损过程形成的定向排挤细密条纹的结构，而显现为某些大的材料凸起的剥落。滑动摩擦副在动载荷条件下，随着负荷变化强度的增加，在材料表面的个别区域发现有疲劳特点的变化，其表面的破坏过程伴随有较硬部分的剥蚀，形成较深的坑，露出下层金属。同时表面产生微小裂纹发展现象，微小裂纹的"分支"数随着载荷变化强度的增加而显著增加。由于在摩擦表面上很小的裂纹也能引起很大的应力集中，因此裂纹周围的应力状况往往会促使金属疲劳破坏过程强化，这也是非稳定载荷会加剧磨损的一个主要因素。

动载荷条件下，负荷的增加导致润滑层剧烈减薄，并伴有磨粒磨损和微弱的黏着磨损。除引起表面塑性变形速度增加外，还使得润滑油从基体上冲下更软的合金组分，并出现局部的疲劳现象，磨损程度加强。之所以出现润滑油强烈冲洗基体结构的现象，主要是因为基体受到突然的交替变化的变形作用，这种变形是液体动压力在间隙中作用的结果，微小缝隙中的润滑油容易产生强烈的楔作用。负荷的脉冲变化使得间隙中的润滑油以高速从缝隙中流出，引起了基体各个微小体积区域的增塑，金属结构发生膨胀，此时，处在润滑油中的活性成分的氧化过程加强，加剧了材料磨损。

2. 速度变化对磨损的影响

速度的动态变化对磨损有重要影响。速度大小发生动态变化时，某些表面结构挤出并且氧化过程强烈发展，微小体积在接触区域发生了塑性和弹性的流动，这种现象在加速度增大时变得更加明显。进行 X 射线图形分析可知，加速工况中，通过磨损试验测量其微量畸变引起的射线宽度比该稳定载荷的微量畸变值引起的射线宽度约大 1.4 倍。加速度会引起表面层塑性变形强化，使微量畸变增加，同时引起应力集中状况强化，疲劳过程加强，微裂纹大量产生和发展，微小体积因此产生剥落，造成磨损加剧。

对试样进行的加速和减速试验结果表明，在同样的加速度大小条件下，摩擦面上发生的磨损现象类似。并且，与加减速混合作用的条件相比，分别作用的条件对微量畸变的影响不如混合条件的影响大，这说明后者对磨损的影响要更大一些。加速条件相比减速条件而言，在同样的速度范围以相同的加速度变化时，前者结晶格子的微量畸变要稍小一些。单独加减速条件或者混合条件的摩擦副结晶格子的微量畸变都是随加速度增加而提高的，这主要是材料孔隙或者润滑油的楔作用而引起的基体变形造成的，而且变形量随着加速的增加和表面温度的提高而增加，材料的疲劳剥落加剧。

11.3　缸套磨损计算

磨损计算模型是对摩擦系统磨损失效程度进行仿真预测的方法理论。模型中应包含摩擦系统的主要影响参数，以及各参数相互影响作用的物理、数学模型，并能通过一定逻辑运算反映参数对磨损失效程度的影响规律。缸套磨损仿真模型所需的输入工作条件包括：缸内燃气压力分布、缸套燃气温度分布、发动机转速等。动载荷条件下，缸套磨损计算模型主要包括对缸套活塞环的润滑分析模型和缸套磨损修正模型。

11.3.1　润滑分析模型

缸套活塞环的磨损与其工作条件密切相关，滑动摩擦副产生磨损的直接因素是接触面间载荷、相对速度、温度等因素，也就是说，要实现对缸套活塞环磨损的准确仿真，首先应掌握其载荷的变化规律。以某型装甲车辆发动机为例，发动机在 4 个冲程中，由于燃烧做功会在缸内产生高压、高温气体，气体对活塞环内侧产生压强，并推向缸套产生接触压力；同时由于接触面间润滑油的作用，在摩擦副相对运动过程中，一部分接触压力被油膜承担，还有一部分接触压力由金属微凸体承担，产生磨损。载荷的大小与润滑油温度、黏度、速度、压力等因素都有关系，为计算发动机在工作过程中缸套活塞环间的载荷条件，首先需进行润滑分析。

缸套活塞环之间的润滑状态是系统摩擦程度的决定性因素。磨损过程中，缸套活塞环并不总是被油膜完全分开，整个行程中都有可能发生粗糙峰的直接接触，这会使缸套与活塞环处于复杂的润滑状态下。可以采用 Rohde 提出的方法，把平均雷诺方程用于发动机缸套活塞环的润滑分析计算。

11.3.1.1　流体润滑理论和雷诺方程

描述流体润滑的基本方程是连续方程和 Navier-Stokes 方程。

假设流体为连续性介质，沿油膜厚度方向（Y 方向）不计压力变化，忽略惯性力和体积力。其连续性方程为

$$\frac{\partial p}{\partial t}+\frac{\partial(\rho u)}{\partial x}+\frac{\partial(\rho v)}{\partial y}+\frac{\partial(\rho w)}{\partial z}=0 \tag{11-2}$$

式中，p——流体压力；

　　　ρ——流体密度；

　　　μ——流体黏度；

　　　u,v,w——流体在 X、Y、Z 三个方向的速度分量；

　　　t——时间。

Navier-Stokes 方程为

$$\begin{cases} \dfrac{\partial p}{\partial x} = \dfrac{\partial}{\partial y}\left(\mu \dfrac{\partial u}{\partial y}\right) \\ \dfrac{\partial p}{\partial y} = 0 \\ \dfrac{\partial p}{\partial z} = \dfrac{\partial}{\partial y}\left(\mu \dfrac{\partial w}{\partial y}\right) \end{cases} \qquad (11-3)$$

在润滑和流体计算中，通常把相对运动方向定为 X，联合求解连续性方程和 Navier-Stokes 方程，便可得出描述流体润滑理论最基本的雷诺方程：

$$\dfrac{\partial}{\partial x}\left(\dfrac{\rho h^3}{\mu}\dfrac{\partial p}{\partial x}\right) + \dfrac{\partial}{\partial y}\left(\dfrac{\rho h^3}{\mu}\dfrac{\partial p}{\partial y}\right) = 6u\dfrac{\partial(\rho h)}{\partial x} + 12\dfrac{\partial(\rho h)}{\partial t} \qquad (11-4)$$

11.3.1.2　缸套活塞环润滑状态分析

1. 缸套活塞环部件的受力分析

缸套在运转过程中静止，活塞环随活塞运动，其运动速度表示如下：

$$U = \dfrac{2\pi n}{60} R\left(\sin\theta + \dfrac{1}{2L_a}\sin(2\theta)\right) \qquad (11-5)$$

式中，n——曲轴转速，r/min；

　　　R——曲轴半径，m；

　　　θ——曲轴转角，rad；

　　　L_a——连杆长度，m。

分析边界润滑和混合润滑状态下的活塞环在环槽及缸套间的受力和润滑情况，如图 11-1 所示。

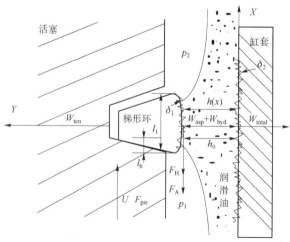

图 11-1　缸套活塞环润滑分析示意图

假定环不发生偏摆，并且忽略环的惯性力和环与环槽间的摩擦力，活塞环的径向受力平衡方程式如下：

$$W_{\text{ten}} - W_{\text{asp}} - W_{\text{hyd}} + p_2 l_1 - p_1 l_b = 0 \tag{11-6}$$

式中，W_{ten}——自由弹力引起的接触力；

$\quad\quad W_{\text{asp}}$——微凸体载荷；

$\quad\quad W_{\text{hyd}}$——流体承载力；

$\quad\quad p_2$——环上方的气体压力；

$\quad\quad p_1$——环下方的气体压力；

$\quad\quad l_1$——活塞环高度；

$\quad\quad l_b$——无流体润滑膜宽度，仅由压力 p_1 作用的长度。

活塞环轴向受力平衡方程式如下：

$$F_A + F_H - F_{\text{pis}} = 0 \tag{11-7}$$

式中，F_A——微凸体接触产生的摩擦力；

$\quad\quad F_H$——流体摩擦力；

$\quad\quad F_{\text{pis}}$——活塞对环的轴向推力。

对于缸套而言，其受力状况直接决定其磨损情况。在缸套受力作用面区域，存在微凸体载荷和油膜的液体接触作用力，前者是导致磨损的直接原因。接触面总载荷 $W_{\text{total}}(\text{N})$ 为

$$W_{\text{total}} = W_{\text{asp}} + W_{\text{hyd}} \tag{11-8}$$

2. 缸套活塞环间的润滑模型及流体承载力

由于气缸套与活塞环的表面相当粗糙，表面粗糙度使摩擦界面上各点的润滑油膜厚度不同，形成多种润滑状态同时存在，在缸套上部发生边界润滑和混合润滑，中下部则常处于流体润滑状态，因此，润滑模型通常采用 Patir 和 Cheng 所提出了二维雷诺方程，它考虑了表面粗糙度对流体动力润滑的影响，其表达式如下：

$$\frac{\partial}{\partial x}\left(\varphi_x \frac{h^3}{12\mu} \frac{\partial \bar{p}}{\partial x}\right) + \frac{\partial}{\partial y}\left(\varphi_y \frac{h^3}{12\mu} \frac{\partial \bar{p}}{\partial y}\right) = \frac{U_1 + U_2}{2} \frac{\partial h_T}{\partial x} + \frac{U_1 - U_2}{2} \sigma \frac{\partial \varphi_s}{\partial x} + \frac{\partial \bar{h}_T}{\partial t} \tag{11-9}$$

$$\text{s.t.} \quad \sigma = (\sigma_1^2 + \sigma_2^2)^{\frac{1}{2}}$$

$$\bar{h}_T = \int_{-\infty}^{\infty} (h + \delta) f(\delta) \, d\delta$$

式中，$\bar{p}$——平均流体压力；

$\quad\quad \mu$——润滑油黏度；

$\quad\quad U_1, U_2$——活塞环的线性速度；

$\quad\quad \bar{h}$——实际油膜厚度的均值；

$\quad\quad h$——名义油膜厚度；

$\quad\quad \sigma_1, \sigma_2$——缸套、活塞环的表面粗糙度；

$\quad\quad \delta$——缸套、活塞环两个粗糙表面的综合高度；

$\quad\quad f(\delta)$——表面粗糙峰高度的概率密度分布函数；

$\quad\quad t$——运动时间；

φ_x, φ_y——压力流量因子；

φ_s——剪切流量因子。

压力流量因子用于表示粗糙表面的平均压力流量与光滑表面的平均压力流量间的差异；剪切流量因子代表在润滑区域流动而产生的附加流量。

φ_x 和 φ_s 的表达式如下：

$$\phi_x(H) = 1.0 - 0.9e^{0.56H} \tag{11-10}$$

$$\phi_s(H) = V_{r1}\Phi_s(H) - V_{r2}\Phi_s(H) \tag{11-11}$$

式中，系数 $\Phi_s(H)$ 和 V_{r1} 及 V_{r2} 的算式分别为

$$\Phi_s(H) = \begin{cases} 1.899H^{0.98}e^{(-0.92H+0.05H^{22})}, & H \leq 5 \\ 1.126e^{-0.25H}, & H > 5 \end{cases} \tag{11-12}$$

$$\begin{cases} V_{r1} = \left(\dfrac{\sigma_1}{\sigma}\right)^2 \\ V_{r2} = \left(\dfrac{\sigma_2}{\sigma}\right)^2 \end{cases} \tag{11-13}$$

式中，H——膜厚比，$H = h/\sigma$。

图 11-2 所示为油膜厚度函数示意，任意位置的油膜厚度 h_T 表示为

$$h_T = h + \delta_1 + \delta_2 \tag{11-14}$$

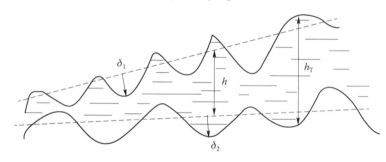

图 11-2 润滑油膜厚度函数示意图

假设缸套是轴向对称的，则缸套活塞环间的平均雷诺方程可以简化为

$$\frac{\partial}{\partial x}\left(\varphi_x h^3 \frac{\partial \bar{p}}{\partial x}\right) = 6\mu U \frac{\partial \bar{h}_T}{\partial x} + 6\mu U\sigma \frac{\partial \varphi_s}{\partial x} + 12\mu \frac{\partial \bar{h}_T}{\partial t} \tag{11-15}$$

s.t. $\mu = Ae^{\frac{B}{T+C}}$

式中，$\bar{p}$——平均油膜压力；

U——活塞运动速度；

T——温度；

A, B, C——与润滑油有关的常数。

梯形环润滑计算边界条件示意如图 11-3 所示。

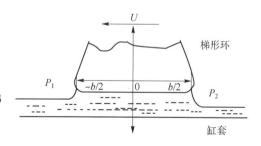

图 11-3 梯形环润滑计算边界条件示意

3. 微凸体接触载荷模型及承载力分析

对于缸套活塞环而言，上止点附近的油膜厚度薄，经常处于边界润滑或者混合润滑状态下，由于考虑了粗糙度的影响，因此当缸套活塞环的油膜小于一定值时，两表面的峰元会发生接触而产生峰元载荷。考虑到活塞环的运动及变形的不确定性，以 $H=h/\sigma=4$ 为流体润滑与混合润滑及边界润滑的分界线，采用 Greenwood J. A. 和 Tripp J. H. 提出的微凸体模型，用以研究缸套活塞环的微凸体接触行为。模型中两平面的表面形貌互不相关，假设微凸体高度分布符合高斯分布，且微凸体顶的曲率半径是常数。在弹性情况下，微凸体载荷为

$$P_a = \frac{16\sqrt{2}}{15}(\sigma\beta\eta)^2 E^* \sqrt{\frac{\sigma}{\beta}} F_{\frac{5}{2}}\left(\frac{h}{\sigma}\right) \tag{11-16}$$

$$\text{s.t.} \quad F_{\frac{5}{2}} = \begin{cases} 4.4086\times10^{-5}\left(4-\dfrac{h}{\sigma}\right)^{6.804}, & \dfrac{h}{\sigma}<4 \\ 0, & \dfrac{h}{\sigma}\geq 4 \end{cases} \tag{11-17}$$

式中，P_a——微凸体载荷压强，Pa；

β——微凸体峰顶曲率半径，m；

η——微凸体密度，个/m²；

E^*——综合弹性模量，表达式为

$$E^* = \left(\frac{1-u_1^2}{E_1}+\frac{1-u_2^2}{E_2}\right)^{-1} \tag{11-18}$$

式中，u_1, u_2——材料的泊松比；

E_1, E_2——材料的弹性模量。

11.3.1.3 仿真计算

通过建立润滑过程的物理模型，求解发动机工作过程动力学模型方程、流体平均雷诺方程、微凸体接触载荷方程、载荷平衡方程、膜厚方程及流体载荷方程，可对油膜厚度、压力分布、缸套活塞环作用总载荷及微凸体载荷进行仿真。模型中的主要输入参数为转速 n、缸压分布 F_{gas}、缸套温度 T、粗糙度 σ 等，通过计算得到各工作条件下的润滑情况，包括接触面压力 W_{total}、微凸体载荷 W_{asp}、相对速度 U、名义油膜厚度 h 等，可作为磨损模型的计算参数。

图 11-4 所示为运用 AVL 的 EXCITE Piston&Rings 软件建立的某型装甲车辆发动机缸套活塞环的润滑分析模型。图 11-5 所示为计算得到的第一道气环主推力侧的微凸体载荷随曲轴转角的分布。图 11-6 所示为第一道活塞环的磨损速率随曲轴转角的分布。从图中可以看出，该摩擦副在上止点转过 9°位置，活塞环与缸套间的微凸体载荷达到最大，磨损速率也最快。

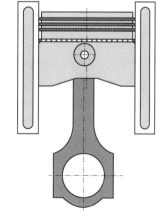

图 11-4 润滑分析模型

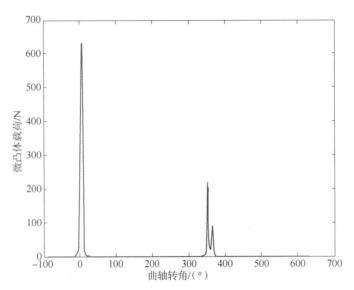

图 11-5　第一道气环主推力侧微凸体载荷随曲轴转角的分布

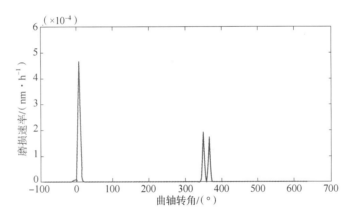

图 11-6　第一道活塞环的磨损速率随曲轴转角的分布

11.3.2　动载荷磨损修正模型

11.3.2.1　Holm-Archard 黏着磨损模型

20 世纪 50 年代 F. P. Bowdon 提出了黏着理论，由于复杂性较高，目前其理论仍不成熟和稳定，许多问题尚待探求。在混合润滑或边界润滑条件下，黏着机理磨损仿真的经典模型有 Holm 黏着磨损模型、Archard 黏着磨损模型。

1. Holm 黏着磨损模型

Holm 黏着磨损模型假设在摩擦副面接触条件下，由于摩擦其中一侧的原子会被另一侧捕捉，这样在黏着磨损过程中形成物质的转移而产生磨损。接触发生在真实接触面积 A_r 中，滑动距离为 L，当原子间的距离为 a 时，在摩擦面上相互接近的原子数 N_2 为

$$N_2 = A_r L / a^3 \tag{11-19}$$

磨损体积 V 中所包含的试样原子数 N_1 为

$$N_1 = V / a^3 \tag{11-20}$$

根据这种分析，试样一侧的原子被另一侧捕捉的概率 Z 为

$$Z = N_1 / N_2 = V / (A_r \cdot L) \tag{11-21}$$

当载荷为 P 时，V 可写成

$$V = ZPL / \sigma_s \tag{11-22}$$

式中，$P = A_r \cdot \sigma_s$，σ_s 为材料屈服强度。

Holm 磨损公式的形式与 Archard 公式基本相同，只是提出得早一些。它能对许多磨损现象进行说明。但是大量试验也证明了，磨损并非像 Holm 认为的那样只是原子级的移动过程，换句话说，黏着磨损不是所谓的原子捕捉，而是更大规模的原子成片、成块的转移过程。

2. Archard 黏着磨损模型

1953 年，美国 Archard 在前人工作的基础上，提出磨损计算模型，其认为对于平滑表面而言，接触会发生在微凸体峰元，因局部集中应力的作用，在接触处发生塑性变形。假设两个微凸体为一对半径相同的半球形，下微凸体材料较软，硬度为 H，该对微凸体所受法向载荷为 δP，则发生变形后的接触面积为

$$\delta A = \pi a^2 = \delta P / H \tag{11-23}$$

式中，δA——该对微凸体塑性变形后的接触面积；

a——该接触面积的半径。

若每次滑动产生一个磨损体积为 δV 的颗粒，则磨损体积为 $\delta V = 2\pi a^3 / 3$。而微凸体滑动摩擦持续的行程为 $\delta L = 2a$，于是可以求得单个颗粒的体积磨损率 δv_t 为

$$\delta v_t = \delta V / \delta L = \pi a^2 / 3 = \delta A / 3 = \delta P / (3H) \tag{11-24}$$

对于整个接触平面来说，体积磨损率 v_t 为

$$v_t = \sum \delta v_t = K_1 P / (3H) \tag{11-25}$$

式中，K_1——比例常数，其表示一次摩擦产生一个磨损颗粒这一假设和实际情况存在的差异。

为简化起见，取 $K = K_1 / 3$，因而可得

$$v_t = V / L = KP / H \tag{11-26}$$

$$V = K \frac{P}{H} L \tag{11-27}$$

式中，V——磨损体积，m^3；

K——磨损系数；

P——压力，N；

L——滑动距离，m；

H——材料硬度，Pa。

Archard 模型也有不足之处：它完全忽略了金属变形的物理特征；在数学推导中使用了一些假设，有些过于武断，不尽合理；而且，这个模型对不同条件下的金属磨损未能提供透

彻的说明。但是该模型仍是目前应用较多的计算理论，特别是许多研究人员都是在该模型基础上，依据研究对象情况进行修正而成功解决了一些具体工程实践问题。

11.3.2.2 磨损系数 K 修正

经典的 Archard 模型中并没有考虑润滑油膜的承载作用，因而许多研究采用微凸体载荷代替模型中的载荷，得到更为合理的黏着磨损计算模型。该类黏着磨损模型求解的前提是摩擦副表面间的润滑状态分析，考虑润滑状态对磨损状态的影响，反映出将润滑与磨损放在一起研究的必要性。对于稳定载荷和动载荷磨损问题，这里基于前文所述动载荷对缸套活塞环磨损影响的分析，在 Archard 模型基础上，采用实验方法所确定的载荷-磨损系数变化规律，通过修正磨损系数的方法研究了磨损计算模型。

1. 稳定载荷条件磨损修正系数模型

确定缸套活塞环摩擦副的工况范围，根据发动机工作过程仿真，采用拉丁超立方试验设计方法在该范围内设计并进行若干组不同工况下的稳态工况磨损试验，选取的载荷因素为摩擦副接触面正压力 F_n、滑动速度 U，然后通过响应面模型方法进行数据拟合，建立磨损系数 K-工况 F_n、U 预测模型，表达式如下：

$$K = c(1) + c(2)F_n + c(3)U + c(4)F_n^2 + c(5)U^2 + c(6)F_nU + c(7)F_n^3 + c(8)U^3 \quad (11-28)$$

式中，$c(i)(i=1,2,\cdots,8)$ 为模型系数，由数据拟合直接得到。

2. 动载荷条件磨损修正系数模型

动载荷过程中既有加载又有加速工况，动载荷磨损修正系数 K_d 模型为

$$K_d = K + \Delta K \quad (11-29)$$

$$K \in (F_n, U) \quad (11-30)$$

$$\Delta K \in (F_n, \Delta U/\text{cycle}, \Delta F_n/\text{cycle}, U) \quad (11-31)$$

式中，ΔK——磨损系数增量；

$\Delta F_n/\text{cycle}$——单位循环的接触面压强增量，Pa/循环；

$\Delta U/\text{cycle}$——单位循环的相对速度增量，$(\text{m}\cdot\text{s}^{-1})/$循环。

动载荷过程的磨损系数可看作每一循环过程中稳态因素磨损系数与动载荷因素磨损系数的总和，因此采用矩形加载的试验加载方法，进行动载荷模拟试验。依据拉丁超立方试验设计方法，进行若干组动载荷磨损试验。按照试验规范，每隔 Δt 分钟加减载荷、速度一次，共计加减 N_B 次（$N_B = N+1$，N 为非负整数）。如果工况一定，即 F_n、ΔF_n、ΔU、U 一定，也就是工况变化幅度、范围都不变，并且工况按相同强度增减的磨损影响是相同的，那么由动载荷引起的相对稳态工况状态的磨损系数 K 的增加量 ΔK 是不变的。

通过对拉丁超立方方法设计的若干组试验进行数据处理和分析，可以得到磨损系数增量 ΔK 与各个工况的关系，然后通过最小二乘法进行拟合，得到式（11-31）的函数表达式：

$$\begin{aligned}\Delta K = &\, c(1) + c(2)F_n + c(3)U + c(4)\Delta F_n/c + c(5)\Delta U/c + c(6)F_n^2 + c(7)U^2 + \\ & c(8)(\Delta F_n/c)^2 + c(9)(\Delta U/c)^2 + c(10)F_nU + c(11)F_n\Delta F_n/c + \\ & c(12)F_n\Delta U/c + c(13)U\Delta F_n/c + c(14)U\Delta U/c + c(15)\Delta F_n/c\Delta U/c \end{aligned} \quad (11-32)$$

11.3.3 缸套磨损计算流程

应用缸套磨损仿真模型,可进行发动机不同工况条件下的缸套磨损计算,该磨损程度可以反映发动机的失效程度,缸套磨损的计算模型构成如图 11-7 所示。其中前一部分为发动机各工况条件下缸套磨损仿真的边界条件模型,后一部分是缸套的磨损仿真模型。按照计算流程,每一工作循环步长计算磨损,在各步长计算过程中,依据不同的磨损条件选择不同的模型计算,每计算一次就返回一次磨损量,磨损量最后累积为总磨损量。

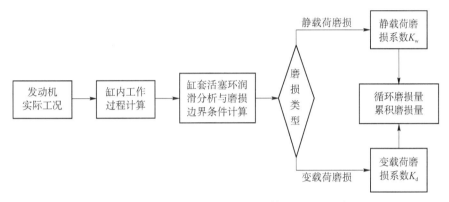

图 11-7 发动机缸套磨损计算模型构成

首先,实际测得发动机的转速、水温、缸温、油温、油量等工况数据,进行发动机工作过程仿真计算,得到各工况的缸内燃气压力、缸内燃气温度、热传递系数等;然后,将以上参数作为输入条件进行缸套活塞环的润滑分析及活塞运动计算,得到不同工况下缸套活塞环摩擦副的接触压力、相对滑动速度、间隙油温、相邻两个工作循环的接触压力增量和滑动速度增量等工况参数,建立磨损工况的数据库。计算不同工况磨损的步骤如下:

第 1 步,判断磨损类型。若为静载荷磨损,则将摩擦副的接触压力、相对滑动速度、间隙油温工况参数代入稳态磨损系数修正公式,求得工况对应的磨损系数 K_w;若为变载荷磨损,则还需将接触压力增量和滑动速度增量代入公式,求得变载荷磨损修正系数 K_d。

第 2 步,将以上工况参数及 K_w(或 K_d)代入修正的 Archard 模型,计算累积的磨损量。

第 3 步,将各个曲轴位置按照缸套轴向位置叠加,就可以得到缸套最终的磨损分布。

11.3.4 改进的缸套磨损计算方法

前面建立的磨损计算模型,其基本思路是通过试验采集发动机工况参数,经过发动机燃烧工作过程计算、传热过程计算、缸套活塞环润滑工作计算、活塞连杆动力学计算、磨损系数预测及磨损积分求解,得到关键部件的磨损量。整个过程比较复杂,需耗费大量时间,而且该计算过程需要大型计算工具的辅助,这从车辆工作的实际状态来讲是很难满足的。为了提高磨损仿真模型执行效率、实时了解发动机的技术状况,就需要对上述模型加以改进,加快仿真计算过程。

首先,基于发动机大量的测量工况统计,在工况二维曲面上进行网格划分,且认为同一网格内发动机的转速和负荷是保持不变的，即如果发动机相邻的两个工况点落在同一个网格内，就按静载荷工况处理，若落在不同网格内，则按动载荷磨损计算。每一个工况点表示一个发动机的循环工况，连续两个工况点体现了发动机的变载荷状况。在计算时，认为各个工况点是稳定状态，连续工况点代表非稳定工况。

其次，以缸套最大磨损位置作为参考计算点，对各工况网格单元进行模型参数（如磨损系数、粗糙度、磨损率变化规律系数等）的计算，得到缸套活塞环磨损模型各网格单元相应的边界参数及其磨损规律参数，并将这些结果对应存储于该网格单元内（在实际应用中直接寻址调用）。这样直接从测量工况出发求解磨损量，既能大大缩短计算时间，又可避免大型计算软件的参与所带来模型的复杂性的提高。需要说明的是，不同的工况点对应不同的模型参数，上一个工况结束时的状态是下一个工况点开始计算的初始状态。即使相同工况点，由于变载荷原因使上一工况结束时的状态参数不同，则计算出的磨损率也会有较大差别。

11.4　缸套磨损载荷谱编制

通过仿真（或试验）得到发动机在行驶时的转速及扭矩-时间历程之后，采用时间插值的方法可以得到磨损计算的工况点，具体思路是：在发动机载荷时间谱上取得当前工况点的转速及扭矩，以当前转速为基础确定下一步计算的时间间隔 Δt，然后在载荷时间谱上插值得到下一工况点的转速及扭矩值。缸套活塞环的磨损计算是以循环为单位的，得到相邻两个工况点的数据后，就可以计算循环磨损量，若两个工况点落在同一个发动机面工况网格单元内，则直接调用存储在网格单元内的磨损参数，按静载荷磨损计算，若落在不同网格内，首先要计算变载荷磨损系数，然后计算循环磨损量。

按照以上方法，对某装甲车辆发动机典型任务剖面下的缸套活塞环磨损谱进行计算，缸套活塞环磨损谱如图 11-8 所示。

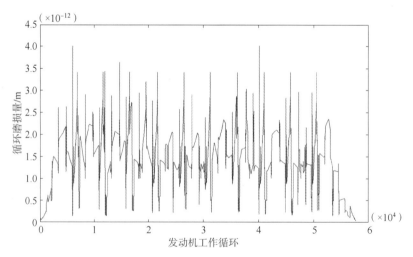

图 11-8　发动机缸套活塞环磨损谱

第 12 章
典型零部件载荷谱——增压器压气机载荷谱

12.1 压气机载荷特点

增压器的可靠性是增压发动机可靠性的重要组成部分,增压器可靠性的关键在于转子系统的工作稳定性和叶轮叶片的疲劳强度。1976—1981 年,某型增压器研制过程中在结构考核试验时发生 6 次压气机叶片断裂故障,其中寿命最短的仅 110 h,当时成为增压柴油机定型前的三大技术难题之一。在某型装甲车辆柴油机正样机试车阶段,先后有三台增压器出现了压气机叶片(或转轴)断裂故障,如图 12-1 所示。掌握增压器工作载荷的变化情况并找出其规律性不仅是新研增压器耐久性和可靠性设计的基础,也是现役增压器定寿、延寿和可靠性试验的重要依据。因此,需要编制增压器工作的载荷谱,以深入开展疲劳研究和疲劳试验工作。

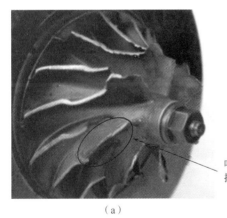 

(a)　　　　　　　　　　　　　(b)

图 12-1　废气涡轮增压器疲劳失效

(a) 压气机叶片断裂;(b) 转轴断裂

涡轮增压器工作时,压气机的转速可以达到 10^5 r/min 以上,处于高转速运转状态,工作叶轮时刻受到离心力作用,同时气体压力作用于压气机叶轮表面,引起叶轮表面压力升高,因此压气机叶轮主要承受气动载荷和离心载荷的共同作用;发动机工作时,压气机工作状态变化频繁,容易造成疲劳失效;在实车运行过程中,压气机还受到振动、氧化等作用,叶片容易发生断裂而失效。

12.2 压气机载荷谱编谱方法

分析现行的涡轮增压器部件结构考核试验规范,几乎95%的试验时间为最高转速状态,有较高的苛刻性,但其既没有考虑实际使用的动态载荷影响,也没有考虑起动和环境等因素的影响,致使循环考核强度不足,而且在设计阶段,缺乏对增压器部件结构强度的全面考量和验证。因此,我们可以基于整车虚拟样机模型和压气机叶片流固耦合模型,以整车任务及环境混频的编制为基准,对压气机在车辆耐久性考核阶段的工作参数进行仿真计算,得到的压气机工作参数时间历程可用于编制压气机疲劳寿命试验谱或预测压气机疲劳寿命,一方面可用于指导压气机的结构设计和优化,另一方面可减少(或替代)大量的实车试验工作,从而有效缩短试验周期、减少试验费用。

压气机载荷谱及其寿命预测研究可以分为三步:载荷信号的获得、载荷信号的处理与分析和疲劳寿命预测,具体框架及流程如图12-2所示。

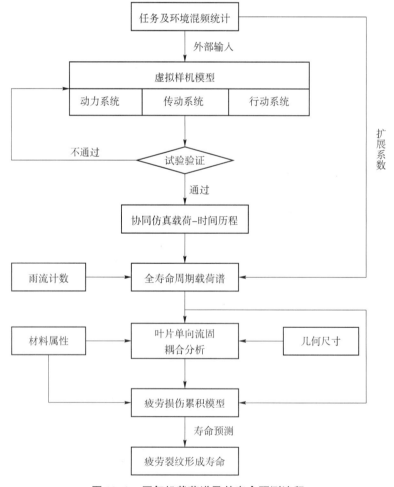

图12-2 压气机载荷谱及其寿命预测流程

12.3 压气机载荷相关性分析

废气涡轮增压是内燃机与叶轮机的结合与协同工作。涡轮叶轮将柴油机排出的废气能量转变为机械能，驱动同轴的压气机叶轮高速旋转，压缩新鲜空气经中冷后进入柴油机气缸，增加柴油机充气量，进而燃烧更多燃油，达到提高柴油机工作效率、减少油耗的目的。

对于一般的离心式压气机来说，流量与转速成正比，等熵压缩功与转速的平方成正比，因此在高转速时有大流量、高压比的特点，在低转速时有小流量、低压比的特点。在增压柴油机中，当柴油机的负荷增大时，燃油喷射量将随之增加，排气温度升高，因而供给涡轮的热能增加，使涡轮转速上升，使压气机的出口压力、温度升高。

分别以该型柴油机工作在 1 500 r/min、2 000 r/min 下不同负荷时的压气机后空气温度、空气压力及增压器转速的台架试验测试数据为样本，进行相关性分析，台架试验测试数据见表 12-1、表 12-2。

表 12-1 压气机后空气温度、空气压力及增压器转速（柴油机转速为 1 500 r/min）

扭矩/(N·m)	1 872	1 550	1 400	960	722	500	234
增压器转速/(r·min^{-1})	77 000	69 000	65 300	51 300	43 200	35 900	28 900
压后空气温度/℃	124.8	107.3	98.55	73.55	62.4	53.85	47.85
压后空气压力/kPa	198.8	175.05	163.65	135.55	124.1	114.85	108.9

表 12-2 压气机后空气温度、空气压力及增压器转速（柴油机转速为 2 000 r/min）

扭矩/(N·m)	1 759	1 521	1 323	887	663	441	253
增压器转速/(r·min^{-1})	88 900	82 600	77 500	61 900	53 200	44 900	37 900
压气机后空气温度/℃	148.45	133.25	119.05	86.75	72.3	59.55	53.35
压气机后空气压力/kPa	235.4	214.7	195.95	155.2	139	125.25	115.35

1. 增压器转速与压气机后空气温度

压气机后空气温度与增压器转速的离散点图及平滑曲线分别如图 12-3、图 12-4 所示。根据离散点图的变化趋势，采用多项式回归建立样本回归模型。

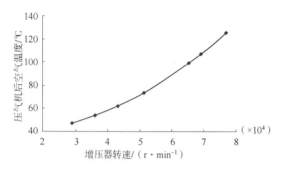

图 12-3　1 500 r/min 时离散点图及平滑曲线　　图 12-4　2 000 r/min 时离散点图及平滑曲线

（1）柴油机转速为 1 500 r/min 时样本回归模型为

$$y = 34.295 + 1.521 \mathrm{e}^{-8} \times x^2 \qquad (12\text{-}1)$$

做回归方程显著性检验：$F = 1\,1612.7$，Prob>F 的值小于 0.000 1，表明当显著性水平 $\alpha = 0.01$ 时，回归方程是显著的。回归常数及回归系数 t 检验均有 Prob>$|t|$ 值小于 0.000 1，表明当显著性水平 $\alpha = 0.01$ 时，回归常数及回归系数是显著的。压气机后空气温度与增压器转速的平方值的离散点及回归直线如图 12-5 所示。

（2）柴油机转速为 2 000 r/min 时样本回归模型为

$$y = 30.333 + 1.492 \mathrm{e}^{-8} \times x^2 \qquad (12\text{-}2)$$

做回归方程显著性检验：$F = 7\,065$，Prob>F 的值小于 0.000 1，表明当显著性水平 $\alpha = 0.01$ 时，回归方程是显著的。回归常数及回归系数 t 检验均有 Prob>$|t|$ 值小于 0.000 1，表明当显著性水平 $\alpha = 0.01$ 时，回归常数及回归系数是显著的。压气机后空气温度与增压器转速的平方值的离散点及回归直线如图 12-6 所示。

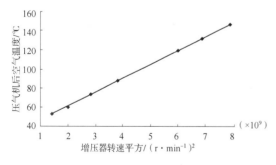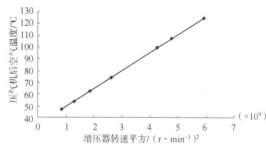

图 12-5　1 500 r/min 时样本离散点图及回归直线　　图 12-6　2 000 r/min 时样本离散点图及回归直线

2. 增压器转速与压气机后空气压力

压气机后空气压力与增压器转速的离散点图及平滑曲线分别如图 12-7、图 12-8 所示。根据离散点图的变化趋势，采用多项式回归建立样本回归模型。

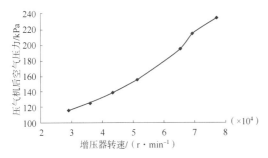

图 12-7　1 500 r/min 时离散点图及平滑曲线

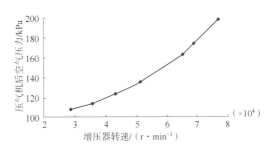

图 12-8　2 000 r/min 时离散点图及平滑曲线

（1）柴油机转速为 1 500 r/min 时样本回归模型为

$$y = 91.786 + 1.754\mathrm{e}^{-8} \times x^2 \tag{12-3}$$

做回归方程显著性检验：$F = 1\,143.38$，Prob>F 的值小于 0.000 1，表明当显著性水平 $\alpha = 0.01$ 时，回归方程是显著的。回归常数及回归系数 t 检验均有 Prob>$|t|$ 值小于 0.000 1，表明当显著性水平 $\alpha = 0.01$ 时，回归常数及回归系数是显著的。压气机后空气压力与增压器转速的平方值的离散点及回归直线如图 12-9 所示。

（2）柴油机转速为 2 000 r/min 时样本回归模型为

$$y = 86.900 + 1.856\mathrm{e}^{-8} \times x^2 \tag{12-4}$$

做回归方程显著性检验：$F = 2\,877.41$，Prob>F 的值小于 0.000 1，表明当显著性水平 $\alpha = 0.01$ 时，回归方程是显著的。回归常数及回归系数 t 检验均有 Prob>$|t|$ 值小于 0.000 1，表明当显著性水平 $\alpha = 0.01$ 时，回归常数及回归系数是显著的，压气机后空气压力与增压器转速的平方值的离散点及回归直线如图 12-10 所示。

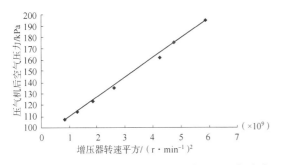

图 12-9　1 500 r/min 时样本离散点图及回归直线

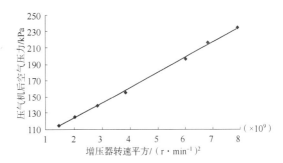

图 12-10　2 000 r/min 时样本离散点图及回归直线

可见，该型柴油机在各转速下压气机后空气温度、空气压力与增压器转速平方值的回归模型的回归系数均大于零，这表明：在一定环境条件下，随着增压器转速的升高，压气机后空气温度、空气压力也跟随着增加且与增压器转速的平方成正比。因此，转速可作为表征压气机叶轮运行工况的特征参数，所以压气机载荷谱主要是转速谱（即转速-时间历程）。

12.4 压气机工作参数虚拟测试

载荷谱研究的基础是任务混频、环境混频及任务剖面测试。任务混频是指车辆执行各种任务（含训练与维护）比例，以各种任务频次的列表形式给出；环境混频是指各种对发动机载荷有影响的环境要素组合，通常包括使用地区的海拔高度、大气温度、湿度等因素。原则上，调查走访使用部队是确定车辆、发动机使用载荷的第一步，并通过对车辆使用记录和驾驶员操作的调研、统计，确定车辆任务、环境混频。这里以 8.2 节中发动机整机载荷谱编制时所确定的环境任务混频为基准。

12.4.1 循环工况虚拟试验标准

确定在车辆环境任务混频后，要客观地反映涡轮增压器的动态载荷，还需将车辆在实际行驶过程中的各种变速工况统筹考虑并加以标准化。根据整车动力性能仿真模型，结合装甲车辆耐久性考核阶段的车辆使用特点及车辆起步、直驶换挡、停车操作规范，制定相应的循环工况虚拟试验标准。虚拟试验标准规定的循环工况具体组成如下：

(1) 原地起步加速过程：原地起动，起步加速至相应考核地区最低常用挡位，柴油机目标转速为 2 000 r/min。根据实测车辆起步加速过程的柴油机目标转速-时间历程及车辆连续换挡操作规程，制定该过程的柴油机目标转速-时间历程标准，如图 12-11 所示；各排挡换挡点选择在柴油机目标转速峰值点所对应的时刻。假设车辆原地起步加速过程中风扇耗功恒定，取最小值。

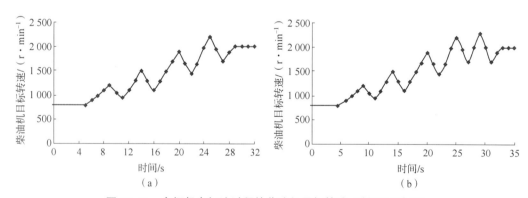

图 12-11 车辆起步加速过程的柴油机目标转速-时间历程标准
(a) 原地起步加速至Ⅳ挡；(b) 原地起步加速至Ⅴ挡

(2) 1 h 常用挡位变速行驶过程：根据考核地区车辆常用挡位的分配比例及单位小时换挡频次统计，制定各考核地区相应路面该过程的典型任务剖面示，于表 12-3。其中，铺面路典型任务剖面如图 12-12 所示。假设车辆常用挡位变速行驶过程中风扇耗功恒定，取最大值。

表 12-3 环境典型任务剖面

路面	时间节点/s										重复
铺面路	4.6	19	24	42	78	96	101	115.4	120		30
	V/Y	V/J	V/Y	VI/Y	VI/J	VI/Y	V/Y	V/J	V/Y		
砂石路	36	56	101	126	169.2	190.8	234	259	304	324	360	10
	IV/Y	V/Y	V/J	V/Y	VI/Y	VI/J	VI/Y	V/Y	V/J	V/Y	IV/Y	
热区起伏	34	44	74.5	84.5	98.5	126.5	140.5	150.5	181	191	225	16
	III/Y	IV/Y	IV/J	IV/Y	V/Y	V/Y	IV/Y	IV/J	IV/Y	III/Y		
冰雪路	36	56	101	126	164	196	234	259	304	324	360	10
	IV/Y	V/Y	V/J	V/Y	VI/Y	VI/Y	VI/Y	V/Y	V/J	V/Y	IV/Y	
温区起伏	30	42	78	90	120	180	210	222	258	270	300	12
	IV/Y	V/Y	V/Y	V/Y	VI/Y	VI/Y	VI/Y	V/Y	V/J	V/Y	IV/Y	

注：(1) 时间节点为时间区间上限；
(2) Y 表示液力工况；J 表示机械工况。

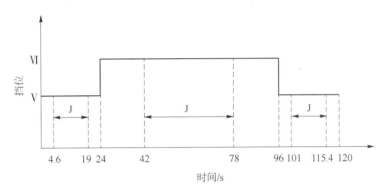

图 12-12 铺面路典型任务剖面

（3）常用挡位变速行驶过程：柴油机目标转速规定为 2 000 r/min；加挡或减挡过程目标转速-时间历程标准如图 12-13 所示。低挡换高挡，换挡点选择在柴油机目标转速峰值点所对应的时刻；高挡换低挡，换挡点选择在柴油机目标转速谷值点所对应的时刻。

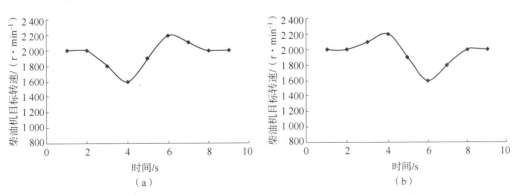

图 12-13 常用挡位变速行驶过程的柴油机目标转速-时间历程标准
(a) 低挡换高挡；(b) 高挡换低挡

(4) 实车使用过程中可能遇到下述三种情况的停车：在规定地域停车；在条件要求立即停车的地方停车；在坡道上停车。根据实车预计停车的操作方法，制定虚拟试验停车过程：虚拟样机处于液力工况，降低柴油机目标转速至最低，使车辆减速；驾驶员根据柴油机转速逐步由高挡换至低挡；切断车辆负载反馈，柴油机怠速运转。

(5) 假设车辆冷起动瞬间的增压器转速变化幅度与车辆原地起步加速过程增压器转速变化最大幅值相当。

12.4.2 车辆原地起步加速过程虚拟试验

铺面路相当于硬质 D 级随机路面，车辆初始静止，柴油机稳定运转于 800 r/min。图 12-14~图 12-23 所示为车辆虚拟样机模型从原地起步加速至 Ⅵ 挡的计算结果。

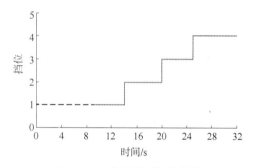

图 12-14　挡位随时间的变化

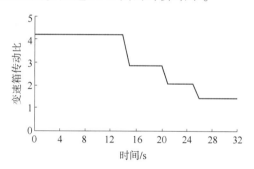

图 12-15　变速箱传动比随时间的变化

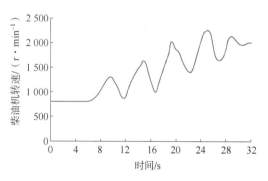

图 12-16　时间-柴油机转速计算结果

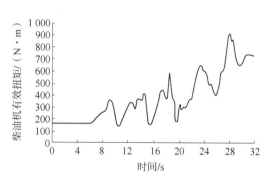

图 12-17　时间-柴油机有效扭矩计算结果

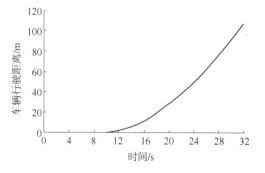

图 12-18　时间-车辆行驶距离计算结果

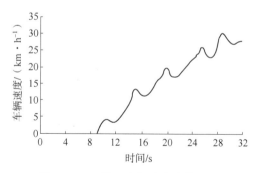

图 12-19　时间-车辆速度计算结果

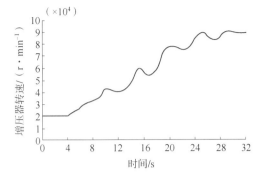

图 12-20　时间-增压器转速计算结果

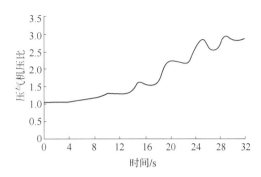

图 12-21　时间-压气机压比计算结果

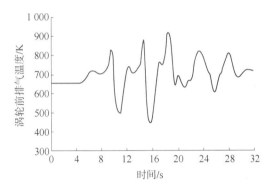

图 12-22　时间-涡轮前排气温度计算结果

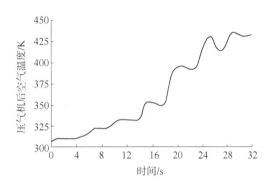

图 12-23　时间-压气机后空气温度计算结果

上述图中显示了车辆原地起步加速过程中排挡挡位、变速箱传动比、柴油机转速、柴油机扭矩、车辆行驶距离、车辆行驶速度、增压器循环平均转速、压气机循环平均压比、压气机后循环平均空气温度、涡轮前循环平均排气温度随时间而变化的计算结果。

电控柴油机转速能够较好地跟踪柴油机目标转速，最终稳定在 2 000 r/min，随着车辆排挡及柴油机目标转速的升高，柴油机有效扭矩及主动轮输出功率显著上升，用于克服空气阻力和柴油机、传动装置、车辆的惯性阻力等。虽然换挡过程是液力工况，动力没有中断，但柴油机转速下降较多导致车辆速度的损失较大。车辆液力Ⅳ挡、柴油机转速 2 000 r/min 时的速度为 27.91 km/h，车辆原地起步加速过程累计行驶距离为 107.1 m。

随着柴油机转速、负荷的增大，压气机转速、压比及压气机后空气温度都上升了，且变化趋势相近，压气机转速曲线的峰值、谷值时间点落后于柴油机转速曲线的峰、谷值时间点，反映了增压器的响应滞后。

12.4.3　常用挡位加减速过程虚拟试验

图 12-24、图 12-25 所示分别为车辆在温区起伏土路常用挡位变速行驶过程中虚拟试验的挡位及目标转速-时间历程，图 12-26~图 12-33 所示为该过程的计算结果。初始工况：车辆Ⅳ挡、柴油机以转速 2 000 r/min 稳定行驶。

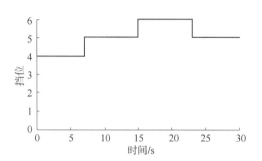

图 12-24　挡位随时间的变化

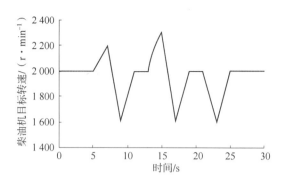

图 12-25　柴油机目标转速随时间的变化

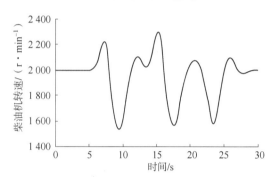

图 12-26　时间-柴油机转速计算结果

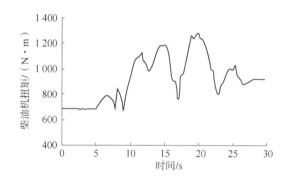

图 12-27　时间-柴油机扭矩计算结果

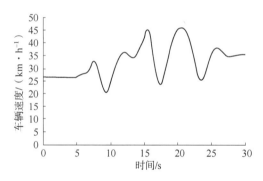

图 12-28　时间-车辆速度计算结果

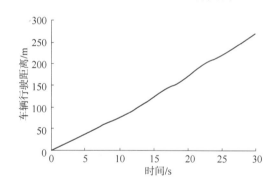

图 12-29　时间-车辆行驶距离计算结果

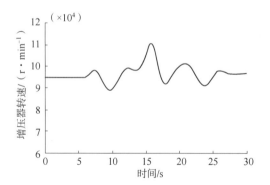

图 12-30　时间-增压器转速计算结果

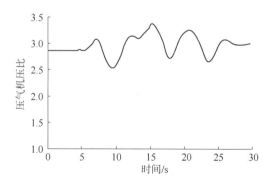

图 12-31　时间-压气机压比计算结果

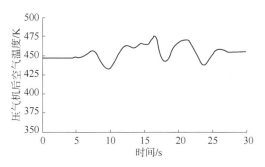

图 12-32 时间-压气机后空气温度计算结果

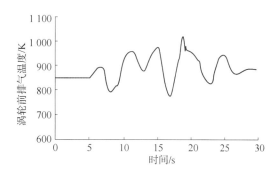

图 12-33 时间-涡轮前排气温度计算结果

上述图中显示了车辆在温区起伏土路加速过程柴油机转速、柴油机扭矩、车辆速度、车辆行驶距离、增压器循环平均转速、压气机循环平均压比、压气机后循环平均空气温度、涡轮前循环平均排气温度随时间而变化的计算结果。电控柴油机转速计算结果能够较好地跟踪柴油机目标转速,柴油机目标转速均为 2 000 r/min,车辆以液力 V 挡稳定行驶时的柴油机有效扭矩、主动轮输出功率、车辆行驶速度、增压器转速、压气机压比、压气机后空气温度及涡轮前排气温度比车辆以液力 Ⅳ 挡稳定行驶时的各项计算结果均有不同程度的提高。

在换挡过程中柴油机目标转速及实际转速下降较多,导致车辆速度有较大幅度的变化。柴油机转速为 2 000 r/min,车辆在起伏土路液力 Ⅵ 挡、液力 V 挡时的速度分别为 26.75 km/h、35.43 km/h,该过程车辆平均速度为 32.54 km/h,累计行驶距离为 271.17 m。在车辆由 V 挡换至 Ⅵ 挡的过程中,增压器转速最高达 108 278 r/min,接近该型增压器最高转速。

表 12-4 显示了车辆在表 12-3 中所规定的环境典型任务剖面下各阶段车辆行程的计算结果。

表 12-4 环境典型任务剖面下各阶段车辆行程

路面	各阶段车辆行程/m										累计行程/m
铺面路	V/Y	V/J	V/Y	Ⅵ/Y	Ⅵ/J	Ⅵ/Y	V/J	V/Y			1 636.2
	50.5	172.8	54.9	225.2	629.5	225.2	54.9	172.8	50.5		
砂石路	Ⅳ/Y	V/Y	V/J	Ⅵ/Y	Ⅵ/J	Ⅵ/Y	V/J	V/Y	Ⅳ/Y	Ⅳ/Y	3 861.4
	248.5	180.0	540.0	225.0	480.8	377.7	480.8	300.0	540.0	240.0	248.5
热区起伏	Ⅲ/Y	Ⅳ/Y	Ⅳ/J	Ⅳ/Y	Ⅳ/J	Ⅳ/Y	Ⅳ/J	Ⅳ/Y	Ⅳ/J	Ⅲ/Y	1 639.1
	145.6	65.3	253.9	65.3	121.5	336.0	121.5	65.3	253.9	65.3	145.6
冰雪路	Ⅳ/Y	V/Y	V/J	Ⅵ/Y	Ⅵ/J	Ⅵ/Y	Ⅵ/J	Ⅵ/Y	V/J	Ⅳ/Y	4 038.8
	279.1	208.3	540.0	260.4	451.8	559.6	451.8	260.4	540.0	208.3	279.1
温区起伏	Ⅳ/Y	V/Y	V/J	Ⅵ/Y	Ⅵ/J	Ⅵ/Y	Ⅵ/J	Ⅵ/Y	V/J	Ⅳ/Y	3 518.1
	222.9	118.1	432.0	118.1	343.3	1 049.2	343.3	118.1	432.0	118.1	222.9

12.5 压气机模拟任务试验谱编制

在以压气机使用寿命考核为目的的模拟任务试验中，试验大纲根据虚拟试验标准规定的压气机使用载荷剖面而制定，模拟任务试验谱就是为了编制模拟任务试验大纲而专门编制的载荷谱。在载荷谱的研究中，通常以载荷的两种特征参数作为研究载荷谱的依据：一种是频率结构；另一种是幅值分布。载荷数据统计方法主要有两种：

（1）功率谱法：功率谱法给出载荷幅值的均方值随频率的分布，它保留了载荷全部信息，是一种比较精确、严密的载荷统计方法。

（2）计数法：计数法运用概率统计原理，把载荷变化过程中出现的极值大小及其频次，或幅值大小及其频次，或穿过某载荷量级的频次进行统计，得到表明载荷量值及其出现频次关系的载荷频次图。这种统计方法简单易行，数据处理工作量小，所用数据分析仪器简单，便于实时分析，但不够严密、精确，丢失了载荷随频率变化和各量级载荷发生次序的信息。

12.5.1 载荷-时间历程频域分析

一般载荷频域分析不作幅值谱和相位谱分析，而是用具有统计特性的功率谱密度来作谱分析，如果从功率谱密度函数上发现载荷的频率很高，则用功率谱密度函数曲线和数值作为载荷谱。

平稳随机过程的功率谱密度函数与自相关函数是傅里叶变换偶对，即

$$S_x(\omega) = \int_{-\infty}^{+\infty} R_x(\tau) e^{-j\omega\tau} d\tau \tag{12-5}$$

$$R_x(\tau) = \frac{1}{2\pi} \int_{-\infty}^{+\infty} S_x(\omega) e^{j\omega\tau} d\omega \tag{12-6}$$

因为自相关函数是偶函数，所以功率谱密度是非负实偶函数，在实际中，用定义在非负频率上的谱更为方便，这种谱称为单边功率谱密度函数。表示为

$$G_x(f) = 2S_x(\omega) = 2\int_{-\infty}^{+\infty} R_x(\tau) e^{-j\omega\tau} d\tau, \quad \omega > 0 \tag{12-7}$$

由信号处理的相关理论可知，数字信号处理只能对有限长的信号进行分析运算，即需要对信号进行时域截断处理。相应地，这种时域截断必然造成频谱分析时出现谱峰下降、频谱扩展的现象，即引起频谱泄漏，使谱估计与真实值之间的误差加大。同时，用离散谱来近似表示连续波形的特性还将出现栅栏效应，通过加窗处理和增加序列长度可以减轻它们带来的误差。合适窗函数的加权作用是使被加权序列在边缘比矩形窗函数圆滑而减小了陡峭的边缘所引起的副瓣分量。频率泄漏的大小与数据窗的形状和长度有关，在空间域里的不同数据窗，对应到频率域也有不同的窗，频域窗函数是由时域窗函数经傅里叶变换得到的。目前，常用的几种窗函数有矩形窗、三角窗、汉宁窗、汉明窗，这四种窗函数各自具有不同的特点，它们泄漏频率的旁瓣峰值依次减小，阻带最小衰减也依次减小，但过渡带随之增加。这表示随着频率泄漏的减弱，其频带加宽，从而更容易发生频率混叠而降低分析精度。可见，减小主瓣宽度和衰减旁瓣峰值是一对矛盾，只能针对不同的要求来合理选取窗函数。对比而言，汉宁窗具有较好的综合特性，它的旁瓣小且衰减快，适合于随机信号和周期信号的截断

与加窗，部分典型工况下增压器转速信号功率谱密度分别如图12-34、图12-35所示。

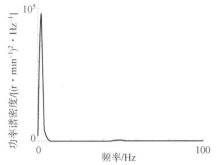

图12-34 起步过程增压器转速功率谱密度

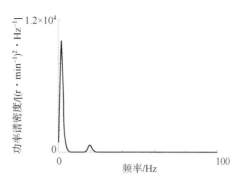

图12-35 换挡过程增压器转速功率谱密度

观察各典型工况下增压器转速功率谱密度分布图可以发现，各段信号频率构成有所区别，但最大频率均小于60 Hz，且能量大部分集中在10 Hz以内。根据现有理论认为，在此情况下，机件的损伤与幅值的大小和出现的次数有关，因此必须作幅值分布分析。

12.5.2 载荷参数矩阵装配法

低频载荷模拟任务试车谱编制，一般是通过载荷-时间历程幅值域分析，采用载荷参数矩阵装配法进行。对于压气机而言，叶片的应力主要与转速有关，由瞬态温度场引起的热应力可省略，且压气机气动载荷与转速呈显著正相关。因此，载荷参数矩阵装配法仅需对剖面中压气机转速循环、状态工作时间和环境温度、压力进行归并处理，其具体典型化过程如下：

(1) 根据环境混频将任务剖面按典型环境温度、压力分组。
(2) 将压气机使用任务剖面按转速主循环分组，一般每个环境组分1~2个主循环组。
(3) 进行任务混频，得到转速循环矩阵、转速分配矩阵。
(4) 由转速循环矩阵和转速分配矩阵，按照一般使用规律，每组装配一个任务剖面。

12.5.2.1 环境混频和主循环分组

压气机任务剖面按规定的环境混频分为6组，每组对应车辆耐久性试验各阶段环境状态。根据各种环境条件下车辆起步加速过程、1 h常用挡位变速行驶过程和停车制动过程的行驶距离，计算车辆由原地起步-变速行驶-制动停车的全过程累计行驶距离，进而根据环境混频所规定的车辆在各种路面条件下的考核里程，可确定车辆环境任务主循环的剖面数，即压气机转速由0—最大—0的主循环剖面数。压气机转速按环境混频和主循环分组情况见表12-5。

表12-5 压气机转速按环境混频和主循环分组

分组序号	环境		主循环（转速/%）	剖面数	总时间/h
	温度/K	压力/kPa			
1	290.75	101.64	0—96—0	41	41.63
2	299.55	101.49	0—97—0	39	39.60

续表

分组序号	环境		主循环（转速/%）	剖面数	总时间/h
	温度/K	压力/kPa			
3	308.35	102.44	0—94—0	76	77.16
4	305.85	101.49	0—97—0	39	39.60
5	296.75	96.90	0—98—0	25	25.38
6	245.35	98.48	0—98—0	47	47.72

12.5.2.2 压气机转速分配矩阵

由于载荷数据通常具有较大的随机性、分散性，为了正确处理这些数据，以反映其分布规律，必须借助统计分析的方法。幅值区间分布统计是一种非常有用的数据分析方法，在一定程度上，它可以取代概率密度分布函数，这时只需要将每一区间占用的时间归一化。幅值区间分布统计的基本思想是：将时间历程信号的幅值分为若干个小区间，每个幅值小区间占用的时间可通过计算得到，最后以柱状图或矩阵的形式体现。

第1组典型任务剖面的车辆原地起步加速过程和变速行驶过程中的压气机转速幅值区间分布统计结果如图12-36所示。其中压气机转速 n_T 以最高转速（11000 r/min）的百分比表示，即 $(n_T/11000)\%$；转速幅值区间从 0~100 划分为 100 等份。

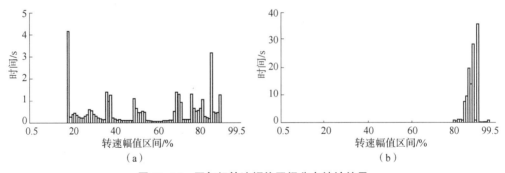

图12-36 压气机转速幅值区间分布统计结果
(a) 原地起步加速过程；(b) 变速行驶过程

以第1组为例，对典型剖面全过程（包括原地起步加速过程、扩展的变速行驶过程和制动停车过程）的压气机转速-时间历程进行幅值区间分布统计，典型剖面压气机转速分配矩阵见表12-6，直接反映了压气机各转速区间的工作时间比例。其中，转速（%）值为转速区间中值。

表12-6 第1组典型剖面压气机转速分配矩阵

转速/%	0.5	1.5	2.5	3.5	4.5	5.5	6.5	7.5	8.5	9.5
时间/s	0	0	0	0	0	0	0	0	0	0
转速/%	10.5	11.5	12.5	13.5	14.5	15.5	16.5	17.5	18.5	19.5
时间/s	0	0	0	0	0	0	0	0	6.65	0.45

续表

转速/%	20.5	21.5	22.5	23.5	24.5	25.5	26.5	27.5	28.5	29.5
时间/s	0.63	0.67	0.54	0.44	0.34	0.34	0.50	0.60	0.98	0.89
转速/%	30.5	31.5	32.5	33.5	34.5	35.5	36.5	37.5	38.5	39.5
时间/s	0.63	0.49	0.37	0.30	0.24	0.24	2.23	1.57	2.00	0.36
转速/%	40.5	41.5	42.5	43.5	44.5	45.5	46.5	47.5	48.5	49.5
时间/s	0.31	0.26	0.23	0.19	0.19	0.16	0.15	0.15	0.13	1.73
转速/%	50.5	51.5	52.5	53.5	54.5	55.5	56.5	57.5	58.5	59.5
时间/s	0.99	0.76	0.76	0.80	0.78	0.15	0.13	0.13	0.12	0.10
转速/%	60.5	61.5	62.5	63.5	64.5	65.5	66.5	67.5	68.5	69.5
时间/s	0.10	0.10	0.10	0.12	0.12	0.12	0.15	0.15	0.80	2.23
转速/%	70.5	71.5	72.5	73.5	74.5	75.5	76.5	77.5	78.5	79.5
时间/s	2.11	1.49	0.23	0.21	0.22	0.22	2.07	1.06	0.86	26.41
转速/%	80.5	81.5	82.5	83.5	84.5	85.5	86.5	87.5	88.5	89.5
时间/s	13.69	31.07	29.92	27.20	228.48	292.10	580.92	418.42	845.60	27.16
转速/%	90.5	91.5	92.5	93.5	94.5	95.5	96.5	97.5	98.5	99.5
时间/s	1 054	4.32	5.01	6.00	6.03	17.13	0	0	0	0

12.5.2.3 压气机转速循环矩阵

参数循环矩阵给出各种循环的统计次数，可通过"循环计数法"获得。计数方法的选取直接影响到疲劳试验、寿命预测的准确性。在目前的条件下，通常认为双参数的雨流计数法最佳。雨流计数法程序框图如图12-37所示。

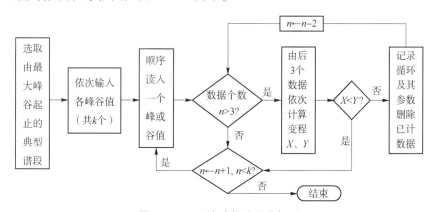

图 12-37 雨流计数法程序框图

对第1组典型剖面不同工况的压气机转速-时间历程进行雨流计数并叠加，构成一个完整典型剖面的压气机转速谱。双参数雨流计数法可获得的由幅值与均值或峰值与谷值两个参数构成的二维分布直方图及矩阵，增压器转速雨流统计结果见表12-7，其中均值、幅值范围均为各自分割区间下限。

表 12-7 典型剖面全工况均值、幅值雨流计数

均值/%	幅值范围/%					
	0	2.443	4.886	7.33	10.99	76.96
18.18	2	0	0	0	0	0
37.53	0	2	0	0	0	0
50.84	0	0	2	0	0	0
56.89	0	0	0	0	0	1
68.98	0	2	0	0	0	0
78.66	0	0	2	0	0	0
84.70	30	0	0	3	5	0
87.12	30	1	3	0	0	0

将雨流计数结果以峰值、谷值矩阵表示，并取定矩阵中转速范围的上、下限值，得到组合后典型剖面的转速循环矩阵和转速分配矩阵，结果见表 12-8、表 12-9。

表 12-8 组合后第 1 组典型剖面转速循环矩阵

峰值转速/%	谷值转速/%					
	0	20	36	54	70	80
94~96	1	1	0	0	0	0
90~94	0	0	0	0	5	0
86~90	0	0	0	0	0	7
80~86	0	0	0	0	2	0
70~80	0	0	0	2	0	0
54~70	0	0	2	0	0	0
36~54	0	2	0	0	0	0

表 12-9 组合后第 1 组典型剖面转速分配矩阵

转速/%	96	94	90	80	70	54	36	20
时间/s	23	1 069	2 495	35	5	13	8	7

12.5.2.4 矩阵装配

根据表 12-8 和表 12-9，参考增压器一般使用规律，最终可逆推装配出典型任务剖面。表 12-10 为以时间序列表示的装配结果。对装配后的典型剖面，应注意状态工作时间和转速循环的校核，以保证与表 12-8 和表 12-9 的结果吻合。

表 12-10 第 1 组典型剖面的时间序列（频数 41）

时间序列号	0	1	2	3	4	5	6
转速/%	0	20	36	20	54	36	70
保持时间/s	0	2	2	2	3	2	0.5
时间序列号	7	8	9	10	11	12	13
转速/%	54	80	70	90	80	90	80
保持时间/s	3	4	0.5	356	4	356	4
时间序列号	14	15	16	17	18	19	20
转速/%	90	80	90	80	90	80	90
保持时间/s	356	4	356	4	356	4	356
时间序列号	21	22	23	24	25	26	27
转速/%	80	90	80	94	70	94	70
保持时间/s	4	356	4	214	0.5	214	0.5
时间序列号	28	29	30	31	32	33	34
转速/%	94	70	94	70	94	70	96
保持时间/s	214	0.5	214	0.5	214	0.5	12
时间序列号	35	36	37	38	39	40	41
转速/%	70	80	54	70	36	54	20
保持时间/s	0.5	4	3	0.5	2	3	2
时间序列号	42	43	44	45			
转速/%	36	20	96	0			
保持时间/s	2	2	12	0			

12.6 压气机叶片应力谱编制

压气机叶片应力谱的编制需要对叶片的应力场进行准确分析，对叶片通道进行三维流场数值模拟，不仅可以了解压气机工作时气体的流动情况，还可以在一定程度上更加准确地得到叶片表面压力分布。考虑气动载荷及叶轮高速旋转产生的离心力载荷，对叶片进行基于流固耦合的强度分析，可以使其计算的应力和变形更加精确，进而得出叶片应力分布及其薄弱环节。

在进行压气机叶片流固耦合强度分析时，首先对离心式压气机流体域（即叶轮通道的三维流场）进行定常和非定常的数值模拟，然后将流场计算得到的气动载荷施加到叶片上，对叶片进行强度分析。结构部分采用 ANSYS Mechaincal 或 Multphysics 求解，流体部分采用 CFX 求解。结构分析模型和流体分析模型相互独立，几何和网格可以不匹配，利用界面上的载荷自动传递实现耦合，基于 ANSYS Workbench 平台实现单向流固耦合分析的方法。具体流程如图 12-38 所示。

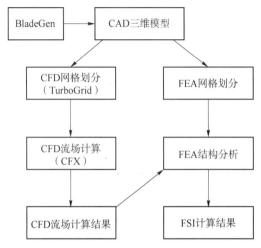

图 12-38 单向流固耦合分析流程

12.6.1 压气机流场计算模型

该型压气机采用带分流叶片的离心叶轮,分流叶片技术的应用既可以减小进口处气流堵塞,又可以改善叶轮出口流场,提高叶轮效率。叶轮出口半径约为 46.5 mm,主叶片和分流叶片各有 7 个,压气机的标准增压比为 2.93,标准空气流量为 0.435 kg/s,最高转速 $\leqslant$ 110 000 r/min。

由于整个压气机总成内流道相当复杂扭曲,流场具有三维特征,为准确地模拟其内部流场,反映气流组织的详细情况,必须使用三维流体控制方程进行模拟,因此需要建立流动空间的三维模型。利用 Bladegen 建立叶轮的叶片及流道模型,可以适当延伸叶轮的进口段和出口段,使得流动更接近于充分发展,以增加计算的稳定性,加快流场的收敛速度。叶轮形状及流道子午面视图分别如图 12-39、图 12-40 所示。

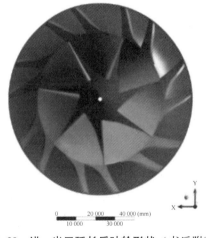

图 12-39 进、出口延长后叶轮形状(书后附彩插)

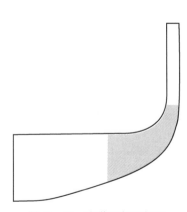

图 12-40 流道子午面视图

叶轮流场包括三部分，即进口流场区、出口流场区及主流道。利用 TurboGrid 对流场划分网格时，采用控制主流道网格节点数的方法，网格密度需要满足独立性的要求。根据叶轮的循环对称性，可以只取一个通道进行流场计算。叶轮单通道网格模型如图 12-41 所示。

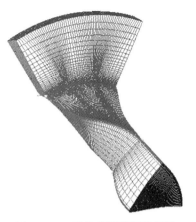

图 12-41　叶轮单通道网格模型

12.6.2　非定常流动特性分析

叶轮机械是一个形状复杂的旋转机械，其复杂的流道几何形状、高速旋转、流体黏性以及动、静部件间的相互干涉作用决定了叶轮机械内部的流动必然是极其复杂的三维的、黏性的、非定常的流动，而定常计算不能模拟这种真实的非定常流场，因而要对所研究的离心压气机中的流动做细致的描述就必须进行非定常计算，从而可以更好地对其中的流动进行分析。

流场非定常计算分为两步：首先，进行流场定常计算，为非定常计算提供初流场和边界条件；然后，进行叶轮单通道三维非定常计算。定常计算的边界条件：入口总压、出口质量流量、固体壁面绝热、无滑移。根据定常计算结果可以得到压气机出口总压的面积平均值，并以此作为非定常计算的出口边界条件，非定常计算中的入口、壁面边界条件与定常计算中一致。

非定常计算过程中应用滑移网格技术，即扩压器网格位置保持不变而叶轮网格沿着转动方向不断转动，叶轮每次转动的角度由物理时间步长和转速确定。为了充分捕捉动静干涉作用下流场参数的脉动情况，非定常计算采用双重时间步法，设非定常数值模拟过程中物理时间步长等于叶轮转过一个流道角度的 1/10，根据叶轮的旋转速度和通道数，确定具体的非定常物理时间步长。

经非定常流场计算，得出压气机转速为 90 000 r/min、质量流量为 0.42 kg/s 时的压比、效率分别为 3.03、79.94%，相应工况的压气机实测压比、效率分别为 2.775、77.3%，两者符合较好。非定常计算得到的压气机流场子午面的流动分布如图 12-42 所示。

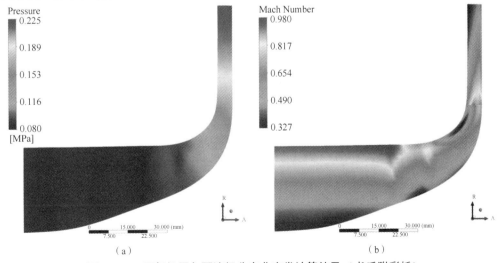

图 12-42　压气机子午面流场分布非定常计算结果（书后附彩插）
(a) 子午面静压分布；(b) 子午面相对马赫数分布

主叶片、分流叶片表面压力分布如图 12-43 所示。可见，主叶片、分流叶片压力面和吸力面的静压均在靠近进口段处压力较小，压力沿流动方向逐渐升高；主叶片压力面靠近分流叶片前缘的位置存在一个低压区域，主要是由于气流流经分流叶片前缘在吸力面加速，使得主叶片压力面压力减小。

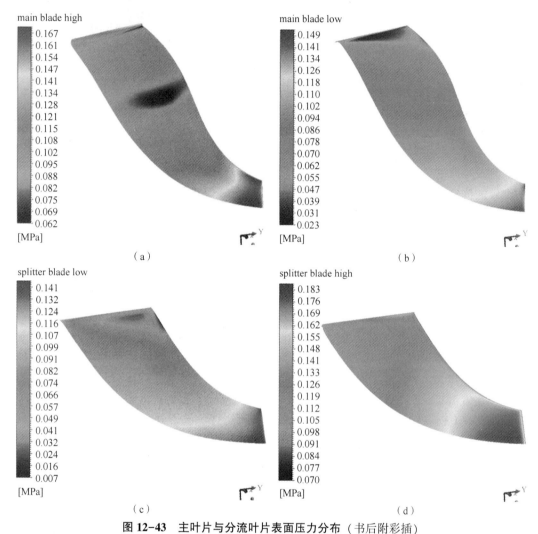

图 12-43　主叶片与分流叶片表面压力分布（书后附彩插）

（a）主叶片压力面；（b）主叶片吸力面；（c）分流叶片压力面；（d）分流叶片吸力面

12.6.3　压气机叶轮叶片流固耦合应力分析

叶片的强度分析和气动分析的结果是相关联的，对叶片通道进行三维流场数值模拟，气动分析得到的叶片载荷可应用于强度分析。利用计算流体动力学中的有限体积法和结构分析中的有限元方法，同时考虑叶片气动载荷和离心力载荷的影响，对离心叶轮进行强度分析。

12.6.3.1 叶片有限元模型

定义材料属性：压气机的叶轮选用铸铝材料，型号 Zl201，密度 $\rho = 2.66 \times 10^3 \text{ kg/m}^3$，弹性模量 $E = 6.9 \times 10^4 \text{ MPa}$，泊松比为 0.31，抗拉强度极限 $\sigma_u = 365 \text{ MPa}$，屈服极限 $\sigma_{0.2} = 219 \text{ MPa}$。对压气机叶片实体模型划分网格。叶片网格模型如图 12-44 所示。

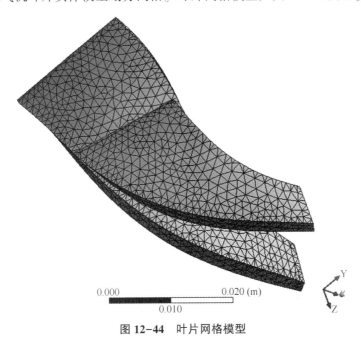

图 12-44 叶片网格模型

叶片有限元模型约束：根部固定约束；叶片旋转速度及方向；加载气动载荷，定义叶片表面为载荷传递界面，如图 12-45 所示。

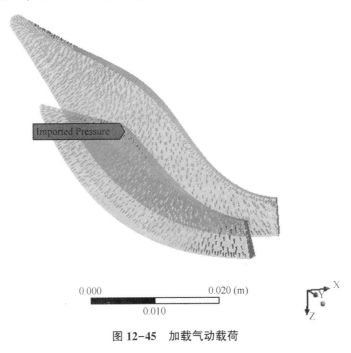

图 12-45 加载气动载荷

12.6.3.2 气动力对叶片总变形的影响

为进行对比分析,对三种载荷作用下的叶片总变形进行计算:单独考虑气动力;单独考虑离心力;气动力、离心力耦合作用。主叶片、分流叶片总变形量计算结果分别如图 12-46、图 12-47 所示。

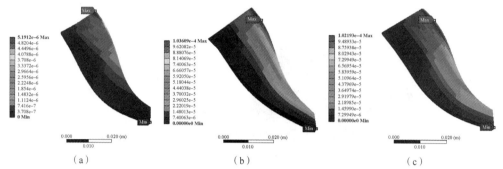

图 12-46　不同载荷作用下的主叶片总变形（书后附彩插）
(a) 气动力单独作用; (b) 离心力单独作用; (c) 气动力、离心力耦合作用

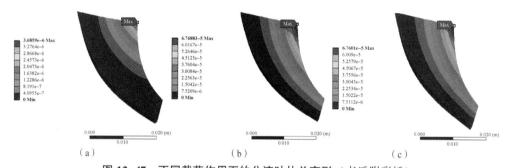

图 12-47　不同载荷作用下的分流叶片总变形（书后附彩插）
(a) 气动力单独作用; (b) 离心力单独作用; (c) 气动力、离心力耦合作用

可见,离心力单独作用与气动力和离心力耦合作用的叶片总变形分布很接近,最大变形量分布在叶片前缘顶端。单独考虑气动力时,最大变形量相对要小很多,叶片出口段几乎无变形。三种载荷工况下的主叶片、分流叶片最大变形量计算结果见表 12-11。

表 12-11　三种载荷作用下的主叶片、分流叶片最大变形量

载荷工况	气动力作用	离心力作用	耦合气动力作用
主叶片最大变形量/m	5.1912×10^{-6}	1.0361×10^{-4}	1.0219×10^{-4}
分流叶片最大变形量/m	3.6859×10^{-6}	6.7688×10^{-5}	6.7601×10^{-5}

分流叶片最大变形量为主叶片的 60%~70%;离心力单独作用与离心力、气动力耦合作用两种情况下主叶片、分流叶片最大变形量很接近,相对偏差分别为 1.47%、2.17%。单独考虑气动力时,最大变形量最小,与前两者相差两个量级。

12.6.3.3 气动力对叶片应力的影响

三种载荷工况下主叶片压力面和吸力面上的范式等效应力分布分别如图 12-48~图 12-50 所示。

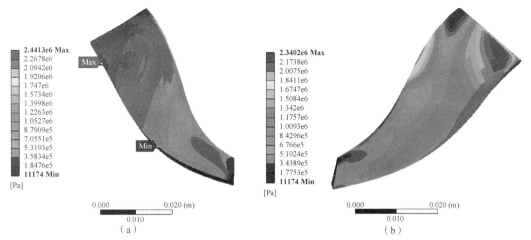

图 12-48　气动力单独作用的主叶片范式等效应力（书后附彩插）

(a) 压力面；(b) 吸力面

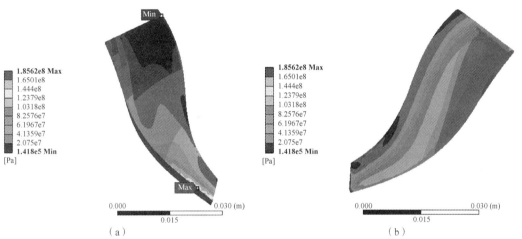

图 12-49　离心力单独作用的主叶片范式等效应力（书后附彩插）

(a) 压力面；(b) 吸力面

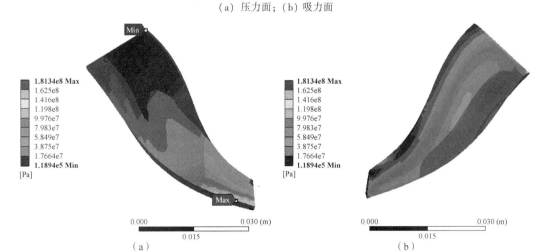

图 12-50　气动力、离心力耦合作用的主叶片范式等效应力（书后附彩插）

(a) 压力面；(b) 吸力面

计算结果可见：

(1) 单独考虑气动力时，主叶片表面应力分布与前两者相差很大，最大应力在数值上相差两个量级。主叶片最大应力位于压力面根部靠近前缘位置，应力沿流向逐渐减小，至叶片尾端时应力降至最低；吸力面上，叶片前缘顶部应力较小，在叶片前半部分（50%叶展附近）应力较大，叶片后半部分应力较大的区域逐渐向叶根发展。

(2) 单独考虑离心力和考虑耦合气动力的两种情况，主叶片压力面和吸力面的应力分布相似。主叶片最大应力均位于压力面出口段的叶根部分，两者相对偏差为2.36%；叶片压力面进口段顶部应力较小，最小应力分布在前缘叶顶处；叶片吸力面的应力分布比较规则，靠近叶顶位置应力较小。

综上所述，气动力耦合作用对压气机主叶片、分流叶片变形和应力分布（最大值及其出现的部位）的影响很小，关键因素仍是压气机叶轮高速旋转造成的机械离心力。

12.6.4 压气机叶片应力谱

在寿命估算中感兴趣的是应变谱、应力谱或裂纹尖端的强度因子振程谱。对于外载荷谱，可以利用有限单元法通过计算获得机件各点的应力谱，也可以通过机件的传递函数算得各点的响应谱。由虚拟样机试验测试得到的压气机转速谱属于外载荷谱，可采用动态有限元计算方法计算压气机叶片上危险部位的应力谱。目前，动态有限元计算法主要有三种。

(1) 直接瞬态法：直接对构件划分网格，以外载荷谱为边界条件，在时域中施加载荷步。直接瞬态分析方法的优点是系统可以进行动态分析而不需要任何人工约束，能够考虑系统固有频率接近外载频率情况下的动力影响；缺点是每一载荷事件需要分别计算，需要很大的硬盘空间去储存每一时间步的应力状态，计算强度非常大，对长载荷谱无法应用，在疲劳分析前不容易确定关键单元。

(2) 模态叠加法：首先利用有限元软件对构件划分网格，计算模态中性文件；其次，在多体动力学软件中施加约束、边界条件，在时域中施加载荷步。这种方法的优点是计算结构动力响应时不需要存储每一节点/单元的响应，提高了运算效率，结合多体动力求解允许对整个装配体进行有效的瞬态分析；缺点是只考虑了结构低阶振型的贡献。模态叠加法适用于求解载荷频率较少且变化平稳的结构动力响应问题。

(3) 准静态线性叠加法：直接对构件划分网格，施加约束并以单位外载荷为边界条件，计算危险部位应力，以危险部位应力乘以外载荷谱。这种方法的优点是运算效率最高，硬盘空间要求少，且同样的应力数据可用于不同载荷事件的疲劳分析；缺点是静态有限元分析要求的某些约束可能不理想，当系统固有频率接近外载频率时精度不够。准静态线性叠加法适用于求解非线性程度较低的结构动力响应问题。

由于叶片是高速旋转的，如果将离心力简化为集中力作用在模型的各个单元质心上，其大小由下式确定：

$$P_i = m_i \cdot R_i \cdot \omega^2 = \frac{1000000\pi^2}{9} \cdot \rho \cdot V_i \cdot R_i \cdot N^2 \tag{12-8}$$

式中，P_i——单元离心力，N；

m_i——单元质量，kg；

R_i——单元质心半径，m；
ω——叶片旋转角速度，rad/s；
ρ——材料密度，kg/m³；
V_i——单元体积，m³。

由式（12-8）可见，对整个叶片来说密度 ρ 是常数，对于单元来说体积 V_i 是常数，由于叶片的最大应力位置基本不变，可认为半径 R_i 是常数，因此离心力与转速的平方成正比，忽略变形因素，应力也和转速平方成正比关系，可以根据应力-转速关系采用准静态线性叠加法获得叶片危险部位应力谱。

图 12-51 所示为压气机主叶片转速与最大范式等效应力的关系，可见随着转速的上升，最大范式等效应力呈近似抛物线规律上升，反推至转速为零的点，应力应该为零。

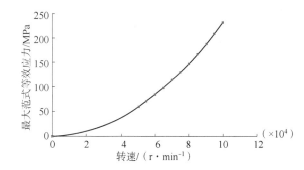

图 12-51　主叶片最大范式等效应力与转速的关系

第13章
装甲车辆发动机加速载荷谱

长期以来，产品的寿命都是通过寿命试验（Life Testing）方法来确定的，随着科技的发展进步，产品的可靠性和寿命不断提高，对于可靠性高、寿命长和价格昂贵的产品，如果采用全寿命1∶1试验的方法来确定产品的可靠性和寿命，不仅试验周期长、费用高昂，甚至有可能试验还未做完，产品就因落后等原因而被淘汰，使试验失去意义，同时这种试验方法由于时间过长，对产品的改进提高和研制进度也带来不利影响。

目前装甲车辆发动机的考核试验就存在考核周期长、试验费用高等问题，采用加速寿命试验方法可以大幅缩短试验时间、降低试验费用、加快研制进度，具有非常重要的军事意义和经济效益。因此，本章在装甲车辆发动机整机载荷谱和零部件载荷谱的基础上，介绍一种发动机加速载荷谱编制方法。

13.1 加速寿命试验原理

美国罗姆航空发展中心（Rome Air Development Center，RADC）于1967年首次给出了加速寿命试验的定义：加速寿命试验（Accelerated Life Testing，ALT）是在不改变基本失效模式和失效机理的条件下，在超出正常应力水平的加速环境中对被试验对象进行的寿命试验。这一概念提出后，加速寿命试验迅速在武器装备可靠性领域得到应用。

13.1.1 加速寿命试验方法

加速寿命试验是在保持失效机理不变的条件下，通过改进试验载荷来缩短试验周期的一种快速寿命评估试验技术。加速寿命试验一般要求尽量缩短试验时间和节约试验经费，同时要求保证试验的科学合理。图13-1表示了加速寿命试验常用的三类方法。

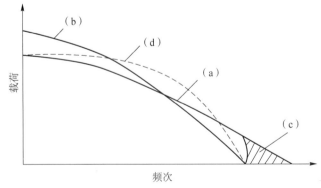

图 13-1 加速寿命试验方法
(a) 设计载荷；(b) 提高工作载荷；(c) 删除小载荷；(d) 最大载荷不变，增加中间载荷

图 13-1 中的曲线(a)为目标设计载荷谱,根据这个目标谱进行寿命试验时,试验时间长,试验成本高。为了使试验谱能够达到加速的目的,同时又能科学合理地考核被试验零件的寿命,就必须对试验谱进行一定的强化。

进行加速寿命试验时,首先要满足下面三个原则:一是应用加速谱进行加速寿命试验时,试验载荷要与被试验对象的实际工作载荷相近;二是加速寿命试验谱与实际工作载荷类型相同,载荷频率成分接近;三是加速寿命试验谱要充分考虑由材料性能和制造工艺所引起的零部件寿命的离散特点。

下面介绍几种常用的加速寿命谱编制方法:

(1) 提高试验载荷谱的加载频率。常用于结构简单的零部件疲劳寿命试验,试验条件是被试验对象的应力不随试验载荷频率的提高而发生变化,不能改变试验对象的载荷类型。

(2) 加大试验载荷的最大值。试验过程中,将被试验对象实际载荷的最大值乘以一个安全系数来确定试验载荷的最大值,如图 13-1(b)所示。零部件的材料 S-N 曲线和疲劳曲线方程为

$$N_1 = N_2 (S_2/S_1)^m = KN_2 \tag{13-1}$$

式中,S_1, N_1——正常状态下的载荷及其破坏循环次数;

S_2, N_2——强化状态下的载荷及其破坏循环次数;

$K = (S_2/S_1)^m$——载荷强化系数。

这种试验方法可能会改变应力分布,从而导致加速试验和实际疲劳试验的寿命相差较大。

(3) 删除频次较多但幅值较小的载荷,如图 13-1(c)所示。该方法主要略去对疲劳寿命影响较小的小幅值载荷,可以减少大量时间。

(4) 保证加速寿命试验谱中载荷的最大值与实际工作载荷相同,保留且适当增加中间幅值载荷的频次,删除部分对寿命影响较小的载荷,如图 13-1(d)所示。根据等效损伤原则,利用公式 $N_1 = N_2 (S_2/S_1)^m$ 将低应力级的载荷 S_1 的循环次数折算为某一高级应力级的载荷 S_2 的循环次数,使试验时间缩短。在这种试验谱中,要注意其应力时间历程的基本应力要保持与实际载荷谱一样,其损伤失效形式也应与设计谱损伤失效形式相同。

为了便于比较研究,对发动机模拟任务谱和加速寿命谱做如下定义:根据发动机使用任务进行载荷分析、综合制定出的模拟任务试验循环,或者根据发动机设计任务类型制定出的正常考核谱称为模拟任务谱。通过分析发动机重要零部件工作条件和限制寿命的主要要素,保留影响寿命的主要载荷循环,删去对寿命影响较小的载荷循环,从而显著缩短试验时间,应用该方法编制的加速试验谱称为发动机加速寿命谱。

13.1.2 加速系数

加速系数是加速寿命试验的一个重要参数,它是试验对象在正常应力下的寿命与加速应力下寿命的比值,其定义如下:设某产品在正常应力水平 S_0 达到失效的时间为 t_0,在加速应力水平 S_i 条件下达到失效的时间为 t_i,则时间比

$$\tau = \frac{t_0}{t_i} \tag{13-2}$$

称为加速应力水平 S_i 相对正常应力水平 S_0 的寿命加速系数。

加速系数与不同的应力水平相关。当正常应力水平 S_0 一定时，加速应力越高，加速系数的值也就越大。加速系数是反映加速寿命试验中加速应力相比正常应力的参量，通常加速系数都大于 1，如果加速系数等于 1，则说明加速寿命试验中所采用的应力没有起到加速效果。加速系数的用处很多，可以用在产品的可靠性筛选、可靠性验收、两种产品可靠性质量对比、产品质量改进措施的鉴定、整机可靠性设计、试验等方面。

装甲车辆发动机是一个复杂的整体，而发动机寿命试验既是对整机可靠性的考核，也是对发动机零部件失效的考核。由于发动机结构复杂，并且现有的发动机设计并不是等寿命设计，以至于发动机各零部件失效时间各不相同，因而不能准确地描述发动机整机的寿命，所以可以利用等效损伤的原则来定义发动机各零部件的加速系数如下：设发动机在模拟任务谱下运行单位时间 t，各零部件造成的累积损伤为 D_0，发动机在加速载荷谱下同样运行单位时间 t 时，各零部件造成的累积损伤为 D_i，则

$$\tau = \frac{D_i}{D_0} \tag{13-3}$$

式中，τ——发动机零部件加速载荷谱相对模拟任务谱的加速损伤系数。

13.2　加速载荷谱工况选取

13.2.1　加速载荷工况

装甲车辆发动机工作状态是一种典型的面工况，如某典型任务剖面下发动机工况历程如图 13-2 所示。

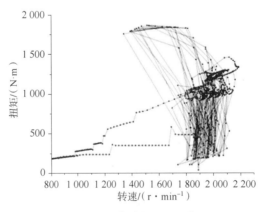

图 13-2　发动机工况历程

进行发动机加速寿命试验，首先要选择典型加速谱工况，即在发动机面工况范围内，选择能够代表发动机运行状况的极限工况点，既能够反映发动机整机极限载荷，又能够反映发动机零部件极限载荷，以此作为发动机加速寿命谱的典型工况。对于装甲车辆发动机而言，最大功率点、最大扭矩点和怠速工况点是其最典型的三个极限工况，其发动机运行参数与零部件载荷在这三个典型工况载荷对比如表 13-1 所示。

表 13-1　发动机及其零部件典型工况载荷对比

发动机及其零部件载荷	最大功率点	最大扭矩点	怠速工况点
发动机转速	最大	—	最小
气缸爆发压力	—	最大	最小
连杆压应力	—	最大	最小
连杆拉应力	最大	—	最小
增压器转速	最大	—	最小
活塞速度	最大	—	最小
磨损微凸体接触压力	—	最大	最小

13.2.2　发动机面工况离散

确定发动机加速谱典型工况点后，还需要对发动机整个面工况进行离散。这里基于欧氏距离法进行离散，其基本原理是：由 n 个特征参数组成的特征矢量相当于 n 维特征空间中的一个点，研究各特征矢量在空间中的聚类性，不同类状态的模式点有各自的聚类域和聚类中心，如果可以先选择各类状态的聚类域作为参考模式，则可将待检模式与参考模式间的欧氏距离作为判别函数，以此来进行待检状态的属性分类。

在欧氏空间中，设矢量 $\boldsymbol{X} = (x_1, x_2, \cdots, x_n)^T$ 和 $\boldsymbol{Z} = (z_1, z_2, \cdots, z_n)^T$，两点之间的距离越小，表明聚类程度越高，则可以认为属于同一个群聚域，将该距离称为欧氏距离，其几何概念如图 13-3 所示，计算公式如下：

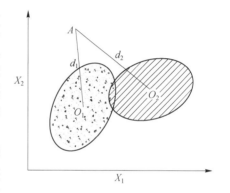

图 13-3　欧氏距离分类离散方法

$$D_E^2 = \sum_{i=1}^{n} (x^i - z^i)^2 = (\boldsymbol{X} - \boldsymbol{Z})^T (\boldsymbol{X} - \boldsymbol{Z}) \tag{13-4}$$

式中，D_E——欧氏距离；

　　　$\boldsymbol{Z}$——标准模式矢量；

　　　$\boldsymbol{X}$——待检矢量。

欧氏距离在计算过程中不受坐标旋转、平移的影响。为避免坐标尺度对分类结果的影响，可在计算欧氏距离之前先对特征参数进行归一化处理，如

$$x_i = \frac{x_i - x_{\min}}{x_{\max} - x_{\min}} \tag{13-5}$$

式中，$x_{\max}, x_{\min}$——特征参数的最大值和最小值。

基于欧氏距离判别法对发动机面工况进行离散，如图 13-4 所示，怠速工况点聚类区域如图中的圆形所示，最大扭矩点聚类区域如图中的三角形所示，最大功率点聚类区域如图中的五角星所示。为方便后续加速寿命谱载荷循环计数，对三种典型工况编号分类：1 为怠速工况，2 为最大扭矩工况，3 为最大功率工况。

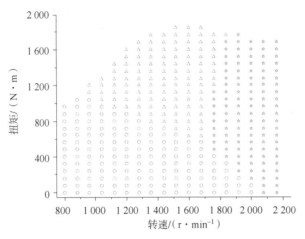

图 13-4 发动机面工况分类（书后附彩插）

13.3 发动机整机加速载荷谱编制

13.3.1 加速载荷谱载荷循环计数

对离散化后的发动机载荷-时间历程进行峰谷值计数，各任务剖面下的基准载荷参数扭矩循环矩阵如图 13-5(a)~(e)所示；根据车辆任务混频计算单位时间全任务剖面下的综合载荷循环矩阵，如图 13-5(f)所示。

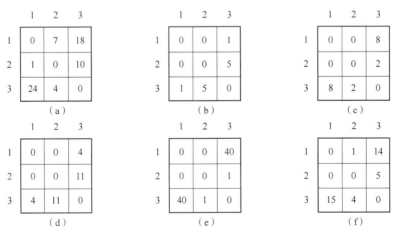

图 13-5 各任务剖面下发动机载荷循环矩阵

(a) 冰雪路载荷循环矩阵；(b) 铺面路载荷循环矩阵；(c) 砂石路载荷循环矩阵；(d) 温区起伏路载荷循环矩阵；(e) 热区起伏路载荷循环矩阵；(f) 综合载荷循环矩阵

13.3.2 加速载荷谱时间矩阵计算

对发动机载荷-时间历程进行加速工况点离散化后，需要统计各工况时间分配（表13-2），以保证编制后的加速载荷谱各工况累计时间与原载荷历程一致。

表 13-2　载荷分配时间矩阵　　　　　　　　　　　　　　　　s

工况	工况 1	工况 2	工况 3
总分配时间	377	149	3 075

此外，还需要根据发动机载荷-时间历程，统计过渡时间矩阵，如表 13-3 所示。

表 13-3　载荷过渡时间矩阵　　　　　　　　　　　　　　　　s

过渡时间分配	工况 1	工况 2	工况 3
工况 1-工况 3	8	0	12
工况 1-工况 2	9	11	0
工况 2-工况 3	0	5.5	4.5

根据加速载荷谱总时间分配矩阵、过渡时间矩阵计算各离散工况点载荷持续时间矩阵如表 13-4 所示。

表 13-4　载荷持续时间矩阵　　　　　　　　　　　　　　　　s

工况	工况 1	工况 2	工况 3
分配时间	8	18	141

13.3.3　加速载荷谱

将发动机序列载荷谱按照载荷循环起始到达级不同，装配过渡时间矩阵；根据载荷峰谷值装配载荷持续时间矩阵，形成以时间为变量的载荷序列，即发动机时间载荷谱。图 13-6(a)所示为发动机加速寿命序列载荷谱，横坐标为载荷序列，纵坐标为按照图 13-4 离散后的发动机典型工况编号；图 13-6(b)所示为发动机加速寿命时间载荷谱，横坐标为时间，纵坐标为离散后的发动机典型工况编号。

将应用发动机面工况点位移加速法编制的加速载荷谱与原来模拟任务谱进行对比分析如下：

(1) 发动机所有运行工况点均在原面工况范围内，不会造成发动机超速、超负荷等现象，保证了发动机的载荷范围和失效规律与原模拟任务谱一致。

(2) 发动机选择典型加速谱工况点进行载荷变换，增加了原发动机模拟任务谱中的低频载荷循环幅值，由发动机变工况时的零部件载荷特点可知，这种方法可以加速发动机零部件损伤，实现缩短试验时间的目的。

(3) 发动机加速谱将时间维度引入了载荷谱的编制过程，这样可以保证发动机在加速载荷谱中的载荷分布与频率与原模拟任务谱的载荷分布与频率相似，从而保证了加速载荷谱的科学性。

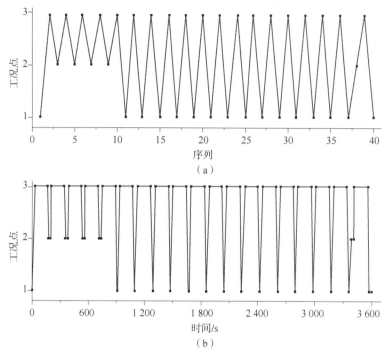

图 13-6 发动机加速载荷谱

（a）发动机加速寿命序列谱；（b）发动机加速寿命时间谱

1. 疲劳加速系数

装甲车辆发动机曲轴、连杆以及活塞销座的失效形式均属于高周疲劳破坏，要想计算单位时间内各零部件的累积损伤，首先要对模拟任务谱和加速载荷谱两种任务剖面下曲轴、连杆以及活塞销座危险节点的载荷-时间历程进行统计分析，其危险节点应力-时间历程雨流计数结果如下。

连杆危险节点在两种任务剖面条件下雨流计数结果如图 13-7 所示。

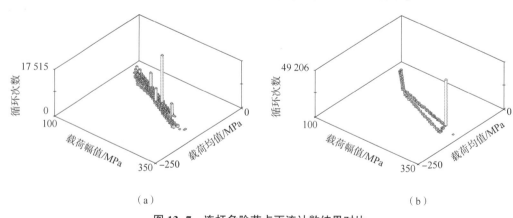

图 13-7 连杆危险节点雨流计数结果对比

（a）模拟任务谱；（b）加速载荷谱

曲轴危险节点在两种任务剖面条件下的雨流计数结果如图 13-8 所示。

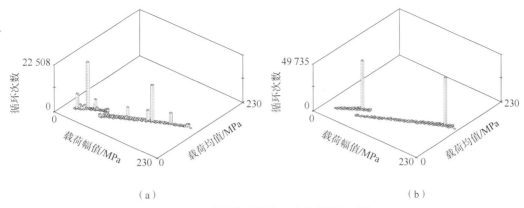

图 13-8　曲轴危险节点雨流计数结果对比

(a) 模拟任务谱；(b) 加速载荷谱

活塞危险节点在两种任务剖面条件下雨流计数结果如图 13-9 所示。

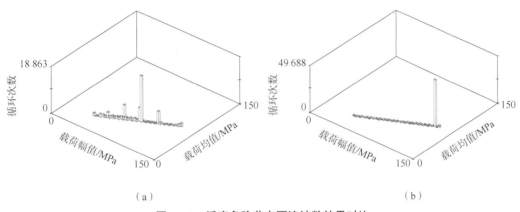

图 13-9　活塞危险节点雨流计数结果对比

(a) 模拟任务谱；(b) 加速载荷谱

名义应力法是一种基于材料 S-N 曲线的疲劳性能分析和损伤计算的方法。S-N 曲线能够反映材料疲劳强度特性，是用标准小试样在疲劳试验机上经过大量实验得到的，是一条用来表示外加应力水平和标准试样疲劳寿命之间关系的曲线，其横轴代表循环次数 N，纵轴代表对应的应力水平 S。名义应力法计算疲劳损伤的步骤可用图 13-10 表示。

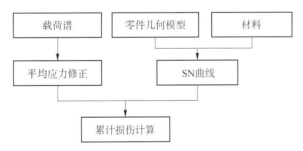

图 13-10　名义应力法疲劳损伤计算步骤

应用名义应力法分别对发动机模拟任务谱和加速谱考核规范下的曲轴、连杆、活塞进行疲劳损伤计算，并计算其加速系数，如表 13-5 所示。由于现有的发动机不是等寿命设计，因此发动机各零部件加速系数也不相同，曲轴的加速系数为 3.09，连杆的加速系数为 3.55，活塞的加速系数为 6.42。

表 13-5　发动机零部件加速系数

零部件	模拟任务谱累计损伤	加速载荷谱累计损伤	加速系数
曲轴	1.5694×10^{-5}	4.8599×10^{-5}	3.09
连杆	3.097×10^{-5}	1.0954×10^{-4}	3.55
活塞	1.8527×10^{-4}	1.19×10^{-3}	6.42

2. 磨损加速系数计算

对模拟任务谱和加速寿命谱两种工况条件下的缸套进行循环磨损量计算，图 13-11(a) 所示为模拟任务谱下的缸套循环磨损量，图 13-11(b) 所示为加速寿命谱下的缸套循环磨损量。

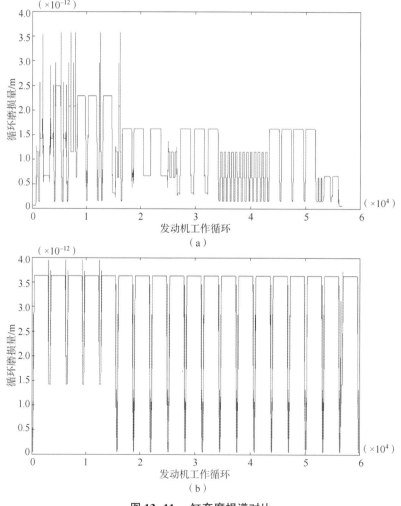

图 13-11　缸套磨损谱对比
(a) 模拟任务谱；(b) 加速寿命谱

将发动机某一任务剖面中每一个工作循环的磨损量进行累加,即可得到该任务剖面条件下发动机缸套累计磨损量。应用式(11-27)~式(11-32)进行计算,并计算加速寿命谱的磨损加速系数为2.93,如表13-6所示。

表13-6 缸套磨损加速系数计算

关重件	模拟任务谱累计磨损量/m	加速寿命谱累计磨损量/m	加速系数
缸套磨损量	6.1182×10^{-8}	1.7925×10^{-7}	2.93

参 考 文 献

[1] 尹行, 安海. 基于偏最小二乘回归的滑块磨损预测模型研究 [J]. 强度与环境, 2016, 43 (6): 57-58.

[2] 邓培生, 原大宁, 刘宏昭. 基于神经网络的间隙机构运动副磨损预测 [J]. 计算力学学报, 2015, 32 (4): 479-484, 529.

[3] 骆清国, 王旭东, 张更云, 等. 装甲车辆发动机载荷谱仿真与试验研究 [J]. 兵工学报, 2012, 33 (12): 1442-1444.

[4] 骆清国, 司东亚, 龚正波, 等. 基于 RecurDyn 的履带车辆动力学仿真 [J]. 车辆与动力技术, 2011, 4: 26-28.

[5] 骆清国, 司东亚, 冯建涛, 等. 基于流固耦合方法的离心式压气机叶片强度与振动特性研究 [J]. 车用发动机, 2012, 2: 51-53.

[6] 骆清国, 刘红彬, 桂勇, 等. 装甲车辆柴油机变工况传热研究 [J]. 兵工学报, 2009, 30 (12): 1569-1571.

[7] 骆清国, 刘红彬, 龚正波, 等. 柴油机气缸盖流固耦合传热分析研究 [J]. 兵工学报, 2008, 29 (7): 769-771.

[8] GJB 1822—1993. 装甲车辆用柴油机台架试验方法 [S]. 中华人民共和国国家军用标准, 1993.

[9] POTTER J M, WATANABE R T. Development offatigue loading spectra [M]. PA: ASTM International, 1989.

[10] DAVIS S P. Accelerated simulated mission endurance test of a turboshaft engine for military attack helicopter application [C]//The 19th Joint Propulsion Conference, Seattle, 1983.

[11] METZ T R, ZIMMERMAN P J. Development of simulated mission endurance test acceleration factors in determining engine component serviceability and failure mode criticality [C]// The 19th Joint Propulsion Conference, Seattle, 1983.

[12] RICE R C. Fatiguedesign handbook [M]. 3rd ed. Warrendale: Society of Automotive Engineers, 1997.

[13] 闫楚良. 飞机载荷谱实测技术与编制原理 [M]. 北京: 航空工业出版社, 2011.

[14] 严立. 内燃机磨损及可靠性技术 [M]. 北京: 人民交通出版社, 1992.

[15] 张卫正. 内燃机失效分析与评估 [M]. 北京: 北京航空航天大学出版社, 2011.

[16] 马双员, 张永峰. 航空发动机载荷谱综述 [J]. 现代机械, 2011 (5): 15-17.

[17] 王自力. 航空可靠性工程技术 [M]. 北京: 国防工业出版社, 2006.

[18] 蒋祖国. 飞机结构载荷/环境谱 [M]. 北京: 电子工业出版社, 2012.

[19] COTE S M. Development of the Navy jet trainer duty cycle [C]// The 20th Joint Propulsion Conference, Cincinnati, 1984.

[20] COTE S M, BIRKLER J L, BYERS J L. Propulsion system duty cycle-The Navy's new look [C]//The 13th Propulsion Conference, Orlando, 1977.

[21] COTE S M, BYERS J L. T58 propulsion system duty cycle [C]//The 14th Joint Propulsion Conference, Las Vegas, 1978.

[22] DAVIS S P. Accelerated simulated mission endurance test of a turboshaft engine for military attack helicopter application [C]//The 19th Joint Propulsion Conference, Seattle, 1983.

[23] GARG M, ABDI F, ABUMERI G, et al. Fatigue life prediction of center cracked central stiffened panel subject to spectrum loading [C]//The 52nd AIAA/ASME/ASCE/AHS/ASC Structures, Structural Dynamics and Materials Conference, Denver, 2011.

[24] LI Y, WANG Z, CHEN Y L, et al. Research on compiling fatigue load spectrum of individual aircraft and analysis of fatigue life based on flight data [C]//The IEEE 2012 Prognostics and System Health Management Conference, Beijing, 2012.

[25] 潘宏侠,黄晋英,郭彦青,等.装甲车辆动力传动系统载荷谱测试方法研究 [J].振动、测试与诊断,2009,29(1):105-109.

[26] 张洪彦,周广明,陈回.综合传动装置载荷谱测试方法的研究 [J].车辆与动力技术,2006(1):1-4.

[27] 孙永刚.发动机动态载荷数据的分析方法 [J].装甲兵装备技术研究,2009(2):23-28.

[28] 黄书明.车载发动机路谱载荷映射合成法的初步研究 [D].杭州:浙江大学,2007.

[29] 陈千圣,王志刚,范知友.载荷谱在坦克上的应用 [J].兵工学报,2003,24(2):294-296.

[30] 李亚东,郑坚,贾长治.自行火炮扭力轴载荷谱的测量及疲劳寿命预测 [J].军械工程学院学报,2010,22(4):40-46.

[31] 郝晋峰,石全,史宪铭.机械零件疲劳载荷谱的编制方法研究 [J].机械与电子,2009(1):75-78.

[32] 张利国.摩托车疲劳试验台载荷谱编制方法 [J].航空制造技术,2005(9):95-99.

[33] 张勇,蔚夺魁.航空涡喷涡扇发动机多参数载荷谱编制方法研究 [J].航空发动机,2004,30(1):6-9.

[34] 腾毅敏.挖掘机工作装置的载荷谱测试研究 [D].杭州:浙江大学,2011.

[35] TAN J C, KANG Y A, FU C M. Study of crankshaft system's dynamic characteristics based on virtual prototyping [C]//2010 International Conference on Mechanic Automation and Control Engineering, Wuhan, 2010.

[36] KTARIN A, HADDAR N, AYEDI H F. Fatigue fracture expertise of train engine crankshafts [J]. Engineering Failure Analysis, 2011, 18(3): 1085-1093.

[37] 冯祥.柴油机曲轴疲劳强度分析 [D].镇江:江苏科技大学,2009.

[38] 申国山.关于车用发动机连杆载荷谱研究 [C]//中国内燃机学会内燃机结构强度研究与振动噪声测控技术交流会,1991.

[39] 朱爱斌.内燃机曲轴系统疲劳寿命的协同仿真分析方法 [J].机械设计,2008,25(12):31-33.

[40] 张国庆,黄伯超.基于动力学仿真和有限元分析的曲轴疲劳寿命计算 [J].内燃机工程,2006,27(1):41-44.

［41］武秀根，郑百林. 柴油机曲轴的多柔体动力学仿真与疲劳分析［J］. 计算机辅助工程，2007，16（2）：1-4.

［42］何兵，郑长江，艾钢. 曲轴疲劳寿命三维有限元分析［J］. 计算机辅助工程，2007（1）：13-16.

［43］刘翾. 479Q 型发动机曲柄连杆机构的疲劳寿命分析［D］. 天津：河北工业大学，2009.

［44］朱永梅，刘艳梨. 发动机曲轴轴系多柔体动力学仿真及应力应变分析［J］. 江苏科技大学学报，2009，23（4）：325-330.

［45］张俊红. 柴油机活塞热负荷和机械负荷耦合研究［J］. 内燃机学报，2011，29（1）：78-83.

［46］何屹. 活塞在温度和机械载荷作用下的有限元分析［D］. 大连：大连海事大学，2007.

［47］黄世伟，黄伟. 曲轴疲劳强度的可靠性研究［J］. 装备制造技术，2008，23（7）：22-24.

［48］唐琦，孙立星，陶俊卫. 自适应共振式曲轴弯曲疲劳试验机的研制［J］. 汽车技术，2004，23（10）：5-9.

［49］王勇，杨洋. 基于有限元分析和动力学仿真的曲轴疲劳寿命计算［J］. 船电技术，2009，29（6）：28-31.

［50］APETRE N, ARCARI A, SARKAR S, et al. Fatigue reliability analysis for high cycle fatigue regime［C］//The 53rd AIAA/ASME/ASCE/AHS/ASC Structures, Structural Dynamics and Materials Conference, Honolulu, 2012.

［51］谢丽颖. 汽车发动机曲轴疲劳试验方法［J］. 汽车工艺与材料，2006（3）：9-12.

［52］赵俊严，毛保全，杨明华，等. 基于虚拟样机的火炮系统建模仿真与优化研究［J］. 系统仿真学报，2009，21（21）：6901-6909.

［53］陈予. 风帆助航船柴油机曲轴多体动力学分析［D］. 大连：大连海事大学，2011.

［54］郦明. 结构抗疲劳设计［M］. 北京：机械工业出版社，1987.

［55］郭波. 系统可靠性分析［M］. 长沙：国防科技大学出版社，2002.

［56］赵选民. 数理统计［M］. 北京：科学出版社，2005.

［57］朱大鑫. 涡轮增压器可靠性的研究［J］. 内燃机学报，1992（10）：309-316.

［58］黄若. 涡轮增压器产业技术的现状与发展［J］. 内燃机工程，2003（1）：81-84.

［59］徐溯. 机械强度的可靠性设计［M］. 北京：机械工业出版社，1984.

［60］方志强. 履带车辆虚拟样机建模及应用研究［D］. 北京：装甲兵工程学院，2009.

［61］毕小平，王普凯. 坦克动力—传动装置性能匹配与优化［M］. 北京：国防工业出版社，2004.

［62］唐开元，欧阳光耀. 高等内燃机学［M］. 北京：国防工业出版社，2008.

［63］朱访君，吴坚. 内燃机工作过程数值计算及其优化［M］. 北京：国防工业出版社，1997.

［64］魏春源，张卫正，葛蕴珊. 高等内燃机学［M］. 北京：北京理工大学出版社，2001.

［65］袁士杰，吕哲勤. 多刚体系统动力学［M］. 北京：北京理工大学出版社，1996.

［66］黄若，孟令广，张虹. 增压器压气机叶轮低周疲劳强度有限元计算分析［J］. 内燃机工程，2006（8）：55-57.

[67] 张虹, 马朝臣. 车用涡轮增压器压气机叶轮强度计算与分析 [J]. 内燃机工程, 2007 (2): 62-66.

[68] 陈晓伟, 朱梅林. 涡轮增压器压气机叶片静强度可靠性分析 [J]. 华中理工大学学报, 1999 (11): 51-55.

[69] 李兵, 朱梅林, 徐凯, 等. 涡轮增压器叶片的静强度模糊可靠性分析 [J]. 华中理工大学学报, 1999 (11): 45-47.

[70] 汪励. 内燃机车涡轮增压器计算机测试系统 [J]. 内燃机与动力装置, 2008 (8): 52-55.

[71] 姚卫星. 结构疲劳寿命分析 [M]. 北京: 国防工业出版社, 2003.

[72] 桑勇, 王占林. 航空液压泵加速寿命试验台的研制 [J]. 液压气动与密封, 2009, 21 (1): 65-68.

[73] 董志明, 高世峰, 杨磊, 等. 关于机枪加速寿命试验的建模 [J]. 火力与指挥控制, 2009, 44 (1): 25-28.

[74] 朱月伟, 叶丽君, 薛肇江. 基于加速寿命试验的产品可靠性试验方法 [J]. 汽车技术, 2008, 16 (3): 25-28.

[75] 陈海建, 李波, 顾钧元. 基于加速寿命试验的导弹寿命预估方法 [J]. 四川兵工学报, 2010, 31 (4): 11-12.

[76] 葛广平. 我国加速寿命试验研究的现状与展望 [J]. 数理统计与管理, 2000, 19 (1): 25-30.

[77] 张俊斌, 吴泳, 胡永利. 枪械加速寿命试验设计及数据处理方法研究 [J]. 兵器试验, 2002 (4): 12-16.

[78] 陈德民. 坦克装甲车辆机械零部件寿命考核试验方法研究 [C]//坦克装甲车专业学术交流会论文集, 2007: 305-307.

[79] 叶广宁. 航空发动机加速任务试车 [J]. 航空科学技术, 1998 (4): 22-24.

[80] 宋迎东, 高德平. 教练机发动机加速任务试车谱的编制 [J]. 航空动力学报, 1999, 14 (1): 47-50.

[81] 程卫华, 雷友锋, 魏德明. 航空发动机加速任务试车方法初步研究 [J]. 燃气涡轮试验与研究, 1999, 12 (1): 1-6.

[82] 杨兴宇. 涡轴发动机综合飞行载荷剖面研究 [J]. 机械强度, 2006, 28 (6): 909-915.

[83] 张春华, 温熙森, 陈循. 加速寿命试验技术综述 [J]. 兵工学报, 2004, 25 (4): 485-489.

[84] 张宝诚, 刘孝安. 航空发动机可靠性和经济性 [M]. 北京: 国防工业出版社, 1998.

[85] 张宝诚. 航空发动机试验和测试技术 [M]. 北京: 北京航空航天大学出版社, 2005.

[86] 熊峻江, 高镇同. 飞机结构疲劳加速谱编制及损伤概率分布 [J]. 航空学报, 1997, 18 (1): 1-6.

[87] WOOLF R K. Applications of statistically defensible test and evaluation methods to aircraft performance flight testing [C]//The 28th Aerodynamic Measurement Technology, Ground Testing, and Flight Testing Conference, New Orleans, 2012.

[88] JODICE R J, TAYLOR W R. A quick look at current results of accelerated mission tests (for

gas turbine engines) [C]// The 16th Joint Propulsion Conference, Hartford, 1980.

[89] POWRIE H E G, MCNICHOLAS K. Gas path monitoring during accelerated mission testing of a demonstrator engine [C]//The 33rd Joint Propulsion Conference and Exhibit, Seattle, 1997.

[90] FIEBIG M D, ZAKRZWSKI C M. LRO propulsion system testing [C]//The 48th AIAA/ASME/SAE/ASEE Joint Propulsion Conference & Exhibit, Atlanta, 2012.

[91] SAMMONS J, OGG J. Using accelerated mission testing as a tool within the F100 engine component improvement program [C]//The 14th Joint Propulsion Conference, Las Vegas, 1978.

[92] DESSOUKY K, ESTABROOK P. Propagation-related AMT design aspects and supporting experiments [C]//Tthe 15th NASA Propagation Experimenters Meeting (NAPEX 15) and the Advanced Communications Technology Satellite (ACTS) Propagation Studies Miniworkshop, 1991.

[93] WOODS B K S, GENTRY M F, KOTHERA C S, et al. Fatigue life testing of swaged pneumatic artificial muscles for aerospace morphing applications [J]. Journal of Intelligent Material Systems and Structures, 2012, 23 (3): 327-343.

[94] CASTELLS O. Acceleratedmission testing of the F110 engine [C]//The 19th Joint Propulsion Conference, Seattle, 1983.

[95] 张明恩. 航空发动机使用寿命与加速模拟试车论文集 [M]. 沈阳: 辽宁科学技术出版社, 1991.

[96] 吴大观. 航空发动机研制工作论文集 [M]. 北京: 航空工业出版社, 2009.

[97] 王东艺. 涡轴发动机加速任务试车研究 [J]. 海军航空工程学院学报, 2004, 19 (5): 337-340.

[98] 周希沅. 飞机结构的当量环境谱与加速试验谱 [J]. 航空学报, 1996, 17 (5): 97-102.

[99] 钱萍. 航天电连接器综合应力加速寿命试验与统计分析的研究 [D]. 杭州: 浙江大学, 2009.

[100] 付娜. 某航空发动机涡轮盘和叶片的强度分析与寿命计算 [D]. 西安: 西北工业大学, 2006.

[101] OGGJ S, TAYLOR W R. Accelerated mission testing of gas turbine engines [J]. Journal of Aircraft, 1979, 16 (4): 247-249.

[102] KERN D, MACDONALD A, BORDE O, et al. Accelerated development of flight tested sensors and systems [C]// U. S. Air Force T&E Days 2009, Albuquerque, 2009.

[103] NOGUEIRAE, MATEOS J. Accelerated life testing leds on temperature and current [C]// Proceedings of the 8th Spanish Conference on Electron Devices, Palma de Mallorca, 2011.

[104] 栾恩杰. 国防科技名词大典 [M]. 北京: 航空工业出版社, 2002.

[105] 苏清友. 航空涡喷、涡扇发动机主要零部件定寿指南 [M]. 北京: 航空工业出版社, 2004.

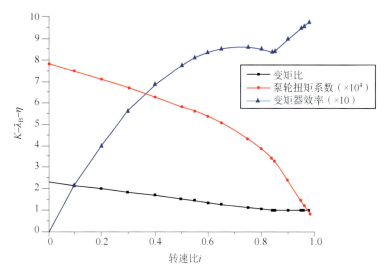

图 5-5 液力变矩器原始特性

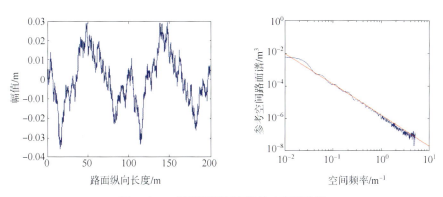

图 5-8 B 级路面不平度及其功率谱验证

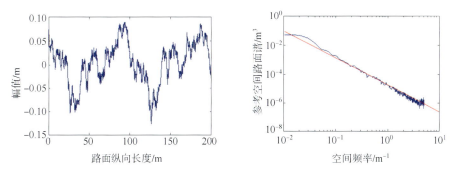

图 5-9 D 级路面不平度及其功率谱验证

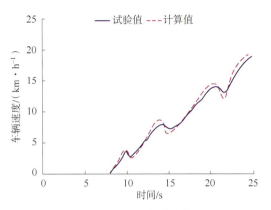
图 5-18 车辆速度试验结果

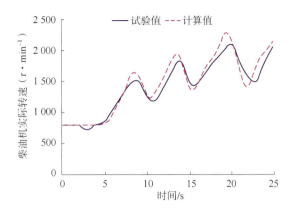
图 5-19 柴油机实际转速试验结果

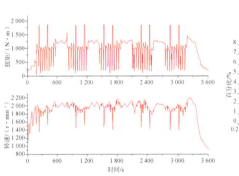
图 8-2 冰雪路发动机载荷历程与载荷统计谱

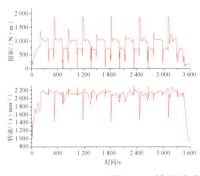
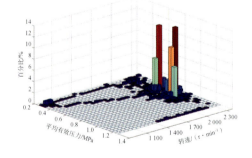
图 8-3 铺面路发动机载荷历程与载荷统计谱

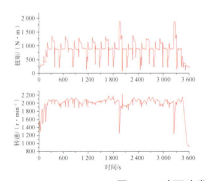
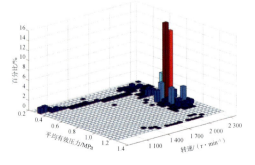
图 8-4 砂石路发动机载荷历程与载荷统计谱

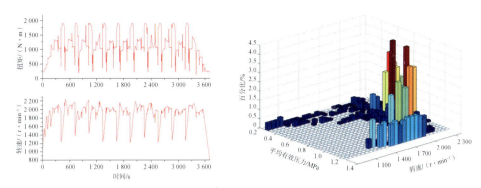

图 8-5 温区起伏路发动机载荷历程与载荷统计谱

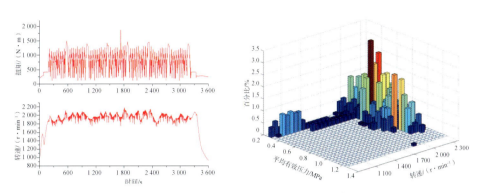

图 8-6 热区起伏路发动机载荷历程与载荷统计谱

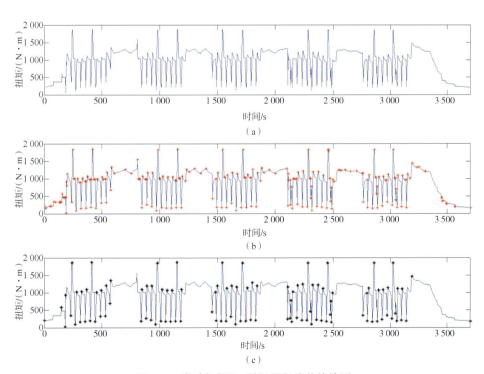

图 8-9 发动机扭矩-时间历程峰谷值检测

(a) 发动机扭矩时间历程;(b) 峰谷值检测;(c) 二次峰谷值检测

图 9-16 曲轴有限元模型

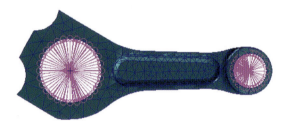

图 9-17 连杆有限元模型

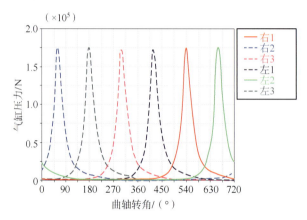

图 9-19 2 各缸活塞气体作用力

图 9-20 曲柄连杆机构刚柔耦合模型

(a) 曲轴为柔性体；(b) 连杆为柔性体

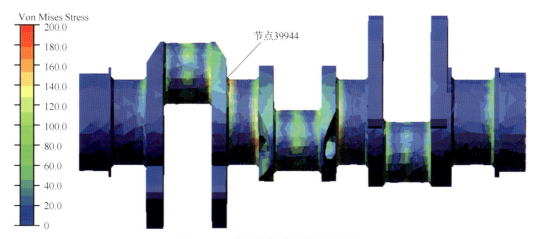

图 9-21　曲轴的范式等效应力云图

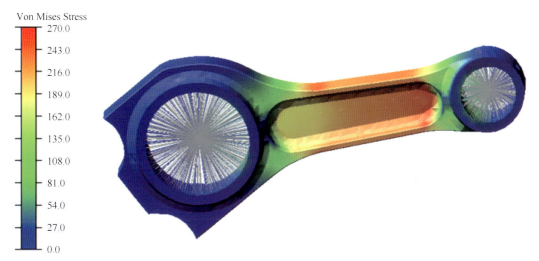

图 9-23　连杆的范式等效应力云图

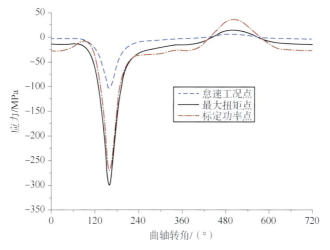

图 9-24　节点 1754 的范式等效应力曲线

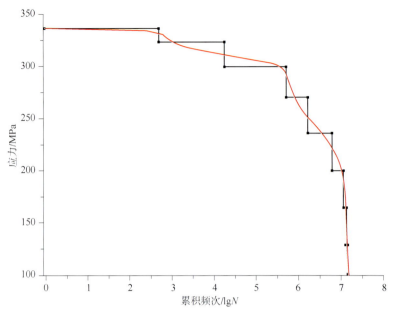

图 9-35 连杆危险点应力累积频次曲线

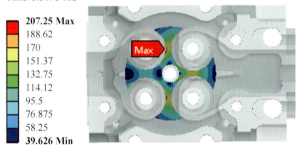

图 10-11 A1 时刻气缸盖火力面"鼻梁区"应力分布

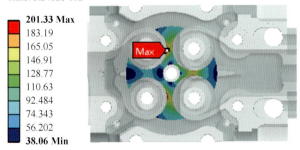

图 10-12 A2 时刻气缸盖火力面"鼻梁区"应力分布

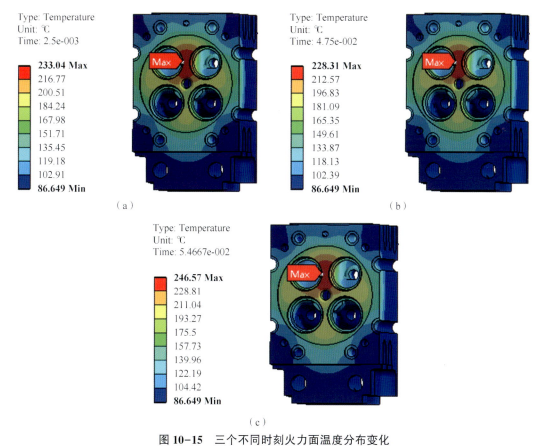

图 10-15 三个不同时刻火力面温度分布变化
（a）B1 时刻气缸盖温度分布；（b）B2 时刻气缸盖温度分布；（c）B3 时刻气缸盖温度分布

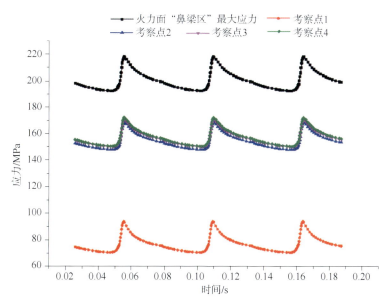

图 10-17 不同考察点应力时间历程

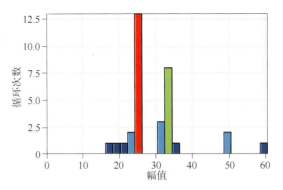

图 10-21　发动机运行阶段温度变化幅值统计

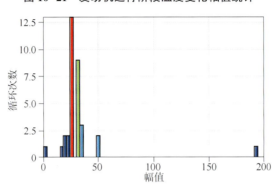

图 10-23　起动-运行-停车过程温度幅值变化

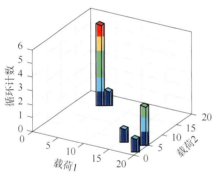 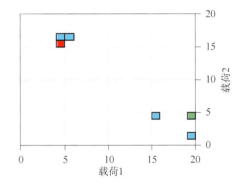

图 10-25　From-To 形式计数结果

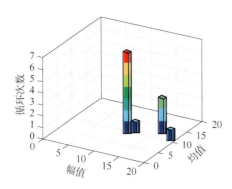 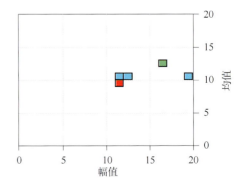

图 10-26　Range-Mean 形式计数结果

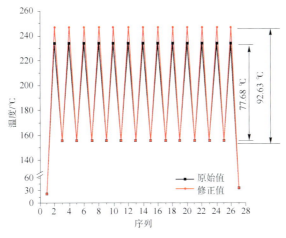

图 10-32　温度序列谱峰谷值修正

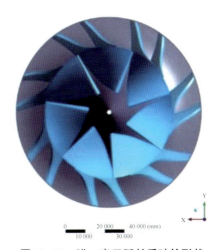

图 12-39　进、出口延长后叶轮形状

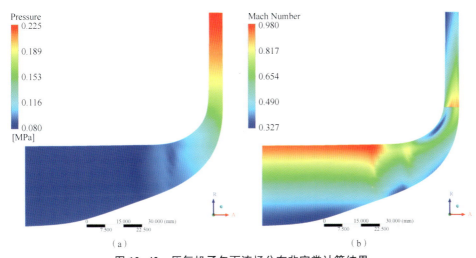

图 12-42　压气机子午面流场分布非定常计算结果

（a）子午面静压分布；（b）子午面相对马赫数分布

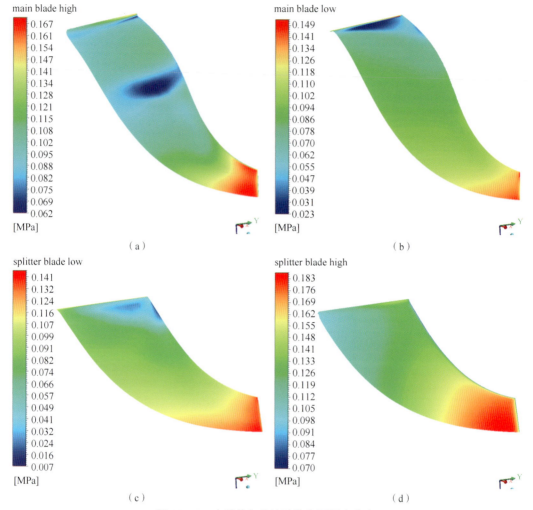

图 12-43 主叶片与分流叶片表面压力分布

(a) 主叶片压力面；(b) 主叶片吸力面；(c) 分流叶片压力面；(d) 分流叶片吸力面

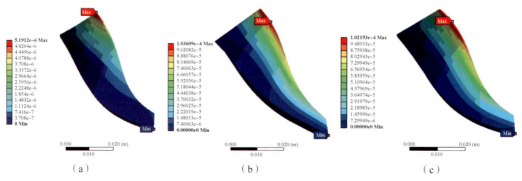

图 12-46 不同载荷作用下的主叶片总变形

(a) 气动力单独作用；(b) 离心力单独作用；(c) 气动力、离心力耦合作用

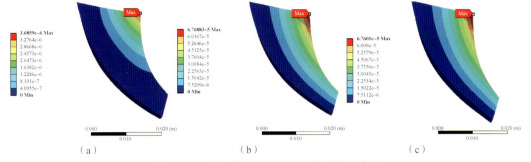

图 12-47 不同载荷作用下的分流叶片总变形
(a) 气动力单独作用；(b) 离心力单独作用；(c) 气动力、离心力耦合作用

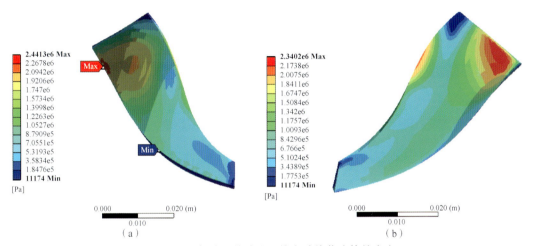

图 12-48 气动力单独作用的主叶片范式等效应力
(a) 压力面；(b) 吸力面

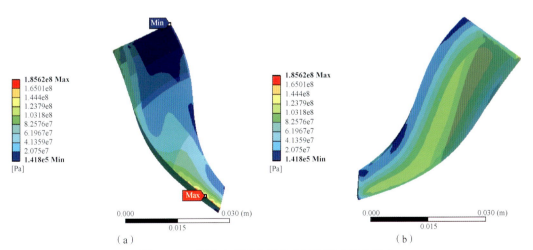

图 12-49 离心力单独作用的主叶片范式等效应力
(a) 压力面；(b) 吸力面

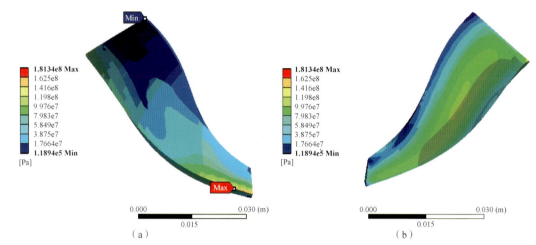

图 12-50 气动力、离心力耦合作用的主叶片范式等效应力

(a) 压力面；(b) 吸力面

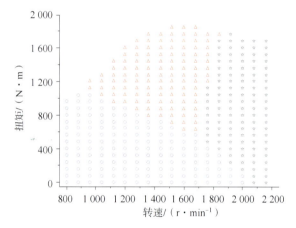

图 13-4 发动机面工况分类